Dieter Sauer
Arbeit im Übergang

Dieter Sauer, geboren 1944 in Karlsbad; Studium der Nationalökonomie und Soziologie in München; Promotion zum Dr. rer. pol. an der Universität Bremen; Honorarprofessor für Soziologie an der Friedrich-Schiller-Universität in Jena; seit 1969 Sozialforscher am Institut für Sozialwissenschaftliche Forschung (ISF) München; seit 1989 Mitglied des Vorstands.

Dieter Sauer
Arbeit im Übergang
Zeitdiagnosen

VSA-Verlag Hamburg

www.vsa-verlag.de

© VSA-Verlag 2005, St. Georgs Kirchhof 6, 20099 Hamburg
Alle Rechte vorbehalten
Umschlagfoto: Volker Döhl
Druck- und Buchbindearbeiten: Idee, Satz und Druck, Hamburg
ISBN 3-89965-093-X

Inhalt

Vorwort 7

Kapitalismus im Übergang 22
Postfordismus als Inkubationszeit
einer neuen Herrschaftsform

**Neue Zumutungen an Arbeitskraft
im Prozess kapitalistischer Restrukturierung** 45
Kontroversen über Autonomie und Herrschaft
in der neuen Unternehmensorganisation

Die Auflösung des Unternehmens? 64
Entwicklungstendenzen der Unternehmensreorganisation
in den 1990er Jahren

Entgrenzung von Arbeit 106
Konzept, Thesen, Befunde

Internalisierung des Marktes 138
Zur neuen Dialektik von Kooperation und Herrschaft

Zeit, Leistung, Beschäftigung
Anforderungen an eine erweiterte Arbeits(zeit)politik 153

Arbeit im Übergang 170
Umbrüche, Widersprüche und neue Politikansätze

Literatur 192

Textnachweise 205

Vorwort

> »*Die reale Identität unter der scheinbaren Differenzierung zu finden und die substantielle Verschiedenheit unter der scheinbaren Identität, das ist die wesentliche Qualität des Historikers der sozialen Entwicklung.*«
> Antonio Gramsci, Gefängnishefte, S. 94

Der Titel »Arbeit im Übergang« als thematische Klammer für die in diesem Buch zusammengestellten Beiträge (z.T. mit Günter Bechtle, Volker Döhl, Nick Kratzer und Manfred Moldaschl verfasst) hat programmatischen Charakter. Er formuliert Ansprüche an die sozialwissenschaftliche Analyse gesellschaftlicher Umbruchprozesse und verspricht selbst bereits eine zeitdiagnostische Deutung der Gegenwart. Er behauptet eine weiterhin gültige Zentralität von (Erwerbs-)Arbeit und weist damit der »Arbeitsforschung« eine Schlüsselrolle bei der Analyse und Erklärung von Gesellschaft zu. »Arbeit im Übergang« verortet den Formwandel von Arbeit in Umbruchprozessen, die als historische Übergänge zwischen gesellschaftlichen Formationen gefasst werden. Damit wird die Bedeutung historisch gerichteter Analysen betont, deren Ergebnisse auf dem Hintergrund einer Gesellschaftstheorie zu interpretieren sind, in der der Kapitalismus selbst historisch als *Übergang* und damit als vergänglich betrachtet wird.

Solche Zeitdiagnosen sind angesichts beschleunigter Veränderungen und Verwerfungen der Versuch, orientierende »Schneisen« in die Analyse der »unübersichtlich« gewordenen gesellschaftlichen Zustände zu ziehen. Sie sind zugleich Voraussetzung für eine politische Bewertung der sozio-ökonomischen Umbrüche und der daraus entstehenden neuen Verhältnisse. Sie sind damit auch Grundlage für interessenpolitisches Handeln, das sich »einmischen« und gesellschaftliche Veränderungsprozesse »mitgestalten« will.

1.

Eine zeitdiagnostische Perspektive einzunehmen ist grundsätzlich nichts Neues. Dieser Anspruch hat mich in über 35 Jahren industriesoziologischer Forschung immer begleitet. Aber sie einzulösen war nie so schwierig wie in den letzten zehn bis fünfzehn Jahren.

Seit Mitte der 1970er Jahre sind wir damit konfrontiert, dass die kapitalistischen Metropolen in eine neue Entwicklungsphase getreten sind. Das letzte Viertel des 20. Jahrhunderts beschreibt Eric Hobsbawm als »Erdrutsch«, der bis heute nicht zum Stoppen gekommen ist. In der Arbeitsforschung war die entscheidende Metapher die der »Krise« und mit der (schöpferischen) Zerstörung der Begriff des »Endes« – die Krise des Lohnanreizes, das Ende der Arbeitsteilung – und daraus destilliert die Perspektive von etwas Neuem: eines neuen Rationalisierungstyps, neuer Produktionskonzepte, neuer Paradigmen.

Entscheidend ist der historische Bezugspunkt dieser Debatte: In ihrem Kern stand immer die Auseinandersetzung mit der tayloristisch-fordistischen Organisation von Arbeit (zentralistische Planung, Hierarchie, starre Arbeitsteilung, Leistungslohn, restriktive Arbeit u.ä.). Auch damals waren die daran orientierten zeitdiagnostischen Einschätzungen umstritten und Gegenstand heftiger Auseinandersetzungen. Aber sie hatten mit der fordistischen Interpretationsfolie einen einigermaßen stabilen Bezugsrahmen, der nicht nur Raum für Diagnosen, sondern immer auch für prognostische Aussagen bot. In den 1970er Jahren, noch unter dem Vorzeichen tayloristischer Produktionsmethoden, waren die Aussichten für Industriearbeit – die damals im Zentrum stand – eher negativ. Zu Zeiten der technologischen Gestaltungseuphorie und der arbeitorganisatorischen Umgestaltung im darauffolgenden Jahrzehnt schlug das Pendel in eine eher positive Richtung aus. Darin zeigte sich bereits, dass die Entwicklungspfade selbst instabil geworden waren.

Spätestens zu Beginn der 1990er Jahre war es mit einigermaßen klaren Aussagen zur zukünftigen Entwicklung von Arbeit vorbei. Jetzt war die Rede von einer »neuen Unübersichtlichkeit«, von uneindeutigen Entwicklungen, von Paradoxien, Ambivalenzen und Heterogenitäten. Mit Aussagen über die Zukunft der Arbeit ist man seitdem sehr zurückhaltend. Dieses Feld wurde von den Gurus der Unternehmensberaterszene mit ihren neuen Managementkonzepten und den so genannten Trendforschern besetzt – den apologetischen »Dienern der Macht«.

In der Arbeitsforschung entspann sich zunächst ein Streit über die Frage, inwieweit die beobachtbaren Veränderungen in der Entwicklung von Arbeit auf einen tiefer gehenden Umbruch verwiesen oder noch im Rahmen von Kontinuitäten interpretiert werden könnten. Es war auch eine Auseinandersetzung zwischen quantitativ und qualitativ orientierten Sozialforschern: In den Datenreihen der einen war der Umbruch noch nicht angekommen, das Neue war »im Durchschnitt verschwunden«, und bei den anderen beschränkte sich der empirische Beleg oft auf spektakuläre Beispiele aus einzelnen Branchen und Beschäftigtengruppen. Dieser Streit scheint mir inzwischen erledigt zu sein. Ob mit oder ohne Umbruchmetapher: Der empirische Tatbestand radikaler Veränderungen in der Entwicklung von Arbeit – sei es in den Beschäftigungsverhältnissen, der Arbeitsorganisation, der Arbeitszeit, den Qualifikationsanforderungen, den Lohn- und Leistungsbedingungen u.ä. – ist nicht mehr zu bestreiten.

Doch damit hat sich der Nebel der Unübersichtlichkeit nicht aufgelöst. Zum einen deshalb nicht, weil die Arbeitsforschung auf die historische Ausdifferenzierung von Arbeit mit einer enormen Erweiterung ihrer empirischen Beobachtungsgegenstände und ihres empirischen Ertrags reagiert hat – auf Kosten ihrer Reflexions- und Diagnosefähigkeit. Gesellschaftlicher Strukturwandel ist ohne die Bestimmung relevanter Tendenzen in der Entwicklung von Arbeit und diese wiederum ohne Rekurs auf die ökonomischen, organisatorischen und institutionellen Restrukturierungstendenzen in den Unternehmen, den Märkten, den staatlichen Regulierungssystemen u.a. nicht adäquat zu erfassen und ausreichend zu erklären.

Zum anderen ist die Arbeitsforschung dort, wo sie Veränderungen von Arbeit zu generalisieren versucht, häufig an den Spezifika der konkreten Arbeit haften geblieben. So, wenn neue Formen von flexibler und selbstorganisierter Arbeit zu generellen Merkmalen von Dienstleistungsarbeit, informationeller Arbeit oder Wissensarbeit stilisiert werden, je nachdem, welches theoretische Entwicklungsparadigma zugrunde gelegt wird. Die Aufgabe besteht – mit Marx gesprochen – jedoch gerade in der Dechiffrierung jener spezifischen Produktion, »die allen übrigen ... Rang und Einfluss anweist. Es ist eine allgemeine Beleuchtung, worin alle übrigen Farben getaucht sind und [welche] sie in ihrer Besonderheit modifiziert. Es ist ein besonderer Äther, der das spezifische

Gewicht alles in ihm hervorstechenden Daseins bestimmt.« (Marx 1953: 27)

Arbeitsforschung muss in stärkerem Maße wieder den eigentlichen Kern der Veränderungsprozesse, die Triebkräfte des Wandels herausarbeiten. Dazu gilt es den gesellschaftlichen Formwandel von Arbeit und mit ihm den Formwandel in der kapitalistischen Ökonomie in den Blick nehmen. Die alte Frage nach der gesellschaftlichen Zentralität von Arbeit ist in neuer Weise wieder aufzugreifen. So wichtig es ist, die Ausdifferenzierung von Arbeit jenseits der Erwerbsarbeit, von Hausarbeit, ehrenamtlicher Arbeit und vielen anderen gesellschaftlichen Bereichen zu analysieren, so wird doch die gesellschaftliche Organisation von Arbeit im Kapitalismus weiterhin von der Form der Erwerbsarbeit dominiert, deren zentrale Bedeutung für die große Mehrheit der Bevölkerung eher zugenommen hat. Dies gilt nicht nur quantitativ: Trotz abnehmendem Erwerbsarbeitsvolumen steigt die Zahl der Menschen, deren Existenz von der Erwerbsarbeit abhängig ist. Gleichzeitig wächst auch kognitiv im Bewusstsein die Bedeutung von Erwerbsarbeit gerade dann, wenn das Erwerbsarbeitsvolumen knapper wird (»Hauptsache Arbeit«). Noch entscheidender ist, dass der Formwandel von Erwerbsarbeit verstärkt auf andere Felder nicht erwerbsförmig organisierter Arbeit ausstrahlt: Die sich verändernden Organisationsprinzipien in der Erwerbsarbeit prägen zunehmend andere gesellschaftliche Bereiche.

2.

Offensichtlich markiert nicht das »Ende der (Erwerbs-)Arbeitsgesellschaft« den gesellschaftlichen Umbruch, sondern es ist gerade die Entwicklung von Arbeit selbst, in der sich die Umbrüche manifestieren. Den Formwandel von Arbeit in den Fokus zu nehmen heißt, den Blick auf gesellschaftliche Umbruchprozesse zu richten – und umgekehrt. Diese Perspektive machte früher einmal die Industriesoziologie zu einer »Schlüsseldisziplin« der Soziologie. Sie hatte diese Position deswegen erreicht, weil es ihr auf der Grundlage einer politischen Ökonomie der Arbeit gelang, konstitutive Merkmale kapitalistischer Gesellschaften zu dechiffrieren. Gegenwärtig haben wir es mit einer paradoxen Situation zu tun, in der die Krise der Arbeitsgesellschaft (Massenarbeitslosigkeit u.a.) von einem Prozess der De-Thematisierung von Arbeit begleitet wird (vgl. S. 170ff.). In diesem Prozess wird auch die wissenschaftliche Befassung mit Arbeit an den Rand gedrängt, was in einer Marginalisierung der Arbeitsforschung ihren Ausdruck findet. Insbesondere die ersten beiden Beiträge in diesem Buch (S. 22ff. und S. 45ff.) stellen den Versuch dar, das Verhältnis von Arbeit und gesellschaftlichem Umbruch in einer historischen Perspektive aufzugreifen. Sie knüpfen dabei am Begriff der tayloristisch-fordistischen Arbeit an, der in früheren industriesoziologischen Debatten zentral war, und setzen sich mit der Krise des Fordismus auseinander. Mit dem Fordismusbegriff wird der Begriff der gesellschaftlichen Formation eingeführt, der bestimmte historische Phasen im Verlauf kapitalistischer Entwicklung bezeichnet, in denen jeweils stabile Entsprechungen zwischen ökonomischen und gesellschaftlichen Strukturen, zwischen der Makroebene der gesellschaftlichen Regulierung und der Mikroebene der Arbeitsorganisation bestehen. Unseres Erachtens wird dabei nicht nur deutlich, dass Wirtschaft und Gesellschaft in allen entwickelten kapitalistischen Staaten seit Mitte der 1970er Jahre die Entwicklungsrichtung geändert haben. Wir gehen weiter von der These aus, dass es gegenwärtig keine historische Zäsur zwischen dem fordistischen und einem dessen Krise überwindenden neuen (postfordistischen) Entwicklungsmodell gibt. Es handelt sich immer noch um eine Anpassung an die Krise des Fordismus, nicht um deren Überwindung.

In diesem Zusammenhang sprechen wir von einer Phase des Übergangs. Dieser Begriff bringt zum Ausdruck, dass wir es mit einem Entwicklungsprozess zu tun haben, der durch Instabilität und neuartige Spannungsverhältnisse gekennzeichnet ist, deren Folge die reflexive, auf Dauer gestellte Restrukturierung ist. Übergang meint aber auch das Vorhandensein von mehr oder weniger ausgeprägten Krisenelementen, deren Bearbeitung und Bewältigung auf Elemente einer neuen Formation verweisen.

Das Übergangstheorem ergibt sich auch ganz allgemein aus einer erkenntnistheoretischen Position: Kapitalismus ist eine historisch spezifische Gesellschaftsformation und keine unbegrenzt gegebene Naturnotwendigkeit. Nur das Kapitalsystem selbst stellt sich als eine ewige, geschichtslose Gesellschaftsformation dar. Dennoch: Wieviel Geschichtsschreibung z.B. über Phasen des kapitalistischen Rationalisierungsprozesses erfolgt aus der Logik der Kapitalperspektive, und dies unbemerkt? Wir dagegen plädieren für die Nichtidentität zwischen der Systemlogik des Kapitals und dem historischen Prozess der Formung des gesellschaftlichen Arbeitsvermögens.

Im Fordismus erscheinen Kapitalverwertungslogik und Geschichte zum ersten Mal als deckungsgleich, vermittelt durch ein politisch gesteuertes Akkumulationsregime. Dies macht die Faszination regulationstheoretischer Erklärungen aus. Wir meinen jedoch, dass fordistische und kapitalistische Formation nicht deckungsgleich sind. Die Differenz von Struktur und Geschichte bleibt bestehen. Kapitalismustheorie muss deshalb (neu) historisiert werden. Die Ökonomie des Kapitalismus ist eben eine politische, und es kommt darauf an, zu untersuchen, wie strukturelle Dynamiken und Gesetzmäßigkeiten historische Realität gewinnen und in welcher Weise sie sich durchsetzen. Dies ist als »gesellschaftliche Fundsache« zu betrachten, ist also im wesentlichen Umfang politisch-sozial bestimmt.

Regulationstheoretische Ansätze haben die »Regulationsweise« und damit Veränderungen auf der Ebene der Institutionen ins Zentrum ihrer historischen Periodisierungsversuche gestellt. Daran knüpfen wir mit unserem Begriff der *Entgrenzung* an, der in seinem Doppelcharakter als betriebliche Reorganisations- und Rationalisierungsstrategie (»Auflösung des Unternehmens«) und als Erosion fordistisch-tayloristischer Normalarbeit (»Entgrenzung von Arbeit«) sich offensichtlich als geeignet erwiesen hat, Vielfalt und Dynamik des historischen Strukturwandels von Arbeit einigermaßen adäquat zu erfassen. Mit ihm war es möglich, die realen Verschränkungs- und Integrationstendenzen betrieblicher Reorganisation und Rationalisierung in den 1990er Jahren mit ihren betriebsübergreifenden Konsequenzen für Arbeit und Beschäftigung und ihre Auswirkungen auf lebensweltliche Verhältnisse außerhalb der Erwerbsarbeit in den Blick zu nehmen (vgl. dazu S. 64ff. und S. 106ff.). Die Offenheit des Konzepts – auch als »empirisches Suchkonzept« – ermöglicht es, vorschnelle Unterscheidungen (z.B. in alt und neu) und visionäre Verallgemeinerungen zu vermeiden, die gerade in einer Phase des Übergangs mit erheblichen Risiken behaftet sind. Entscheidend ist, dass mit dem Entgrenzungsbegriff die historische Dimension gesellschaftlicher Umbruchprozesse erfasst wird, ohne dass der Ausgang der Entwicklung als grundsätzlich Neues bereits festgelegt ist. Er bleibt somit prinzipiell offen für die weitere Entwicklung. Damit unterscheidet sich das Entgrenzungskonzept von inhaltlich vielleicht präziseren Ausformulierungen des »Neuen«, die in diesem bereits den Umbruch vollzogen sehen: sei es ein neuer Arbeitstyp (z.B. Wissensarbeit), ein neuer Arbeitskrafttypus (Arbeitskraftunternehmer oder Symbolanalytiker), ein neues Strukturierungsprinzip (z.b. Netzwerk) oder gleich ein neuer Gesellschaftstyp (z.b. Informationsgesellschaft oder digitaler Kapitalismus).

3.

Konzeptionelle Offenheit heißt jedoch nicht, darauf zu verzichten, Entwicklungstendenzen herauszuarbeiten, die für die gegenwärtige Richtung von Umbrüchen zentral sind.

Ein erster Schritt dazu war die historische Präzisierung und Periodisierung der inzwischen dreißigjährigen Umbruchprozesse: Nach einer ersten Phase der Entdeckung der Krise in den 70ern und einer Inkubationszeit in den 80ern, die von Suchprozessen und der partiellen Umsetzung neuer Strategien gekennzeichnet ist, können die 90er Jahre als »Umschlagphase« bezeichnet werden. Hier wird die Krise in vollem Umfang manifest und gleichzeitig setzen sich neue Strategien der Anpassung an die Krise flächendeckend durch.

Anfang der 90er Jahre, nach einem tiefen Kriseneinschnitt, setzten sich sowohl Konzepte einer neuen Arbeitsteilung – Stichworte: flache Hierarchien, partizipatives Management – als auch Vernetzungskonzepte (meist auf der Basis weiterentwickelter Informationstechnologien) in großem Umfang durch. Hinzu kommt die Flexibilisierung von Arbeit: Sowohl die Erosion des Normalarbeitsverhältnisses als auch die Flexibilisierung der Arbeitszeiten wurden Mitte der 80er Jahre entdeckt und breit debattiert, aber erst in den 90er Jahren forciert vorangetrieben. Ähnliches gilt auch für die so genannten Megatrends, wie Globalisierung, Informatisierung und Tertiarisierung, die zwar säkularen Charakter haben, aber sich in den 90er Jahren mit dem institutionellen Umbruch eines Produktions- und Sozialmodells verbanden und auf diese Weise einen qualitativen Schub erfuhren. Schließlich lässt sich auf der Ebene der gesellschaftlichen Legitimationsmuster ein Umschlag feststellen: Mit der Durchsetzung eines »kulturellen Neoliberalismus« erhalten Maßnahmen einer politischen Deregulierung ebenso wie die Restrukturierung von Unternehmen und Arbeitsformen ein legitimatorisches Fundament.

Ökonomische Restrukturierungsansätze, betriebliche Rationalisierungsleitbilder und kulturelle Legitimationsmuster verdichten sich in den 1990er Jahren zu einem ineinander greifenden Muster der Anpassung an die Krise des Fordismus, dessen innerer Kern eine forcierte *Vermarktlichung* der gesellschaftlichen Organisation von Arbeit ist. Markt als generelles Steuerungs-, Organisations- und Allokationsprinzip gehört natürlich schon immer zu den zentralen Konstituanten kapitalistischer Gesellschaften. Was neu ist und die gegenwärtige Entwicklung charakterisiert, ist seine Universalisierung und Radikalisierung.

Im Kern geht es um ein neues Verhältnis von Markt und Betrieb und Markt und Organisation: Hier kehrt sich das fordistische Verhältnis um, an die Stelle einer Abschottung der Produktions- gegenüber der Marktökonomie wird nun der Markt zum Bezugspunkt aller unternehmensinternen Prozesse. Auf den Absatzmärkten sind dies die Kunden, die Spezifika des Produkts und der Preis. Auf den Kapital- und Finanzmärkten sind es die Erwartungen der Investoren, ihre Renditemargen und der Aktienwert. Die Herstellungsprozesse in den Unternehmen werden zur abhängigen Variablen. Das produktive Kapital wird zum Anlageobjekt des zinstragenden oder spekulativen Kapitals. Auch die Ressource Arbeitskraft wird in Herstellungsprozessen als Kostenbestandteil zur abhängigen Variable. Mit der Vermarktlichung wird ein neuer Steuerungsmodus implementiert, der als empirischer Kern der *indirekten Steuerung* bezeichnet werden kann. Gemeint sind Steuerungsformen und Instrumente, mit denen der Markt, in mehr oder weniger abstrakte Zielvorgaben oder Wertgrößen übersetzt, zur »Naturbedingung« von Arbeit wird. In den neuen Steuerungsformen von Arbeit wird die individuelle Arbeitskraft unmittelbar mit Markt- und Kundenanforderungen konfrontiert. Selbstorganisation, Ergebnisorientierung, flexible Arbeitszeiten u.a. bauen die bisherigen institutionellen Puffer zwischen Individuum und Markt ab. Entscheidend wird der individuelle Umgang mit der wachsenden Dynamik von Markt- und Kundenanforderungen. (In einem gemeinsamen Aufsatz mit Klaus Peters [Peters/Sauer 2005] habe ich mich vor kurzem mit der indirekten Steuerung als neuer Herrschaftsform auseinandergesetzt und versucht, darüber die »revolutionäre Qualität des gegenwärtigen Umbruchprozesses« zu bestimmen.)

Individualisierung, als Zeitdiagnose früher vor allem auf die private Lebenswelt und die private Lebensführung bezogen, kehrt offensichtlich in die Ökonomie zurück. In den Kernbereichen von Ökonomie und Arbeit kommt es zu einer forcierten Individualisierung von Arbeits- und Beschäftigungsbedingungen und damit auch der Chancen und Risiken. Damit kehrt auch das Subjekt in die Ökonomie zurück: Die These der *Subjektivierung* von Arbeit bedeutet zum einen, dass subjektive Potenziale und Ressourcen in erweiterter Weise vom Betrieb gefordert und vereinnahmt werden. Andererseits bedeutet es aber auch den Anspruch der Individuen nach mehr Entwicklungschancen, mehr Partizipationsmöglichkeiten, mehr Erlebnisqualität auch und gerade in der Arbeitswelt. Dies ist jedoch ein widersprüchlicher Prozess: Entfaltung und Gefährdung, erweiterte Selbstbestimmung und internalisierte Selbst-Beherrschung liegen nah beieinander, sind die untrennbar aufeinander bezogenen zwei Seiten der gegenwärtigen Rationalisierung. Arbeit dringt stärker in das Leben ein und das Leben in die Arbeit. Die Grenzen zwischen betrieblich organisierter Erwerbsarbeit und privatem, heim- und familienbasiertem Leben werden unscharf. Vermarktlichung und Individualisierung finden heute offensichtlich nicht mehr in getrennten Sphären statt, sondern beide in der Arbeits- und Lebenswelt.

4.

Wir haben in die Postfordismusdebatte kritisch eingebracht, dass diese im Kern der Fordismusperspektive verhaftet bleibt und gefordert, sie um die Perspektive »Entfaltung und Überwindung der kapitalistischen Produktionsweise« zu erweitern. In unserer Perspektive weisen die Elemente eines Postfordismus auch auf eine mögliche Transformation der kapitalistischen Produktionsweise sui generis hin. Postfordismus ist in dieser Perspektive nicht nur die Inkubations- und Schwellenzeit einer neuen kapitalistischen Herrschaftsform, sondern auch einer nachkapitalistischen Formation.

Ausgangspunkt für eine solche kritische Erweiterung der Postfordismusdebatte ist zunächst die allgemeine widersprüchliche Struktur der kapitalistischen Gesellschaft: Es ist das Verhältnis der schrankenlosen Kapitalverwertung zu ihren produktiven stofflichen Grundlagen als ihrer Grenze, die es beständig zu überwinden gilt (»Schrankenlosigkeit in Grenzen«). Übergang ist dann als historische Phase zu bestimmen, in der historisch geronnene gesellschaftliche Lösungsformen dieses Widerspruchs, wie sie auch der Fordismus darstellt, in Bewegung geraten, die Widersprüche manifest werden und sich »entwickeln«. »Die Entwicklung der Widersprüche einer geschichtlichen Produktionsform ist ... der einzige geschichtliche Weg ihrer Auflösung und Neugestaltung« (Marx 1968: 512).

Betrachten wir vor diesem Hintergrund ein Kernstück der in diesem Buch vorgestellten gesellschaftlichen Zeitdiagnosen, das Verhältnis von Vermarktlichung und Individualisierung, so lässt sich darin diese widersprüchliche Struktur identifizieren: Vermarktlichung sprengt das fordistische Verhältnis von Markt und Organisation, von Arbeitskraft und Person und von Arbeit und Leben auf.

Die in der fordistischen Produktionsökonomie gesetzten Grenzen der Verwertung von Kapital werden überwunden, die technischen und organisatorischen Grundlagen werden revolutioniert (z.B. durch Informatisierung) und die Nutzung von Arbeitskraft wird aus ihren institutionellen und motivationalen Grenzen gelöst (Subjektivierung). Die in den technischen und organisatorischen Grundlagen der fordistischen Produktionsökonomie gesetzten Grenzen – und damit auch die Grenzen der Nutzung von Arbeitskraft – werden als Schranken definiert, die es zu überwinden gilt.

Verschärfte Konkurrenz auf den Absatzmärkten und kurzfristige Renditeerwartungen der Investoren stellen die von technischen und organisatorischen Faktoren bestimmte Effizienz der Produktion ständig in Frage und gefährden die langfristigen Grundlagen von Unternehmen. Darin kommt die Tendenz der Schranken- und Maßlosigkeit zum Ausdruck, die die stofflichen Grundlagen von Arbeitskraft im Arbeitsprozess, wie auch die Bedingungen ihrer Reproduktion negiert. Existenzielle Unsicherheit und Prekarität von Arbeit auf der einen Seite und zunehmende Überforderung durch maßlose Ausdehnung der Arbeitszeit und zunehmende Intensivierung in der Arbeit auf der anderen Seite sind die sichtbaren Konsequenzen. Schrankenlosigkeit zielt jedoch auch auf eine Verschiebung der Grenze, zielt auf ein neues Niveau in der Nutzung der gesellschaftlichen Produktivkräfte. Von ihrer Entfaltung wird es abhängen, inwieweit das progressive Moment, das in den Vermarktlichungs- und Individualisierungstendenzen in der gegenwärtigen Übergangsphase liegt, sich entfalten kann.

Nicht zuletzt resultiert der widersprüchliche Charakter des Übergangs aus der Gleichzeitigkeit von Entfaltung und Begrenzung neuer gesellschaftlicher Entwicklungspotenziale: Dies ist zum einen eine neue Stufe der Informatisierung, zum anderen die Subjektivierung von Arbeit. Deren ökonomische Nutzung bedeutet Weiterentwicklung und Entfaltung, scheint ihr zugleich aber auch entgegenzuwirken, d.h. als *gefährdete Entfaltung* wirksam zu werden.

Hier kommt die Politik ins Spiel. Neben den immanenten ökonomischen Grenzen sind es vor allem die politisch wirksam werdenden sozialen und moralischen Grenzen, die die Entwicklung der Widersprüche in der Übergangsphase beeinflussen. Politik heißt deswegen, gesellschaftliche und individuelle Umgangsweisen mit der der Vermarktlichung und Individualisierung inhärenten Maßlosigkeit zu finden. In doppelter Weise: In der Begründung notwendigen Widerstands wie in der Bestimmung von progressiven Ansatzpunkten einer Arbeitspolitik in der Übergangsphase. Grenzen setzen und Potenziale entwickeln sind die entscheidenden Anforderungen an Politik, die nicht gegeneinander ausgespielt werden können.

Nun stehen wir vor dem Problem, dass sich positive und negative Seiten gegenwärtig nicht mehr so leicht auseinander sortieren lassen, indem man sich das Positive herauspickt und das Negative verwirft. In der gegenwärtigen Übergangsphase kommen Momente des Progressiven und des Destruktiven so zusammen, dass sie sich wechselseitig auszuschließen scheinen. Aus der wechselseitigen Ausschließung folgt, dialektisch gefasst, jedoch nicht die Unmöglichkeit solcher Übergänge, sondern deren Unhaltbarkeit, also die Unmöglichkeit, dass es sich bei Übergängen um bleibende, stabile Zustände handeln könnte. Die Widersprüchlichkeit ist dann nur ein anderer Ausdruck für die in der Situation liegende objektive Dynamik, die über den gegenwärtigen Zustand hinaustreibt (vgl. Peters/Sauer 2005: 50).

Die »unhaltbare« Situation des Übergangs ist durch eine Zuspitzung gesellschaftlicher Konflikte gekennzeichnet, deren Ausgang offen ist: Die Auseinandersetzungen zum Umbau (bzw. Abbau) des Wohlfahrtsstaats, zur Standort- bzw. Beschäftigungssicherung, zur Arbeitszeitverlängerung, zur Gesundheitsgefährdung usw. nehmen ebenso an Schärfe zu, wie sich individuelle Konflikte zuspitzen: z.B. als individualisierter Arbeitszeitkonflikt, der vermehrt in den Paarbeziehungen und Familien ausgetragen werden muss, oder als im Individuum selbst stattfindende Auseinandersetzung um die Entfaltung bzw. die Sicherung des eigenen

Arbeitsvermögens (freiwillig die Gesundheit riskieren?). Und es formiert sich Widerstand gegen eine zunehmende existenzielle Unsicherheit seitens der Arbeitslosen und der prekär Beschäftigten sowie Widerstand gegen die zunehmende Überforderung in der Arbeit.

Der Widerstand äußert sich vielfach in Abwehrstrategien und ist auf den Erhalt von erreichten Rechten und Regelungen bezogen. Der Weg zurück zu den alten fordistischen Verhältnissen ist jedoch verbaut und von relevanten Beschäftigtengruppen auch nicht gewollt. Die Auflösung fordistischer Strukturen – im Betrieb und in der Gesellschaft – wurde ja auch als Befreiung aus überkommenen Herrschaftsstrukturen verstanden, die niemand zurückhaben will. Hinzu kommt, dass Vermarktlichung und Individualisierung einer traditionellen Arbeitspolitik zur Sicherung von Arbeitnehmerrechten zunehmend den Boden entziehen (vgl. S. 170ff.). Der Rahmen einer konsensorientierten, kooperativen Arbeitspolitik, früher die Basis erfolgreicher Interessenkompromisse, ist weitgehend zerstört. Verhandlungen und Kompromisse enden heute meist in einer Anpassung an den Markt. Und da dieser seinem Begriff nach maßlos ist, enden sie in einer Anpassungsspirale. Diese ist gegenwärtig überall dort zu beobachten, wo die Wettbewerbsfähigkeit des einzelnen Unternehmens zum zentralen Kriterium von betrieblichen oder tariflichen Verhandlungen geworden ist. Die Ohnmacht und Verunsicherung von Gewerkschaften, Betriebsräten und anderen Akteuren der Arbeitspolitik hat vor allem mit diesen grundlegend veränderten Bedingungen von Arbeitspolitik zu tun, in denen die strukturelle Machtasymmetrie von Kapital und Arbeit sich wieder deutlicher Geltung verschafft.

5.

»Wenn die Menschheit eine erkennbare Zukunft haben soll, dann kann sie nicht darin bestehen, dass wir die Vergangenheit oder Gegenwart lediglich fortschreiben. Wenn wir versuchen, das dritte Jahrtausend auf dieser Grundlage aufzubauen, werden wir scheitern« (Hobsbawm 1995: 720).

Auf die Arbeitspolitik in der gegenwärtigen Übergangsphase gewendet heißt dies: Weder die Orientierung und das einfache Festhalten an den einmal erreichten sozialen Errungenschaften der fordistischen Phase noch die (erzwungene) Anpassung an eine radikalisierte Marktökonomie der Gegenwart verspricht eine erstrebenswerte Zukunft. Beides wird den Niedergang der ehemals starken Organisationen der Lohnabhängigen nicht aufhalten: Für die weitgehende Sicherung der sozialen Errungenschaften fehlt heute schon die politische Macht, und die Anpassung an die »naturgegebenen« Imperative des Marktes wird die durchaus noch vorhandenen Machtpotenziale weiter schwächen.

Grundlagen für das »dritte Jahrtausend« werden nur geschaffen, wenn es gelingt, eine Arbeitspolitik zu entwickeln, die sich mit einer interessenpolitischen Mobilisierung der betroffenen Menschen verbindet. Voraussetzung dafür ist eine neue, eigenständige Begründungsperspektive von Arbeitspolitik, die an den Erfordernissen und Bedürfnissen von Arbeitskraft – an den Interessen zur Sicherung ihrer Reproduktion wie an den Interessen der individuellen Entfaltung – ansetzt und dabei von den autonomen Ansprüchen der Arbeitssubjekte an die Gestaltung ihres Lebens und ihrer Arbeit ausgeht. Nur wenn es gelingt, die Qualität der Arbeit in ihrer Eigensinnigkeit gegenüber marktzentrierten Ansprüchen und Steuerungsformen in Stellung zu bringen – und damit auch als eigensinnige Perspektive der »Arbeitssubjekte« zu behaupten –, nur dann können die Chancen wachsen, die gegenwärtige Ohnmacht zu durchbrechen und wieder stärker eine offensive Arbeitspolitik zu betreiben.

Eigensinn steht gegen Strategien der Anpassung an die Imperative des Marktes und ist die logische Antwort auf das Prinzip der Maß- und Schrankenlosigkeit, das die Tendenz einer radikalen Vermarktlichung in ihrem Kern charakterisiert. Eigensinn setzt die tendenzielle Gleichgültigkeit der autonomen lebendigen Arbeit gegenüber den »funktionalen« Erfordernissen der Kapitalverwertung. Nur so setzt sie in der gegenwärtigen Situation die notwendigen Schranken gegen eine borniert Ausschöpfung der menschlichen Leistungsfähigkeit. Nur so werden die Unternehmen veranlasst, die Produktivkraft menschlicher Arbeit und so auch die produktiven Potenziale (Stichwort Selbstorganisation und neue Autonomie) weiter zu entwickeln, auf die die Gesellschaft und in langfristiger Perspektive auch die Unternehmen angewiesen sind. Nur so werden die Menschen befähigt, ihren Eigensinn weiter zu entfalten, der nicht nur Sand ins Getriebe der Kapitalverwertung zu streuen vermag, sondern auch transitorische Perspektiven über den Kapitalismus hinaus aufscheinen lässt.

Daraus begründet sich eine Widerstandsperspektive. Aber neben diese tritt ebenso bedeutsam die Aneignungsperspektive. Beide stehen notwendigerweise in einem widersprüchlichen Verhältnis zueinander. Notwendigerweise deswegen, weil die marktzentrierte Produktionsweise auf die Nutzung der subjektiven Potenziale lebendiger Arbeit, die neue Selbständigkeit und Autonomie des individuellen Beschäftigten setzt. Sie ist angewiesen auf deren Entfaltung und gleichzeitig vereinnahmt sie diese Potenziale immer mit dem Risiko, sie zu zerstören. Diese Widersprüche sind konkret erfahrbar, sie sind zentrale Ansatzpunkte für Arbeitspolitik.

Die Losung »Widerstand statt Anpassung« gibt die Richtung eines notwendigen Abwehrkampfes an. Dabei darf Arbeitspolitik aber nicht stehen bleiben, sondern sie bedarf einer strategischen Neuausrichtung, die die progressiven Potenziale in der gegenwärtigen Übergangsphase ins Visier nimmt und ihnen zur Entfaltung verhilft. Und – das ist entscheidend – sie darf die beiden widersprüchlich erscheinenden Seiten – Widerstand und Aneignung – nicht gegeneinander isolieren und ausspielen. Es müssen Räume und Formen gefunden werden, in denen diese Widersprüche von den Individuen selbst reflektiert, auf ihre Interessen bezogen und gemeinsame Handlungsperspektiven entwickelt werden.

Dabei muss offen bleiben, welchen Charakter diese Kämpfe haben und wie weit sie reichen. Geht man in einer kritischen Perspektive über die Beschränkungen der Postfordismusdebatte hinaus, so stellt sich die Frage, inwieweit diese Auseinandersetzungen »um das Subjekt« nicht auch die Grundfesten kapitalistischer Herrschaft berühren. Es geht um Veränderungen im Kapitalismus und es geht um einen historischen Bruch, der mit einer Entfaltung der Produktivkraft von menschlicher Arbeit einhergeht, also Chancen für die menschliche Entwicklung beinhaltet und gleichzeitig – sonst wäre es kein Kapitalismus – die Reichweite kapitalistischer Herrschaft und Ökonomie ausdehnt, die Ausbeutung verschärft und deswegen für uns alle erhöhte Risiken mit sich bringt. Es hat den Anschein, als würde uns diese gesellschaftliche Dialektik gegenwärtig wieder deutlicher vor Augen geführt.

***

Die Beiträge in diesem Buch verstehen sich als Intervention in die zeitgenössische Debatte über die weitere Entwicklung von Arbeit. Sie sind im Kontext empirischer und theoretischer Forschungsprojekte entstanden und weitgehend Ergebnisse der engen Zusammenarbeit mit den Kolleginnen und Kollegen im ISF München. Die meisten Beiträge wurden in den letzten fünf Jahren geschrieben und formulieren eine Standortbestimmung, ein Zwischenresumee, das an vielen Stellen mehr Fragen aufwirft als es Antworten gibt. »Arbeit im Übergang« ist deswegen auch als ein Programm zu verstehen, eine Herausforderung für eine kritische Sozialforschung, die sich – mit Adorno – nicht nur um »Einsichten in die Gesellschaft«, sondern um Einsichten in das »Wesentliche der Gesellschaft« bemüht und darüber hinaus »die Möglichkeiten einer Veränderung der gesellschaftlichen Gesamtverfassung aufzuspüren« versucht.

Dieter Sauer, München,
im September 2005

Kapitalismus im Übergang
Postfordismus als Inkubationszeit einer neuen Herrschaftsform

Steht die Charakterisierung der gegenwärtigen Entwicklung des Kapitalismus als Postfordismus für eine neue, theoretisch begründbare und empirisch falsifizierbare kapitalistische Gesellschaftsformation? Unsere Antwort heißt »nein«. Wir halten das Kontrastschema Fordismus – Postfordismus für eine in mehreren Hinsichten verkürzte Konstruktion. Die Aufhebung dieser Verkürzungen ist das Ziel dieses Beitrags. Wir versuchen, dies in drei Argumentationsschritten einzulösen:

- Die Fordismuskrise ist eine »große, organische, strukturelle Krise« von Wirtschaft und Gesellschaft. Postfordismus bedeutet nicht deren Überwindung. In dieser Krise wird die fordistische Formation aufgespalten und gesprengt: in die Restauration, wenn nicht gar Erstarrung präfordistischer Elemente auf einer »erweiterten Stufenleiter«, d.h. im Vollzug von Globalisierungsprozessen; in die Zuspitzung und Weitertreibung des Fordismus in einen »Systemzusammenhang«, in dem fordistische Rationalisierungs- und damit Herrschaftslücken aufgehoben werden; schließlich in neue Elemente eines alternativen Produktionsmodells und Akkumulationsregimes, die gemeinhin als Postfordismus bezeichnet werden (I).[1]
- In unserer Perspektive weisen diese Elemente eines Postfordismus auch auf eine mögliche Transformation der kapitalistischen Produktionsweise sui generis hin. Postfordismus ist in dieser Perspektive die Inkubations- und Schwellenzeit einer nachkapitalistischen Formation. Im Rückgriff auf den Marxschen Formationsbegriff liegt es nahe, auf die historisch »ursprüngliche« Umbruchphase der Entstehung des Kapitalismus in der frühen Neuzeit, auf die Phase der »ur-

---

[1] In einer früheren Arbeit haben wir diese Gleichzeitigkeit von präfordistischen, fordistischen und postfordistischen Elementen auf die Formel »Kapitalismus als Übergang« gebracht (vgl. Bechtle/Sauer 2002).

sprünglichen Akkumulation«, zurückzublicken, um daraus Einsichten in die gegenwärtige Umbruchphase zu gewinnen (II).

■ Zentral ist für unser Erkenntnisinteresse: Postfordismus heißt in erster Linie die Aufhebung der fordistischen Herrschafts-, Kontroll- und Steuerungsform, in dessen Zentrum die Organisationsform Betrieb und dessen »Kommandosystem« standen. In dieser Aufhebung erhält das Subjekt einen qualitativ neuen Stellenwert, der aber wiederum ambivalent ist: Das Subjekt in der Form Person als Träger von Arbeitskraft indiziert einerseits eine strukturelle Krise kapitalistischer Herrschaft; die Subjektqualitäten der Person werden andererseits genutzt und gefördert, um die Rationalisierungsdefizite des Fordismus zu überwinden (III).

Zusammengefasst und pointiert lautet die Position: Die Postfordismusdebatte bleibt im Kern der Fordismusperspektive verhaftet. Diese muss um die Perspektive »Entfaltung und Überwindung der kapitalistischen Produktionsweise« erweitert werden. Dies bedeutet gleichzeitig, dass fordistische und kapitalistische Formation nicht deckungsgleich sind. Die Differenz von Struktur und Geschichte bleibt bestehen. Kapitalismustheorie muss deshalb (neu) historisiert werden.

I. Die »große, strukturelle« Krise des Fordismus

Zunächst einige Facetten zum alten Fordismus: Es handelt sich bei dem »atlantischen Fordismus« nicht nur um ein technisch-ökonomisches Paradigma (des Taylorismus), sondern um eine Regulationsweise der Kapitalakkumulation, die eine Lohn-Profit-Entwicklung zuließ mit der Folge eines proportionalen Wachstums zwischen Investitions- und Konsumgüterindustrie.

Dies wiederum wurde von einer Reihe von Institutionen ermöglicht, wie dem Produktivitätslohn, kollektiven Tarifverträgen, einem bestimmtem sozialem Konsumstandard u.v.a.m. Diese Regelungen waren Bestandteil eines Interventions- und Sozialstaates, der seinerseits auf einem historischen, »sozialdemokratischen Kompromiss« (Dahrendorf) zwischen Arbeit und Kapital beruhte.

Dieser Kompromiss formierte einen »hegemonialen Block« (Gramsci) zwischen der industriellen Bourgeoisie und der (qualifizierten) Arbeiterschaft. Dieser Block besetzte und monopolisierte auch den gesellschaftlichen Diskurs und damit die Produktion von »gesellschaftlich generalisierten Sinninvarianten« (Luhmann): Wohlstand für alle, technisch-wissenschaftlicher Fortschritt, gerechter Lohn usw. Damit verbunden waren bestimmte ethisch-moralische und religiös verankerte Wurzeln: Tugendhaftigkeit, Diszipliniertheit der Lebensführung, Leistungsgesellschaft u.a.[2]

Die Krise dieser Regulationsweise ist unbestritten. Die verschiedenen Deinstitutionalisierungsinitiativen neoliberaler Politikkonzepte,[3] die aus der Krise herausführen sollen, haben bis heute trotz oder wegen der Wachstums-, Überakkumulations-, Verschuldungs- und Arbeitslosigkeitskrise zu keinem neuen Akkumulationsregime geführt, welches der global verbreiteten Kapitalakkumulation entsprechen würde. Im Gegenteil: Das mehr oder weniger permanente Risiko eines weltweiten Crash der Finanz- und Kapitalmärkte verweist auf die immanente Grenze dieser Form der finanzgetriebenen Kapitalakkumulation. Die Verschiebung nationalstaatlicher Politikkompetenz nach oben Richtung supranationale Einheiten oder nach unten Richtung Region oder Richtung global cities hat noch zu keinem kohärenten und adäquaten institutionellen Rahmen geführt.

Zu beobachten ist ein Nebeneinander von verschärfter fordistischer Akkumulationskrise, ökonomischer Stagnation, finanzkapitalistischer Risikomaximierung, sozialer Destabilisierung in Form wachsender sozialer Ungleichheiten zwischen Nationen und Völkern, zwischen den verschiedenen Segmenten auf den Arbeitsmärkten, in der Lebensqualität u.v.a.m.

---

[2] In der Transformation des Klassenkonflikts in den Integrationsmodus der bürgerlichen Gesellschaft sieht der italienische Theoretiker und Vordenker der KPI, Antonio Gramsci, den Kern dessen, was er die »fordistisch-amerikanisierte Gesellschaftsformation« nennt (vgl. Baratta 1990). Diese Gesellschaftsformation entspricht auch Max Webers Wunschtraum eines Sozialvertrages zwischen den »organisatorisch höchststehenden Unternehmen und der Arbeiterschaft mit dem höchstmöglichen Rationalisierungsinteresse« in einem starken Nationalstaat (vgl. auch Dahrendorf »Institutionalisierung des Klassenkonflikts« oder Habermas »Pazifizierung des Klassenkampfes«).

[3] Es handelt sich um ein Amalgam aus Hayek: das befreit fluktuierende Individuum ohne Staat mit einem Rational-choice-Verhalten; Friedmann: das freifluktuierende Kapital ohne feste Wechselkurse sowie Fukuyama: ohne Geschichte als unbegrenzte Suche nach technisch rationalen Lösungen.

Der gegenwärtige Umbruch signalisiert das, was die Regulationstheoretiker als »*große, strukturelle Krise*« und was Gramsci als »*organische Krise*« bezeichnen.[4] Zusammengefasst: Der Strukturwandel der klassischen, traditionellen, fordistischen Gesellschaftsformation findet in Form einer, für den bürgerlichen Kapitalismus wenig überraschenden, typischen Krisenreaktion statt: Die über ein Jahrhundert (wenn nicht länger) gereifte »fordistisch-organische Syndromatik« (Bechtle/Lutz 1989) wird aufgebrochen.

- Gegen die Krise werden traditionelle Sicherheiten der fordistischen Formation konserviert.
- Gegen die Krise werden »ursprüngliche« Antriebskräfte der kapitalistischen Akkumulation in einem neoliberalen Projekt neu belebt (z.b. liberalistische Konkurrenzmechanismen und »individualistische Deutungskonfigurationen«).
- Gegen die Krise des Fordismus wird dessen Tendenz zur systemisch-selbstreferenziellen Reproduktion auf die Spitze getrieben.
- Gegen die Krise entstehen Momente eines antifordistischen, postindustriellen Akkumulationsregimes, welches sich noch in der Inkubationsphase befindet, die möglicherweise so lange dauert, wie die Genese des Fordismus gedauert hat. Man hat sich vermutlich auf ein »langes 20. Jahrhundert« einzurichten.

Wir behaupten – und werden diese Behauptung im nächsten Abschnitt wenigstens annäherungsweise belegen –, dass diese Reaktionen auf eine strukturelle Kapitalismuskrise symptomatisch sind für eine Umbruchphase der sozioökonomischen Basis des »fordistischen Kapitals«. Mit »umgebrochen« bzw. »umgewälzt« werden dadurch auch die hegemonialen Herrschaftsallianzen dieser Formation. Das Geflecht aus Bewahrung, Weitertreibung des Bewährten, Restauration der Anfänge als Ideo-

---

[4] Im Fall der »großen Krise« »bauen sich Widerspruchspotenziale auf, die von den kleinen Krisen nicht reduziert oder formspezifisch verarbeitet werden können. Das Resultat ist eine zunehmende Unvereinbarkeit von institutionellen Formen und ökonomischem Prozess. Denkbar ist ..., dass sich durch das Beharren und vielleicht sogar die Vertiefung der etablierten Regulationsform das Wachstumspotenzial des Akkumulationsregimes in einer Art und Weise erschöpft, dass sich notwendig eine längere Krise einstellen muss« (Hübner 1990: 243). Die »organische Krise« bezeichnet eine Phase der »konfliktreichen Selbstzerstörung einer jahrzehntelangen erfolgreichen Verknüpfung von Wirtschaftswachstum, regulativer Moderation der gesellschaftlichen Verteilungskonflikte und der Massenkonsumption« (Bischoff 1996: 208).

logieprojekt und Inkubation progressiver Entwicklungen der »Überwindung« ist so instabil wie dessen historischer Vorläufer: die ursprüngliche Akkumulation.

II. Merkmale »ursprünglicher Akkumulation« in der frühen Neuzeit: eine historische Fallstudie

Sozialhistorische Befunde aus der frühen Neuzeit sowie die Marxsche Analyse der »ursprünglichen Akkumulation« und der Fabrikgesetzgebung liefern aufschlussreiches Material, aus dem sich *Merkmale einer Umbruchphase* herauslesen lassen. Deren gemeinsamer Nenner sind Diskontinuitäten und immanente Widersprüche, welche die Genese der kapitalistischen Produktionsweise prägen. Diese sind nicht deren Resultat, sondern ihr Ausgangspunkt (Marx 1968: 741).[5]

■ Die ursprüngliche Akkumulation ist die Urform der Subjekt-Objekt-Spaltungen, wie sie die »allgemeinen Gesetze der kapitalistischen Produktionsweise« bewirken. Es geht um die Trennung des Arbeiters von seinen »natürlichen Lebensumständen«, die Spaltung zwischen den subjektiven und den objektiven Produktionsbedingungen.[6]

■ Konstitutiv für die primäre Akkumulation ist weiter die Herauslösung aus traditionellen normativen Bindungen »der Zünfte, ihrer Lehrlings- und Gesellenordnungen« und »hemmenden (!) Arbeitsvorschriften« (ebd.). Den gleichen Tatbestand nennt man neusoziologisch »Entgrenzung«. Durch diese Entgrenzung wird es möglich, dass »der un-

---

[5] Vgl. generell zum kapitalistischen Umgang mit Geschichte, insbes. der Prägung gesellschaftlicher Arbeitsvermögen: »Die geschichtliche Entwicklung des Arbeiters wird zur Kraft des Kapitals als seiner Natureigenschaft« (Marx 1953: 263, 265, 495).

[6] Es ist dies der historische Bodensatz der später in der Arbeitswertlehre theoretisierten Trennung zwischen der auf ihren Warenwert reduzierten Arbeitskraft und dem »lebendigen, gestaltenden Feuer, die Vergänglichkeit der Dinge, die lebendige Zeit« (ebd.: 266). Negt und Kluge sprechen von der »Permanenz der ursprünglichen Akkumulation« sowie davon, dass die dabei entstehenden »Trennungschiffren« die historische Entwicklung der gesellschaftlichen Arbeitsvermögen wesentlich prägen (Negt/Kluge 1981). Bei Marx selber heißt es: »Das Kapitalverhältnis setzt die Scheidung zwischen den Arbeitern und dem Eigentum an den Verwirklichungsbedingungen der Arbeit voraus. Sobald die kapitalistische Produktionsweise einmal auf eigenen Füßen steht (d.h. sich zum System entwickelt hat und intern ausdifferenziert ist – B/S), erhält sie nicht nur jene Scheidung, sondern reproduziert sie auf stets erweiterter Stufenleiter« (Marx 1968: 742).

mittelbare Produzent frei über seine Person verfügen konnte«.[7] Es entsteht der »vogelfreie Proletarier« (ebd.: 761). Historisch epochemachend in der Phase der ursprünglichen Akkumulation sind alle Umwälzungen, der sich die Genese der kapitalistischen Produktionsweise als »Hebel«, als »Steigbügelhalter« ihrer Entfaltung bedient.

■ Ein ebenso wichtiger Begleitumstand dieser Umwälzungen ist die Verwendung der Staatsgewalt, »um den Arbeitslohn zu regulieren, d.h. innerhalb der Plusmacherei zusagender Schranken zu zwängen« (ebd.: 506). Für den »gewöhnlichen Gang der Dinge aber ist kein außerökonomischer Zwang mehr nötig«. Der Arbeiter »kann den Naturgesetzen der Produktion«, heute würde es heißen den Naturgesetzen des Marktes, dem »stummen Zwang der ökonomischen Verhältnisse überlassen werden« (ebd.: 765).

Anhand der Analyse der »Fabrikgesetzgebung« weist Marx die für die Umbruchphase in der ursprünglichen Akkumulation konstitutive »erste bewusste und planmäßige Rückwirkung der Gesellschaft auf die naturwüchsige Gestalt ihres Produktionsprozesses« nach: Die Keimform des Kampfes um den Normalarbeitstag ist gleichzeitig eine exemplarische Fallstudie dessen, was Marx in wiederholter Form als allgemeine Gesetzmäßigkeit des Kapitals, nämlich die »Schrankenlosigkeit in Grenzen«, bezeichnet.[8]

Diese für die ursprüngliche Akkumulation bzw. die frühe Neuzeit konstitutiven Umwälzungen der feudalistischen Gesellschaftsformation werden zu Anknüpfungspunkten, zu »Hebeln« der kapitalistischen

---

[7] »Er (der Arbeitskraftbesitzer) als Person muss sich beständig zu seiner Arbeitskraft als seinem Eigentum und daher seiner eigenen Ware verhalten, und das kann er nur, soweit er sie dem Käufer stets nur vorübergehend für einen bestimmten Zeittermin zur Verfügung stellt, zum Verbrauch überlässt, also durch ihre Veräußerung nicht auf sein Eigentum an ihr verzichtet« (Marx 1968: 182).

[8] »Das Kapital aber als die allgemeine Form des Reichtums – das Geld (!) – repräsentierend ist der schranken- und maßlose Trieb, über seine Schranke hinauszugehen. Jede Grenze ist und muss Schranke für es sein. Es hörte sonst auf, Kapital – das Geld als sich selbst produzierend – zu sein. Sobald es eine bestimmte Grenze nicht mehr als Schranke fühlte, sondern als Grenze sich in ihr wohlfühlte, wäre es selbst von Tauschwert zu Gebrauchswert, von der allgemeinen Form des Reichtums zu einem bestimmten substanziellen Bestehen desselben herabgesunken. Das Kapital als solches schafft einen bestimmten Mehrwert, weil es keinen unendlichen at once setzen kann; ... die Schranke erscheint als Zufall, der überwältigt werden muss« (Marx 1953: 240).

Produktionsweise.[9] Marx bezeichnet die epochalen Umwälzungen dieser Periode, die der ursprünglichen Akkumulation vorausgehen und dieser zugrunde liegen, wie das Kolonialsystem, Staatsschulden, Steuerwucht, Protektion sowie Handelskriege, als »Sprösslinge der Manufakturperiode«, die die »Morgenröte der kapitalistischen Produktionsweise« einleiten (ebd.: 785).[10] Allgemein bestehen die Umwälzungen in der *inneren Landnahme* der kapitalistischen Produktionsweise gegenüber ihren historisch-vorausgehenden Formen der Landwirtschaft und des Handwerks. Es geht dabei immer um die Aneignung von Geschichte in einer Form, dass deren Objekte als Natureigenschaften des Kapitals, als seine immanenten Erzeugnisse, die »es nicht zu bezahlen braucht«, erscheinen.

Systematisch zusammengefasst handelt es sich um:

- die ursprünglichen Trennungen, Spaltungen und Scheidungen zwischen den Arbeitern und dem Eigentum an den Verwirklichungsbedingungen der Arbeit. Diese wiederum setzt die Trennung von Arbeitskraft und Person voraus. Diese Trennung wird im Fordismus auf die Spitze getrieben. Diese Spitze wird gebrochen durch normative Regulierungen, die den Warencharakter von Arbeitskraft eingrenzen. Diese Eingrenzungen werden selbst Mittel zur »höheren Nutzung« von Arbeitskraft im kapitalistischen Produktionsprozess.
- Die Dialektik zwischen Entgrenzung und neuer Eingrenzung ist ein Charakteristikum der Inkubationsphase einer neuen Formation. Dialektik deswegen, weil durch Eingrenzung selber ungewollte Nebenfolgen entstehen, an die ein darauf folgender Modernisierungsschub anknüpfen kann. Diese Anknüpfung erfolgt auf einer neuen bzw. neuentwickelten technisch-organisatorischen Grundlage der Produktion. Dies war historisch das Fabriksystem als »gesellschaftliche Betriebsweise«, aus dem eine kalkulierbare rechenhafte Organisation der gesellschaftlichen Produktion in Form des Betriebes und seines hierarchischen Herrschaftssystems im Fordismus hervorging. Auf der neu-

---

[9] Bekanntlich legt Marx die Phase der ursprünglichen Akkumulation in das 16. Jahrhundert, das »lange 16. Jahrhundert«, wie es später heißen wird (vgl. Imhof/Romano 1996).

[10] In diese Zeit fällt auch die Geburt von »Gesellschaften von Privatspekulanten«. Marx spricht von einer »Brut von Bankokraten, Finanziers, Rentiers, Maklern, Stock Jobbern und Börsenwölfen« (Marx 1968: 783).

en technisch-organisatorischen Grundlage der Informations- und Kommunikationstechnologien werden die beschränkten Möglichkeiten dieses Systems, den Markt in die weltweite Konkurrenz hinein weiterzutreiben, gesprengt. Die neue technische Grundlage dient gleichzeitig zur kontrollierten Einbindung von Arbeitskraft in neue Organisations- und Herrschaftsformen. Dabei wird in einer neuen »erweiterten Form« an die Person angeknüpft.

■ Die Dialektik von Entgrenzung und der dazu notwendigen Eingrenzung, die jene ermöglicht, prägt auch Prozesse der Abschließung und des Aufbrechens traditioneller Formen von Vergesellschaftung. Es handelt sich um die »Fragilisierung« der sozialständischen Hierarchie, die Entwicklung vom lokalen zum binneneuropäischen und kolonialen Handel, welcher insgesamt an Komplexität zunimmt und zur Einführung der doppelten Buchführung treibt.[11] Gleichzeitig führt die Intensivierung des kapitalistischen Wirtschaftens »gerade nicht zu einer Öffnung der Gesellschaft, sondern im Gegenteil zu ihrer rigiden ständischen Abschließung«, wozu vor allem das noch nicht vorhandene bzw. sozialstrukturell sehr schwach verankerte Bürgertum beiträgt. Das Nebeneinander von Inklusion und Exklusion ist maßgebend. Charakteristisch hierfür sind heute die aufgebrochenen und eingefrorenen Formen der Familie und des Berufs.

■ In aller Regel sind diese Inklusions- und Exklusionsprozesse auch der Nährboden zur Geburt gesellschaftlicher Randgruppen, die »das Neue« reklamieren und versuchen, den gesellschaftlichen Diskurs an sich zu ziehen, neue »Wahrheiten« einfordern und sich »unter bestimmten Umständen« zu den Elitefiguren bzw. Trägern von Innovations- und Modernisierungsprozessen entwickeln.

Spaltungen, Entgrenzung und Eingrenzung, die Defizite der Herrschaftsform Hierarchie sowie die Entstehung neuer Eliten provozieren insgesamt das überlieferte Herrschaftssystem und drängen auf dessen Überwindung. Das ist der Gegenstand des nächsten Abschnitts.

---

[11] »Der erhöhten Komplexität des Handels entspricht die Einführung der doppelten Buchführung und die Kaufmannslehre. Entscheidende institutionelle Innovationen sind die Umwandlung von Kaufmannsgilden und Familiengesellschaften in Kapitalgesellschaften sowie die Gründung von öffentlichen Banken und Börsen« (Imhof/Romano 1996: 80).

III. Das Marktregime als neue Herrschaftsform: vom Betrieb zur Person

Wir entfalten das Basisargument, dass jede gesellschaftliche Umbruchphase durch die Entstehung neuer Herrschaftsformen charakterisiert ist, in drei Schritten. In einem ersten Punkt geht es um das Spannungsverhältnis zwischen der Begrenzung von Machtasymmetrien und der Bewältigung kontingenter Kapitalverwertung im Fordismus. Danach gehen wir auf die Triebkraft der Neuformierung von Herrschaft ein: die neue Unmittelbarkeit des Marktes. Daraus resultiert die neue Rolle der Person, die Gegenstand des letzten Punktes ist.

1. Betrieb/Hierarchie als fordistische Herrschaftsform

Die erwähnte Permanenz von historisch variablen Formen ursprünglicher Akkumulation als immer wieder reproduzierte Reduktion auf »abstrakte Arbeit« und die Aneignung von Arbeit als lebendige, wertbildende, elastische Potenz im Produktionsprozess zum Zweck der Kapitalverwertung (d.h. »reelle Subsumtion«) sind der Kern gesellschaftlicher Machtasymmetrie (Bechtle 1980: 18f.). Aber genauso permanent muss deren Transformation durch »rationale Herrschaft« in eben jene im historischen Prozess verankerte historische Lebendigkeit kooperativer Arbeit und damit in einen »working consensus« sichergestellt werden. Deswegen sind Begrenzungen der Machtasymmetrie als »institutionalisierte Konfliktformen« notwendig. Eine historische Urform, ein Prototyp solcher Grenzen wurde bereits in Form der »Fabrikgesetzgebung« skizziert.

Eine im 20. Jahrhundert neue historische Form der Transformation von Machtasymmetrie in working consense war die Kombination aus Fordismus und Keynesianismus im Welfare-System. Dieses ermöglicht – insbesondere in seiner deutschen und skandinavischen Variante – zwei sich wechselseitig kompensierende Fordismen.

Den *Betriebsfordismus* charakterisieren zwei voneinander abhängige Elemente (vgl. auch Revelli 1996: 79ff.): Ersteres findet – teils vorgefunden, teils selbst erfunden – Mittel und Wege, um die dem Kapital inhärente, historisch primäre (Türk 1995) Domäne der Organisation über den Markt »auf der Höhe der Zeit« (von Naturwissenschaft und Ingenieurwesen) als Betriebsförmigkeit gesellschaftlicher Produktion zu implementieren. Henry Ford betrachtet dies als sein Lebenswerk. Die Organisationsform Betrieb als geplante Produktion unterstellte die Entwicklung der gesellschaftlichen Reproduktion als abhängige Variable.[12] Vom Betrieb zum Absatzmarkt und Konsum: eine Einbahnstraße (vgl. Bechtle 1980).[13]

Voraussetzung und Folge dieses »linear-kausalen« Verhältnisses von Organisation (System) und Markt sind zweitens, dass mit dem strukturellen Widerstand von Arbeit gegen die Transformation von Arbeitskraft als Ware in ihre Mehrwert produzierende, verflüssigte Form als lebendiges Arbeitsvermögen gebrochen wird. Dieser Widerstand bestand vor allem auch darin, die realen (vor allem durch Erfahrung akkumulierten) elastischen Potenziale der Produzenten vor dem Fabrikregime zu verbergen. Diese historisch bedingte »Andersartigkeit« von Arbeit, letztlich die Differenz zwischen Kapitallogik (die, wie es Marx formuliert,»ewige Jungfräulichkeit« unterstellt) und Geschichte, bleibt trotz oder gegen alle »Organisation« der Stachel im Fordismus. Dieser bestand in historisch gewachsenen, in gesellschaftlichen Sozialisationsprozessen entstandenen Kompetenzen einer nicht systemfunktionalen Selbstregulierung des arbeitenden Subjekts: Selbstregulierung als Eigensinn, nicht formalisierbar, nicht objektivierbar, nicht kalkulierbar (vgl. Negt/Kluge 1981: 110f.).

Gegen diese »dunkle Unkalkulierbarkeit«, im Grunde genommen der personalen Träger der Arbeitsvermögen, richtete sich die fordistische Formation der kapitalistischen Entwicklung. Diese Formation hat ein Zaubermittel, eine Quadratur des Kreises gefunden und systematisch weiterentwickelt: den Leistungslohn. Dieser steuert und reguliert gleichzeitig die Beziehung des betriebsförmig organisierten Kapitalismus zu zwei »Umwelten«: als Kostenfaktor zur Arbeit und als Konsumfaktor zum Markt. Der Leistungslohn ist die typische institutionelle Form gleichzeitiger Entgrenzung von Arbeit aus traditionellen vorindustriellen Reproduktionsbedingungen und Eingrenzung auf die dem Lohn ent-

---

[12] Man erinnere sich an die fordistische Flexibilitätsformel: Die Kunden können jede Farbe wählen, die sie wünschen, Hauptsache, sie ist schwarz.

[13] Hier wird die fordistische, in Form von »Betrieb als Strategie« durchgesetzte Kapitalautonomie begründet mit dem »Strickfehler« einer unterstellten *und* generalisierten Deckungsgleichheit zwischen der allgemeinen Kapitallogik und ihren »Durchgangsformen« auf der Mikroebene gesellschaftlicher Produktion.

sprechenden gesellschaftlich-kulturell legitimierten »Lebensmittel« (im Sinne des Marxschen Begriffs) des Kapitalverhältnisses (Marx 1968: 185). Systemtheoretisch formuliert: Das System produziert die Elemente seiner Reproduktion durch die Elemente, über die es verfügt.

Bei seiner Durchsetzung stößt der Fordismus notwendig an Grenzen zweierlei Art:

- einmal an »einen breiten Fächer von Überresten aus der Vergangenheit«, die er gleichzeitig aufbrechen und nutzen muss.[14]
- Eine zweite Art von Grenzen besteht darin, dass der Fordismus Ressourcen, die er benötigt, entweder nicht selbst herstellen kann oder aber im Vollzug seiner Durchsetzung zerstört.[15]

Der Betriebsfordismus verlässt sich darauf, dass solche Produktivkraft-Ressourcen von präfordistischen sozialen Institutionen bereitgestellt werden, die er aber gleichzeitig, durch »innere Landnahme«, aushöhlt. Hier wird die notwendige Kompensation des Betriebsfordismus durch den *Sozialfordismus* erkennbar.[16]

Auf diesem Hintergrund entsteht im Europa der Nachkriegszeit ein »Ausnahmezustand« einer 20- bis 25-jährigen historischen Prosperitätsphase (vgl. Lutz 1984), die aus einer institutionell abgefederten Machtasymmetrie zwischen Arbeit und Kapital einerseits, einer gleichzeitig relativ stabilen System- und Sozialintegration andererseits besteht.

Auf diesem Hintergrund gelingt (im Prinzip) die Transformation der als solchen unberechenbaren-amorphen Macht in organisierte Herrschaft. Herrschaft ist kalkulierbar als »Chance für einen Befehl bestimmten Inhalts, bei einem angebbaren Personenkreis Gehorsam zu finden«. Dies ist die fordistisch-kapitalistische Herrschaftsform als Hierarchie. Diese gewährleistet – im Prinzip – die transparent-verlässliche Abarbeitung von Kontingenzen, die im Kreislaufprozess des Kapitals, in den mehr

---

[14] Hierbei handelt es sich um ein historisch entwickeltes Arbeitsvermögen, welches in der Boden- und Landbearbeitung »gegen die Launen der Natur« entsteht.

[15] Wieder zwei auf Arbeit bezogene Beispiele: die »Allgemeinsozialisation« der Arbeitskraft (z.B. Disziplin); die bereits erwähnte autonom kooperative und nicht organisierbare Selbstregulierungsfähigkeit der Arbeit, der insbesondere die Fähigkeit »des Gespürs für Störungen« entspricht.

[16] Unter Verweis auf die genannte Grenzen- und Ressourcenproblematik ließen sich die historischen Funktionen des Sozialfordismus – Hilfestellungen bei Grenzerweiterungen durch keynesianische Nachfragestabilisierung, Ressourcenbereitstellung und wohlfahrtstaatliche Reparaturleistungen im Zerstörungsfall – systematisch benennen.

oder weniger brüchigen Beziehungen zwischen Produktion, Zirkulation und Distribution bestehen. Die entscheidende Frage im Fordismus war: Wieviel Machtasymmetrie muss und kann durch die Legitimationsform der Herrschaft als Hierarchie abgebaut werden, um krisenträchtige Kontingenzen zu bewältigen? Die Krise des Fordismus signalisiert die Begrenztheit der Machtbegrenzung durch Hierarchie.

Da es unter historischen Bedingungen des Konkurrenzkapitalismus – wie ausgeprägt auch immer Konzentrations- und Zentralisationsprozesse von Kapital stattfinden – kein real existierendes Gesamtkapital geben kann, bleibt die Autonomie des Kapitals auf die Autonomie des Einzelkapitals reduziert. Die zentrale fordistische Autonomiestrategie bestand darin, ökonomische, technische und soziale Strukturen in Form von Betrieb so zu organisieren, dass gesellschaftliche Interessenkonflikte und krisenhafte Kontingenzen im Kreislaufprozess des Kapitals neutralisiert werden können.

2. Umbruch: zur neuen Unmittelbarkeit des Marktes

Das strukturell Neue in der aktuellen krisenhaften Entwicklung des Kapitalismus lässt sich in zwei zentralen Merkmalen zusammenfassen, die die gegenwärtige Phase des Übergangs charakterisieren (vgl. dazu Sauer/Döhl in diesem Band, S. 64ff., und Sauer 2001).

Zum *ersten Merkmal*: Das Ende des Fordismus wird zumeist mit dem Ende der Unterordnung des Marktes unter die Kostenökonomie der Produktion in eins gesetzt. Das Ende des Industrialismus wird meist an der Ausdehnung eines tertiären Sektors und einer Durchsetzung einer qualitativen Dienstleistungs- oder Kundenorientierung festgemacht. Auch wenn sie sehr unterschiedlichen Diskursen entstammen, bezeichnen die Dienstleistungsorientierung und die neue Dominanz des Marktes in der postfordistischen Ökonomie nur zwei Seiten eines Prozesses.

Strategien der Unternehmen zur Bewältigung dieser neuen und auch widersprüchlichen Anforderungen setzen auf Organisations- und Steuerungsformen, die diese Anforderungen auf die unmittelbare Arbeitssituation der Beschäftigten durchschlagen lassen. Dies sind zum einen Strategien der Dezentralisierung und Vermarktlichung, in denen die Unternehmensgrenzen gegenüber dem Markt und dem Kunden möglichst so weit geöffnet werden, dass ein unmittelbarer Kontakt des Beschäftigten zum Kunden hergestellt werden kann. Zugleich wird der

Markt in das Unternehmen hereingeholt, die Rede ist von einer Internalisierung des Marktes. Damit werden auch die unmittelbaren Beziehungen der Beschäftigten untereinander marktförmig (»der Kollege wird zum Kunden und zum Konkurrenten«). Die betriebliche Organisation tritt zurück, das Management delegiert Teile seiner klassischen Funktion, nämlich externe Anforderungen und die dazu notwendigen Ressourcen aufeinander abzustimmen, zumindest teilweise an die Beschäftigten. Auf Steuerung wird dennoch nicht verzichtet, auch wenn es sich dabei nicht mehr um eine kapazitätsorientierte, sondern nur noch um eine indirekte Steuerung in Form von Kennziffern und Benchmarks handelt. So ausgebaut und so feinstrukturiert solche Steuerungssysteme auch sein mögen, sie bleiben indirekte Steuerungssysteme, d.h. sie lösen die widersprüchlichen Anforderungen nicht auf, sondern geben sie an die Beschäftigten weiter.

Der Ausbau von Kennziffernsystemen – zunehmend auf der Basis informationstechnisch gestützter Transparenz von Prozessdaten – verweist auf das *zweite zentrale Merkmal* im gegenwärtigen kapitalistischen Restrukturierungsprozess: Informations- und Kommunikationstechnologien waren bereits in den 1980er Jahren die Basis für die Herausbildung dezentraler flexibler Produktionsstrukturen und ihrer sukzessiven informationstechnischen Vernetzung. Eine neue Qualität wird in den 1990er Jahren sichtbar, und zwar sowohl in der Entwicklung der Informatisierung als auch in den zunehmend kapitalmarktorientierten Formen der Unternehmenssteuerung. Die Weiterentwicklung der Informations- und Kommunikationstechnik zu einer Netzwerktechnologie schafft die Möglichkeiten einer weiterreichenden dramatischen Dezentralisierung und Flexibilisierung der Produktionsformen, Informationsnetzwerke befreien die Produktion zunehmend von territorialen Beschränkungen.

Die Trends einer zunehmenden Informatisierung liefern jedoch zugleich die Möglichkeit neuer Formen zentralisierter Kontrolle, die vor allem durch ein neues Verhältnis der Unternehmen zu den Kapital- und Finanzmärkten gestützt werden. Ein neues Verhältnis von Geld- und Realkapital im Begriff des »Shareholder-value-Kapitalismus« – noch unzureichend thematisiert – hat zum Aufbau unternehmensinterner und unternehmensübergreifender Kontroll- und Steuerungssysteme geführt. Sie machen nicht nur die Finanzverhältnisse in den Unternehmen jederzeit transparent, sondern verstärken auch den Durchgriff von Konzernzentralen und den Einfluss externer Akteure auf den Kapitalmärkten.

»Im Kontext der Internationalisierung von Wertschöpfungsketten und des neuentstehenden Marktes für Unternehmensbeteiligung wird die Shareholder-value-Steuerung sukzessive zu einem entscheidenden Vermittlungsglied zwischen dem instabilen ökonomischen Umfeld, der Geschäftsstrategie der Konzerne und der Produktionspolitik der Betriebe« (Dörre 2001: 686). Wertorientierte Steuerung im Rahmen zunehmend finanzgetriebener Akkumulationsformen setzen den marktzentrierten Kontrollmodus jedoch nicht außer Kraft, sondern dieser Kontrollmodus »nutzt die Diffusität des Marktes als Machtressource« (ebd.: 697).[17]

Zusammengefasst: Die im postfordistischen Kreislaufprozess des Kapitals angelegten Kontingenzen und die Organisation von Kapitalentwertung lassen sich nicht mehr in den traditionellen Grenzen betrieblich organisierter Herrschaft einbinden. Diese Grenzen werden gesprengt. Die neue, durchaus herrschaftspolitisch konstruierte Regulierungsform von Kontingenz heißt »Markt«: Der Markt ist die »bearbeitbare Ungewissheit kontingenter Möglichkeiten« (Baecker 1988).

3. Entgrenzung: die Person als »Relaisstation des Marktes«

Die fordistischen Organisationsprinzipien richteten sich auf die Transformation der Unbestimmtheit von Marktanforderungen in eine organisationsinterne Bestimmtheit von Aufgaben, die über ein bürokratisches Anweisungssystem an die Beschäftigten weitergegeben wurden. Jetzt wird die Unbestimmtheit marktlicher Anforderungen im Unternehmen nicht nur zugelassen, sondern geradezu zum Organisationsprinzip von Arbeit (vgl. Kratzer 2002).

Dies verändert radikal die Rolle von Arbeitskraft im Unternehmen: Vermittelt über Formen indirekter Unternehmenssteuerung und einer Arbeitsorganisation, die zunehmend auf die Selbstorganisation der Be-

---

[17] Unter den Bedingungen globalisierter Marktkontingenzen übernimmt das Finanzkapital immer mehr die historisch zentrale Form der Kontingenzregulierung, d.h. die Organisation der Kapitalentwertung. Kapitalautonomie wird sozusagen »nach innen« gekehrt. Im Finanzkapital erscheint das Kapital gegenüber den einzelnen Kapitalien als allgemeines Kapital. Die Herrschaftsform Person greift erneut auf historische Vorleistungen der Formierung der bürgerlichen Gesellschaft zurück (Marx 1968: 182).

schäftigten setzt (Gruppen- und Projektarbeit), werden die Beschäftigten in ganz anderer Weise als früher mit der Unbestimmtheit von Marktanforderungen konfrontiert. Zwar war Arbeitskraft auch früher schon mit der Bewältigung von Unbestimmtheiten im Arbeitsprozess befasst – darauf verweist z.b. die Rolle von Arbeitskraft als elastisches Potenzial neben Technik und Organisation (vgl. Altmann/Bechtle 1971). Neu ist aber, dass über das elastische Potenzial, d.h. über das qualifikatorische und physische Arbeitsvermögen hinaus, jetzt das Subjekt quasi hinter der Arbeitskraft oder präziser die Person als Träger der Ware Arbeitskraft »in Betrieb genommen wird«.

Es geht um die Herstellung und Entwicklung eines inneren Produktionsverhältnisses der eigenen Arbeitskraft als Ware durch das Individuum »zu sich als Lebewesen«, also um die *Selbstobjektivierung des Subjekts*.[18] Das heißt, alle Kriterien der Warenproduktion müssen auch auf die Produktion der Ware Arbeitskraft selbst bezogen werden. Arbeitskraft wird zur Ware und muss sich selbst gegenüber in einem dreifachen Sinn gleichgültig werden (Lohmann 1991: 149ff.):

- gegenüber der bestimmten stofflichen Beschaffenheit;
- gegenüber den konkreten Formen und Gestalten der Tätigkeit, d.h. den besonderen Arbeitsarten;
- gegenüber den konkreten Zweckbestimmungen des Arbeitens.

Dies bedeutet: Abstraktion und Vergessen gegenüber der historischen Genese der Entstehung des eigenen (!) Arbeitsvermögens. In diesem Prozess muss auch gelernt werden, möglichst ohne Unterbrechung frei zu zirkulieren, sich selber zu berechnen, zu teilen und neu zusammenzusetzen; ein weiterer Schritt in der Säkularisierung der bürgerlichen, protestantischen Ethik als permanente »Selbstüberprüfung«.

Die für die fordistisch-tayloristische Nutzung von Arbeitskraft konstitutive Trennung von Arbeitskraft und Person löst sich partiell auf. Die Subjektivität der Beschäftigten, ehemals Störfaktor und oft illegale

---

[18] »Es liegen zwei Produkte vor, wo der Kapitalist oder Nationalökonom nur *eines* sieht. Das eine Produkt entsteht im Tauschverhältnis zwischen kapitalistischer Produktion und Lohnarbeit; das andere besteht im Austausch des inneren Verhältnisses der Arbeitskraft zu sich selbst, also im Produktionsverhältnis der Arbeitskraft als Ware zu sich als Lebewesen.« (S. 90) »Für den Geldbesitzer ist der Tausch erledigt, für den Besitzer der Arbeitskraft beginnt erst die Doppelarbeit. Er leistet Arbeit für das Kapital, und er leistet Arbeit an sich selbst, um die Eignung für diese Arbeit in sich selbst zu erzeugen.« (S. 92)

Kompensationsfunktion, wird jetzt zu einem zentralen produktiven Faktor. Und das in einer doppelten Weise:

Zum einen wird mit dem Prinzip der Selbstorganisation dem Beschäftigten die Transformation seines Arbeitsvermögens in Arbeitsleistung selbst überlassen, d.h., er muss seine Verfügbarkeit, seine Leistungserbringung und auch die Rationalisierung seines Arbeitsprozesses selbst steuern. Dies ist die entscheidende Voraussetzung für die Bewältigung von kontingenten und variablen Anforderungen. Dies gelingt nur, wenn er selbst als aktives Subjekt der Prozesse erscheint.

Zum anderen erhalten die subjektiven Potenziale und Ressourcen der Beschäftigten, d.h. ihre kreativen, problemlösenden, kommunikativen Fähigkeiten, ihre Motivation, ihr Engagement, ihr Gefühl, eine höhere Bedeutung. Bei der Bewältigung von unbestimmten Anforderungen erweisen sich diese Fähigkeiten und Eigenschaften gegenüber den rein formalen beruflichen Kompetenzen als besonders wichtig. Damit werden Potenziale und Ressourcen ins Visier genommen, die traditionellerweise gerade außerhalb des betrieblichen Gestaltungsbereichs liegen und die jetzt einer intensiveren und expliziten ökonomischen Nutzung unterworfen werden sollen. Es kommt mit der Person als Ganzes auch ihr *Leben* ins betriebliche Spiel und damit die aus betrieblicher Sicht terra incognita des inner self, die private Lebenssphäre (Kratzer 2001).

Die Voraussetzung und Folge dieser neuen Rolle von Arbeitskraft ist ihre *Entgrenzung*, d.h. ihre Herauslösung aus den institutionellen und normativen Regulierungen, die sich in Deutschland in den letzten 50 Jahren herausgebildet haben. Aufgrund der tendenziellen »Umkehrung« und neuen informationstechnischen Verknüpfung im Verhältnis zwischen Markt und Produktion, der permanenten, synchronen Anpassung des Produktions- an den Zirkulationsprozess ergibt sich eine dreifache Entgrenzung der Arbeits- und Beschäftigungsverhältnisse (Döhl u.a. 2000, Sauer 2001):

- Die versuchsweise Flexibilisierung der täglichen, wöchentlichen und jährlichen Verfügung über *Zeit* in Funktion ungewisser Auslastungsschwankung der Produktion.
- Die versuchsweise Entgrenzung des *Beschäftigungsverhältnisses* zum Zweck intensiverer Nutzung des Arbeitsvermögens, d.h. die Aufweichung der Einstellungs- und Entlassungsregelungen. Entgrenzung bedeutet hier zunehmende Prekarität der Arbeitsverhältnisse.

- Die versuchsweise Entgrenzung der direkten *Lohnkosten*, damit eine Flexibilisierung der Bewertung variablen Kapitals in Funktion mikro- und makroökonomischer Konstellationen und seine tendenzielle »Verbetrieblichung« und Individualisierung.

Dies bedeutet, dass traditionelle Verkoppelungen und Begrenzungen zwischen formeller und reeller Subsumtion, zwischen intensiver und extensiver Arbeitsweise gelockert bzw. hinausgeschoben werden. Damit wird die Privatsphäre tendenziell in die Verwertungsprozesse einbezogen, die traditionelle Grenzlinie zwischen »Arbeit und Leben« erodiert, es kommt zu neuen Verschränkungen (Kratzer 2002).

Die Kehrseite dieser Entgrenzungen ist wachsende Kontingenz, sind Risiken und Unsicherheiten im globalisierten Kapitalismus, sind neue Anforderungen an subjektive Strukturierungsleistungen. Historisch neue Prozesse der gesellschaftlichen Begrenzung, des »re-embedding« sind kaum sichtbar, sind (noch) unbestimmt, verlaufen in der Form von »trial and error«: eben als Übergang.

Trotzdem wäre die Behauptung, der Fordismus würde der Vergangenheit angehören, falsch. Neben den neuen Organisationsformen der gesellschaftlichen Produktion bestehen alte Formen fort und werden z.T. sogar noch verschärft.[19] Die »integrierte just-in-time und lagerlose Fabrik« mit absolut synchronisierten Zeiten zwischen den verschiedenen Produktionsabschnitten entspricht weitgehend dem fordistischen Traum eines kontinuierlichen Produktionsflusses ohne unproduktive Zeiten. Dies setzt eine vollständige Einbindung der Arbeitskraft in die systemische Rationalisierung auch betriebsübergreifender Produktions- und Distributionsabläufe voraus.

Auch hier gilt, dass Überlagerungen und Überlappungen zwischen präfordistischen, fordistischen und postfordistischen Verhältnissen bzw. Stufen überwiegen (vgl. dazu auch Dörre 2001).

Aus der gleichzeitig präfordistischen und postfordistischen Restrukturierung des kapitalistischen Produktionsprozesses, gleichzeitiger Integration und Desintegration von Wertschöpfungsketten, ergibt sich eine wachsende Ausdifferenzierung sozialer Ungleichheiten im Arbeits- und

---

[19] Es gibt vielfältige Untersuchungen und Monographien, die darauf verweisen, dass repetitive und parzellierte Arbeitsformen in der Produktion fortbestehen und vor allem im Dienstleistungssektor (Handel, Banken, Versicherungen) zunehmen.

Beschäftigungsspektrum. Dies gilt für relative Stabilität bzw. Prekarität der Beschäftigung, unterschiedliche Flexibilisierung von Arbeitszeiten, neue Mischungen von Selbständigkeit und Abhängigkeit, gesundheitliche Belastungen, neue Verschränkungen von Arbeits- und Reproduktionssphäre usw. Zu prüfen wäre, ob diese Ausdifferenzierung und Ungleichheit historisch solche Funktionen erfüllen, wie sie traditionell dem Mechanismus der industriellen Reservearmee zugefallen sind. Dies könnte z.B. in diskontinuierlichen Übergängen zwischen Phasen von Inklusion und Exklusion, einschließlich einer großen Grauzone dazwischen bestehen. In zahlreichen Studien zu Arbeitsorganisations- und Personaleinsatzstrategien wird deutlich, dass numerische Flexibilität, d.h. die Anpassung der Anzahl der Beschäftigten an den jeweiligen Bedarf der Betriebe, zunehmendes Gewicht erhält. Unternehmen tendieren dazu, den (festen) Personalbestand an der unteren Kapazitätsgrenze zu orientieren und komplementär dazu ein flexibles Beschäftigungssegment (für verschiedene Qualifikationsgruppen) aufzubauen.

Die Hypothese, die zu entfalten und empirisch zu belegen wäre, lautet: *Der Mechanismus der Reservearmee wird in die betriebliche und überbetriebliche Organisation von Wertschöpfungsketten integriert.*[20]

---

[20] Abgesehen von der, gegenüber dem einfachen Mechanismus der »Lohndrückerei« weit differenzierteren Marx'schen Unterscheidung zwischen »flüssiger, latenter und stockender Überbevölkerung« zwei Beispiele aus dem 23. Kap. im 1. Bd. des Kapitals:
»Die mit dem Fortschritt der Akkumulation überschwellende und in Zusatzkapital verwandelbare Masse des gesellschaftlichen Reichtums drängt sich mit Frenesie in alte Produktionszweige, deren Markt sich plötzlich erweitert, oder in neu eröffnete, wie Eisenbahnen usw., deren Bedürfnis aus der Entwicklung der alten entspringt. In allen solchen Fällen müssen große Menschenmassen plötzlich und ohne Abbruch der Produktionsleiter in andren Sphären auf die entscheidenden Punkte werfbar sein. Die Überbevölkerung liefert sie. Der charakteristische Lebenslauf der modernen Industrie, die Form eines durch kleinere Schwankungen unterbrochnen zehnjährigen Zyklus von Perioden mittlerer Lebendigkeit, Produktion unter Hochdruck, Krise und Stagnation, beruht auf der beständigen Bildung, größeren oder geringeren Absorption und Wiederbildung der industriellen Reservearmee oder Überbevölkerung« (S. 661).
»Die Überarbeit des beschäftigten Teils der Arbeiterklasse schwellt die Reihen ihrer Reserve, während umgekehrt der vermehrte Druck, den die letztere durch ihre Konkurrenz auf die erstere ausübt, diese zur Überarbeit und Unterwerfung unter die Diktate des Kapitals zwingt. Die Verdammung eines Teils der Arbeiterklasse zu erzwungnem Müßiggang durch Überarbeit des andren Teils, und umgekehrt, wird Bereicherungsmittel des einzelnen Kapitalisten und beschleunigt zugleich die Produktion der industriellen Reservearmee...« (S. 665).

Oder: Die toyotische Form der Arbeitsbeziehungen wird von der Mikro- auf die Makroebene ausgedehnt. Der Mechanismus der »überschüssigen Bevölkerung« wäre in dieser Sichtweise *strategisch modernisiert*. Ausgehend von dem Druck, den das jeweilige Niveau an Arbeitslosigkeit ausübt, nimmt der Verflüssigungseffekt innerhalb des Spektrums der Beschäftigungsverhältnisse zu. Jedes Segment in diesem Spektrum wird potenziell und im Zeitablauf zur Reservebank eines anderen Segments.

4. Von der Hierarchie zur Person: indirekte Steuerung

Flexibilisierung von Beschäftigung und Arbeitszeit sind zwar keine neuen Phänomene, sie erhalten gegenwärtig jedoch als Komplementärstrategien zu einer forcierten Vermarktlichung der Organisation und der Übertragung von Steuerungsfunktionen auf die Beschäftigten einen neuen Stellenwert. Die Herrschaftsform Hierarchie muss im Postfordismus gesprengt werden, um auf der Basis der neuen Produktivkraftkonstellation – Informations- und Kommunikationstechnologie – eine neue Konstellation globalisierter Kontingenz zu bewältigen.

An die Stelle der Herrschaftsform Hierarchie tritt die *Herrschaftsform Person*. Diese besteht in der Institutionalisierung des Subjekts. Dadurch wird die Chance krisenhafter Kontingenzbewältigung ungleich größer und ungleich riskanter als durch die Form der Hierarchie.[21] In der Person als Bearbeitungsinstanz von Marktkontingenzen wird hierarchische Herrschaft zur Herrschaft der Person »zu sich selbst«. Sie tritt an die Stelle oder wird zumindest zur zentralen Ergänzung der kollektiv-institutionalisierten Konfliktverarbeitung. Die heutige Form der Subjekt-Objekt-Spaltung findet in der Arbeitskraft als Person statt.[22]

Wenn Hierarchien wegfallen oder sich verflüssigen, entsteht ein Machtvakuum, zumindest ein Machtisotop. Die Person mit ihren Subjektqualitäten im Umgang mit Unbestimmtheiten muss damit zurecht

---

[21] Die Herrschaftsform Person greift erneut auf historische Vorleistungen der Formierung der bürgerlichen Gesellschaft zurück (Marx 1968: 182).

[22] Dies macht die Figur des Arbeitskraftunternehmers aus; es geht um die Herstellung und Entwicklung eines inneren Produktionsverhältnisses der eigenen Arbeitskraft als Ware durch das Individuum »zu sich als Lebewesen«, also um die Selbstobjektivierung des Subjekts. Das heißt, alle Kriterien der Warenproduktion müssen auch auf die Produktion der Ware Arbeitskraft selbst bezogen werden (Bechtle/Sauer 2002: 57).

kommen. Offensichtlich findet hier ein Prozess statt, der eine im Fordismus offen gebliebene Rationalisierungslücke zu schließen vermag: der fordistische Traum, in dem der Produktions- und Reproduktionszyklus kurzgeschlossen werden kann, ohne »unproduktive Zeiten«, scheint erfüllbar. Die Lebensformen im Reproduktionsbereich tragen wesentlich zur Stabilisierung des Produktionsbereiches bei.

Die Form, in der diese postfordistische Herrschaftsstrategie den Beschäftigten gegenübertritt, bezeichnet man heute als *indirekte Steuerung*, die die fordistische Kommandowirtschaft ablöst.

Indirekte Steuerung ist das Instrument, wodurch der Markt, in mehr oder weniger abstrakte Zielvorgaben oder Wertgrößen übersetzt, zur »Naturbedingung« von Arbeit wird. Bei der Übersetzung der Tauschsphäre in ihre informationstechnisch abgebildeten Formen kann man auf die Konzepte der »inneren Wertform« bzw. der »innerbetrieblich prozessualen Warenform« zurückgreifen (Bahr 1973: 39ff.).[23]

Die an Personen adressierte indirekte Steuerung in ihren variablen Formen der Anbindung an den Markt lässt sich systemtheoretisch als Kommunikationsprozess interpretieren. Aus dieser Interpretation wird noch einmal die Bedeutung von Subjektivität in ihrer personalen Form erkennbar. Die »indirekte Steuerung« besteht darin, in Informationen transformierte Waren-, Kapital- und Finanzmärkte als kommunizierbare »Anforderungen und Zumutungen« Sinn- und Bedeutungskontexten zuzuordnen. Dies ist die basale Voraussetzung dafür, dass Wissen zur direkten Produktivkraft wird.[24] Die Form Person ist eine gesellschaftli-

---

[23] Die »inneren Wertformen« als Steuerungsgrößen des Produktionsprozesses sind zu dessen zunehmender Beherrschung deswegen notwendig, weil darüber die Verbindung von Produktion und Tausch in der Produktion selbst vorbereitet, tendenziell möglich wird. Man kann demnach diese »inneren Wertformen« von ihrer »Vorsortierungs- und Hinleitungsfunktion« – bezogen auf Veränderungen der dem Produktionsprozess vor- und nachgelagerten Tausch- und Marktbedingungen – als Risikoabsorption erklären. Die Rationalität der Form bemisst sich von dem Erfolg her, mit dem sie ihre Vorsortierungs- und Hinleitungsfunktion erfüllt und die entsprechenden Risiken absorbiert (Luhmann 1971: 69). Vgl. dazu Bahr 1973: Die Maschinerie »ist die Grundlage der Vergesellschaftung von Arbeitsprozessen gerade über die Entstehung einer ›inneren Wertform‹ der Produktionsmittel, aus der Rationalität der gesellschaftlichen Zusammenhänge der Produktion hervorgeht, indem sie unmittelbare Gebrauchswertformen zerschlägt und deren Vermittlung nicht mehr naturwüchsig individuell, sondern gesellschaftlich allgemein erzeugt.« (ebd.: 67f.)

[24] Wir benutzen hier analog die Konstruktion des Luhmannschen Kommunikationsbegriffs als Einheit aus Mitteilung, Information und Verstehen. In diesem Kommunikati-

che Kommunikationsform, mit der eine größere, wenn auch dadurch gleichzeitig eingeschränkte Heterogenität von Erwartungen als je zuvor gebündelt werden kann. Was damit erreicht wird, ist die Konsensbeschaffung dafür, dass der marktbedingte, nicht transparente Rationalisierungsprozess als durch die Arbeitskraft selbst gesteuerter Prozess akzeptiert wird. Die Arbeitskraft wendet ihre je spezifische Intelligenz an, indem sie sie offen legt und »loslässt«. Sie verbindet ausführende mit Kontroll- und Planungstätigkeiten. Sie beteiligt sich aktiv, je nach Marktlage, an der Restrukturierung der Arbeitsprozesse. Hier ist der historisch-aktuelle Stellenwert des Subjekts in der Form »Person« erkennbar. Die Kommunikationsform Person ermöglicht es, »den eigenen Sinn zu meinen und zur Selbstreproduktion des Systems beizutragen«. Subjektbezogene Kommunikationsformen erlauben die Zurechnung von Verhaltenserwartungen und die Sanktionierung kontingenter Erwartungsenttäuschungen: sachlich als Aufgaben, zeitlich mit unterschiedlicher Dauer, sozial als Interaktion, Kooperation und legitime Herrschaft. Luhmann betont explizit, dass mit dem Begriff Person gerade von »spezifischen sozialen Kontexturen (des) Individuums« abstrahiert wird. »Jedenfalls sucht der Begriff nicht, die individuelle Einzigartigkeit der konkreten Natur des Einzelmenschen zu treffen« (Luhmann 1986: 77).

Und genau hier sind historisch akkumulierte Subjektqualitäten der Person gefordert. Die Transformation nämlich von Informationen in produktives Wissen verlangt subjektgebundene Kompetenzen wie:
- Aktualisierung vergangener Erfahrungen bezogen auf durch Ambivalenz geprägte Situationen,
- damit die Explikation von tacit knowledge, welches vor allem in der Aktivierung kollektiv-kooperativen, z.B. betrieblichen Know-hows besteht,
- Sich-aus-kennen,
- die Anwendung von Wissen als Umgang und als Handling von Nicht-Wissen.

---

onsprozess spielt die Form Person eine besondere Rolle. Sie tritt sowohl als Adressat, als Akteur und als Thema von Kommunikation – zwischen denen »geswiftet« werden kann – in Erscheinung (vgl. Luhmann 2000: 91).

Solche und ähnliche Kompetenzen werden heutzutage häufig unter dem Begriff der »immateriellen Arbeit« subsumiert. Diese wird definiert als »zielgerichtete Entwicklung und problemorientiertes Zuschneiden von Information, Kommunikation, Medien und Wissen – und deren geschicktes alltägliches Handling« (Möller 2000).

Wir enden mit einer Frage und kehren damit zum Anfang zurück: Könnte es sein, dass sich im Postfordismus als Inkubations- und Schwellenzeit auch neue hegemoniale Allianzen herausbilden zwischen bestimmten Kapitalfraktionen (des Finanzkapitals, der global players, im High-Tech-Bereich etc.) und bestimmten Fraktionen einer neuen »organischen« technisch-wissenschaftlichen betriebswirtschaftlichen Intelligenz, den Akteuren und Subjekten eines postfordistischen »general intellect«? Repräsentieren diese Akteure und Subjekte die »aufgehobene einzelne Arbeit« als (aktive Tätigkeit) gesellschaftlicher Arbeit »in ihrem unmittelbaren Dasein« oder stehen jene Figuren, die das Aufbrechen fordistischer Herrschaftsstrukturen symbolisieren – der Arbeitskraftunternehmer, die frei fluktuierenden unternehmerischen Individuen, die Analysten und Symbolysten, die neuen Selbständigen und Aktionärskapitalisten –, für die Blockade einer solchen Vergesellschaftung? Ist Wissensarbeit die postfordistische, aber eben immer noch fordistische Form abstrakter Arbeit? Der Grad der Abstraktion, mit dem heute über »das Subjekt« geredet wird, ist verdächtig.

Schlussbemerkung

Wenn wir unsere eigene Forderung nach der (immer wieder neu zu leistenden) Historisierung von Kapitalismustheorie ernst nehmen, muss diese Forderung sich auch in Bezug auf den historischen Stellenwert von Subjekt und Person einlösen lassen.

Zunächst wieder ein Blick in die Vergangenheit: Es ist wohl kein Zufall, dass sowohl die Sozialgeschichtsschreibung (Leo Kofler) wie die Systemtheorie (Niklas Luhmann) die Thematisierung des bürgerlichen Subjekts in der gesellschaftlichen Semantik in einer Phase der Herausbildung der modernen Gesellschaft – nämlich in Prozessen der ursprünglichen Akkumulation – verorten. Es handelt sich um eine Phase nach dem Niedergang der spätfeudalistischen oder ständisch geordneten Gesellschaft, einer Phase »voller Verwirrungen, Verwerfungen und Intransparenzen«, einer Phase der »alten Unübersichtlichkeit«, gegen die nur »Subjekthaftigkeit« kalkulierbare Rationalität in Aussicht stellen konnte. Verwirrungen, Verwerfungen und Intransparenzen sind sicherlich auch gegenwärtig in einer massiv verstärkten und unberechenbaren Form das Signum der Waren-, Geld- und Finanzmärkte. Wir hatten dargestellt, wie diese Kontingenzen historisch durch organisiert-hierarchische Herrschaft auf der Mikro- und durch staatliche Regulierungssysteme, d.h. politisch auf der Makroebene gelöst wurden. Was geschieht, wenn diese Lösungsformen aufgrund veränderter Kontingenzkonstellationen im globalen Kapitalismus obsolet werden und wenn neue Lösungsformen auf der Basis zweier neuer Produktivkraftelemente – Informations- und Kommunikationstechnologien sowie die Subjektivität von Personen – gesucht werden? Unseres Erachtens kann die Antwort nur lauten: Subjektivität von Personen als Produktivkraft (insbesondere in der Form von Wissen) muss selber politisch werden. Mit anderen Worten: Subjektivität in direkter Konfrontation mit dem Markt als »neue Naturgewalt« wird zur umkämpften Produktivkraftressource. Bei diesem Kampf wird entschieden, wie viel Subjektivität zu Verwertungszwecken in welchen sachlichen, zeitlichen und sozialen Formen genutzt wird und wo und durch wen der Subjektkern als konkrete Besonderheit des Individuums dieser Nutzung Grenzen setzt.

Dabei muss offen bleiben, welchen Charakter diese Kämpfe haben und wie weit sie reichen. Geht man in einer »kritischen Perspektive«[25] über die Beschränkungen der Postfordismusdebatte hinaus, so stellt sich die Frage, inwieweit diese Auseinandersetzungen »um das Subjekt« nicht auch die Grundfesten kapitalistischer Herrschaft berühren. Die Frage nach den Konstitutionsbedingungen postfordistischer Herrschaftsformen enthält immer auch die »postkapitalistische Perspektive«, die Frage nach der Transformation der kapitalistischen Produktionsweise.

---

[25] Joachim Hirsch unterscheidet kritische von deskriptiven und positivistischen Periodisierungsansätzen. Kritische Periodisierungsansätze verstehen sich immer auch »als eine politisch-theoretische Intervention«, bei der es um eine »politische Diagnose«, um das »Aufzeigen politischer Konfliktfronten« geht (Hirsch 2001: 46f.).

Neue Zumutungen an Arbeitskraft im Prozess kapitalistischer Restrukturierung
Kontroversen über Autonomie und Herrschaft
in der neuen Unternehmensorganisation

I. Zur historischen Reichweite des Formwandels von Arbeit – Entwicklungstrends und gesellschaftliche Umbrüche

Betrachtet man den gängigen Diskurs, so werden Veränderungen in der Arbeit überwiegend als Resultate von Tertiarisierungs- und Informatisierungsprozessen gesehen. Meist wird beides vermischt: Das sektorale Entwicklungsparadigma, also der Übergang vom zweiten zum dritten Paradigma, von der industriellen Produktion zum Anbieten von Dienstleistungen, und das technologische Entwicklungsparadigma – hier vor allem die zunehmende Bedeutung von IuK-Technologien und die damit einhergehende Zentralität von Information und Wissen. Flexible und selbstorganisierte Arbeitsformen werden in dieser Perspektive zu Merkmalen von Dienstleistungsarbeit, informationeller Arbeit oder Wissensarbeit, je nach dem, welches Entwicklungsmerkmal zentral gestellt wird.

Stellt man auf die gesellschaftliche Formbestimmtheit von Arbeit ab, bleiben diese Interpretationsansätze unbefriedigend, denn sie beschreiben Trends in der Entwicklung der stofflichen Seite gesellschaftlicher Produktion, stellen also auf die Entwicklung der Produktivkräfte ab, ohne Veränderungen in den Formen der gesellschaftlichen Organisation von Arbeit, in den gesellschaftlichen Macht- und Herrschaftsverhältnissen zu thematisieren. Auf der anderen Seite erfassen Erklärungsansätze, die auf die Veränderungen der kapitalistischen Formen der Produktion abzielen, historische Veränderungsmomente oft nur unzureichend, weil Geschichte eben auch die Geschichte der Produktivkräfte einschließt. Der deutlich pessimistische oder optimistische Blick in die Zukunft der Arbeit geht nicht zuletzt auf solche Vereinseitigungen in den Erklärungsansätzen zurück.

Auch wenn es in einer sich kritisch verstehenden sozialwissenschaftlichen Erkenntnisperspektive darauf ankommt, die kapitalistische Formveränderung im Blick zu haben, bleibt das widersprüchliche Verhältnis zwischen den Trends der Produktivkraftentwicklung und den Umbrüchen in den kapitalistischen Produktionsformen zentral. Von dieser Widersprüchlichkeit auszugehen, ist demnach das eine – von Marx immer wieder betonte – Prinzip bei der Betrachtung historischer Veränderungsprozesse: »*Die Entwicklung der Widersprüche einer geschichtlichen Produktionsform ist jedoch der einzige geschichtliche Weg ihrer Auflösung und Neugestaltung*« (Marx 1968: 512). Diese Widersprüchlichkeit ist letztlich auch der Hintergrund für die in historischen Übergangsphasen grundsätzliche *Ambivalenz* in den Erscheinungsformen des gesellschaftlichen Wandels. Ehe ich auf diese Ambivalenz näher eingehe, will ich zunächst eine ebenso zentrale Kategorie, nämlich die der *Heterogenität* im Prozess historischer Veränderung, kurz begründen.

Heterogenität kapitalistischer Entwicklung

Fangen wir mit einer bekannten Stelle aus den Marx'schen Grundrissen an: »*Die Tendenz, den Weltmarkt zu schaffen, ist unmittelbar im Begriff des Kapitals selbst gegeben. Jede Grenze erscheint als zu überwindende Schranke. Zunächst jedes Moment der Produktion selbst dem Austausch zu unterwerfen und das Produzieren von unmittelbaren, nicht in den Austausch eingehenden Gebrauchswerten aufzuheben, d.h. eben auf dem Kapital basierte Produktion an die Stelle früherer, von seinem Standpunkt aus naturwüchsiger Produktionsweisen zu setzen ... Das Kapital treibt dieser, seiner Tendenz nach eben so sehr hinaus über nationale Schranken und Vorurteile wie über Naturvergötterung und überlieferte, in bestimmten Grenzen selbst genügsam eingepfählte Befriedigung vorhandener Bedürfnisse und Reproduktion alter Lebensweise. Es ist destruktiv gegen alles dies und beständig revolutionierend, alle Schranken niederreißend, die die Entwicklung der Produktivkräfte, die Erweiterung der Bedürfnisse, die Mannigfaltigkeit der Produktion und die Expoitation und den Austausch der Natur- und Geisteskräfte hemmen.*

Daraus aber, dass das Kapital jede solche Grenze als Schranke setzt, und daher ideell darüber weg ist, folgt keineswegs, dass es sie real überwunden hat. Und da jede solche Schranke seiner Bestimmung widerspricht, bewegt sich seine Produktion in Widersprüchen, die beständig überwunden, aber ebenso beständig gesetzt werden.« (Marx 1953: 311, 313)

Entwickelt man aus diesem Prinzip der »Schrankenlosigkeit in Grenzen« das erkenntnisleitende Motiv, die Vergangenheit aus der Gegenwart heraus zu begreifen, so heißt das für die Betrachtung der gegenwärtigen Phase kapitalistischer Restrukturierung: Sie enthält gleichzeitig präfordistische, neofordistische und tayloristische sowie posttayloristische Elemente. Damit wird behauptet, dass es keine historische Zäsur zwischen dem fordistischen und einem, dessen Krise überwindenden neuen Entwicklungsmodell gibt. Die kapitalistische Formation wird als permanenter Prozess gesehen, die sich gewissermaßen im Dauerübergang zwischen Vergangenheit und Zukunft befindet, auch wenn gleichzeitig Systembildungstendenzen mehr oder weniger ausgeprägt sind, wie dies insbesondere im Fordismus der Fall war. Im Fordismus erscheinen Kapitalverwertungslogik und Geschichte zum ersten Mal als ein politisch normativ gestütztes Akkumulationsregime deckungsgleich. Dies macht auch seine Faszination für regulationstheoretische Erklärungen aus. Kapitalistische Entwicklung lebt jedoch von der Differenz zwischen System und Geschichte und überwindet und negiert sie zugleich. Auf der einen Seite herrscht die Systemlogik der voraussetzungs- und schrankenlosen Selbstreproduktion aus systemeigenen Elementen, auf der anderen Seite enthält die Wertbestimmung von Arbeitskraft überlieferte und systemfremde »historisch-moralische« Grenzen (vgl. dazu Bechtle/Sauer in diesem Band).

Eine ähnliche Interpretationsperspektive ist angebracht, wenn man die historische Entwicklung der gesellschaftlichen Produktivkräfte betrachtet, d.h., historische Phasen nach der Dominanz einzelner stofflicher Reproduktionsmerkmale unterscheidet, wie dies im sektoralen Entwicklungsparadigma der Fall ist. Auch der Übergang vom sekundären zum tertiären Sektor ist als Prozess zu begreifen, der eine heterogene Struktur zum Resultat hat, d.h., die industrielle Produktion verschwindet nicht in der Dienstleistungsgesellschaft, genau so wenig wie die Landwirtschaft in der Phase der Industrialisierung verschwunden ist. Die landwirtschaftliche Produktion wurde industrialisiert, und sie blieb ein wesentlicher Bestandteil moderner industrieller Ökonomien, doch sie war nun eine verwandelte, industrialisierte Landwirtschaft. Dieser Prozess der Modernisierung als Industrialisierung ist gegenwärtig an ein Ende gekommen, die industrielle Produktion kann ihre Dominanz nicht länger ausweiten. Aber auch diese Feststellung bedeutet nicht, dass heute der Prozess einer »Postmodernisierung« – diesen Begriff verwenden Michael Hardt und Antonio Negri – in Richtung Tertiarisierung und Informatisierung die industrielle Produktion abschaffen würde. In der Perspektive von Hardt und Negri wird die informationelle Revolution die Industrie transformieren, indem sie den industriellen Fertigungsprozess neu umgrenzt und somit erneuert. »Die neue Handlungsanweisung für Manager lautet: Behandelt die Fertigung als Dienstleistung. Tatsächlich haben sich im Zuge der Transformation der Industrie die Grenzen zwischen Fertigung und Dienstleistung mehr und mehr verwischt. Wie schon im Prozess der Modernisierung alle Produktion industrialisiert wurde, so tendiert im Prozess der Postmodernisierung heute alle Produktion, indem sie informatisiert wird, zur Produktion, die auf Dienstleistungen beruht« (Hardt/Negri 2002: 297).

Zwei Argumente scheinen mir dabei zentral: Einmal gilt auch für die sektorale Entwicklung der Blick von der Gegenwart in die Vergangenheit, d.h. vorangehende Entwicklungsstufen existieren nicht einfach nebeneinander weiter, sondern werden transformiert und überformt. Dabei kann es große Unterschiede in der Transformation geben, wie der internationale Vergleich unterschiedlicher Modelle der Tertiarisierung zeigt. Gleichzeitig kommt es zu einem Nebeneinander der unterschiedlichen Stufen sektoraler Entwicklung, die nicht gleich ist, die sich aber in der Art ihrer Zusammensetzung überall auf der Welt findet (Italien als Beispiel von Mischformen unterschiedlicher unvollendeter Entwicklungsstufen, vgl. dazu Castells und Aoyama 1994: 27).

Was ich zeigen wollte: Es gibt eine doppelte Heterogenität kapitalistischer Entwicklung, die sich aus einem gleichzeitigen Nebeneinander ökonomischer Formationen und Entwicklungsstufen der Produktivkräfte ergibt. Anders formuliert: Die Heterogenität kapitalistischer Entwicklung ist Ergebnis zweier, miteinander verwobener Entwicklungsprinzipien (von Produktivkräften und ökonomischen Formationen), deren Verhältnis zueinander die Dynamik kapitalistischer Entwicklung ausmacht. Dieses Verhältnis begründet die grundlegende Ambivalenz kapitalistischer Entwicklung.

Zur Ambivalenz kapitalistischer Entwicklung

Ich will versuchen, das strukturell Neue in der aktuellen Entwicklung des Kapitalismus in zwei zentralen Merkmalen zusammenzufassen, die die gegenwärtige Phase des Übergangs charakterisieren. Da der Referenzpunkt immer noch Fordismus heißt, kann man diese Merkmale als postfordistische bezeichnen, auch wenn damit keine ausgebildete, einigermaßen stabile neue Phase gemeint ist. Beide Merkmale beziehen sich auf ein Verhältnis von stofflicher Entwicklung und ökonomischer Form. Auch wenn sie als Merkmale *eines* Transformationsprozesses zu begreifen sind, vollzieht sich ihre historische Durchsetzung in den letzten 20 bis 30 Jahren in einer gewissen Abfolge.

Ein erstes Merkmal bezieht sich auf ein *neues Verhältnis von Markt- und Dienstleistungsökonomie*, in dem Tertiarisierungsprozesse auf der einen und eine neue Dominanz der Markt- über die Produktionsökonomie auf der anderen Seite miteinander verwoben werden. Wird das Ende des Fordismus zumeist mit dem Ende der Unterordnung des Marktes unter die Kostenökonomie der Produktion in Eins gesetzt, so wird das Ende des Industrialismus meist an der Ausdehnung eines tertiären Sektors und der Durchsetzung einer qualitativen Dienstleistungs- oder Kundenorientierung in allen gesellschaftlichen Bereichen festgemacht. Auch wenn sie sehr unterschiedlichen Diskursen entstammen, bezeichnen die Dienstleistungsorientierung und der neue Stellenwert von Markt in der postfordistischen Ökonomie nur zwei Seiten eines Prozesses. Zwei Seiten, die allerdings in einem widersprüchlichen Verhältnis zueinander stehen: eine Gebrauchswertperspektive, die sich versucht, an den Bedürfnissen des Kunden zu orientieren, und eine Tauschwertperspektive, die auf die Sicherung des Absatzes und damit die Realisierung der erzeugten Werte ausgerichtet ist. Ausweitung der Produkt- und Leistungsvielfalt und qualitative Orientierung an spezifischen Konsumtionsbedürfnissen auf der einen Seite – Beherrschung des Marktes und Antizipation sowie Manipulation der Bedürfnisentwicklung auf dem Hintergrund gesättigter Märkte und verschärfter Konkurrenz auf der anderen Seite. Das »stumme« Verhältnis zwischen Produktion und Konsumtion soll zum Sprechen gebracht werden (»consumer voice«). Wenn idealiter die Produktionsentscheidung auf die Marktentscheidung folgen soll, kommt es auf einen kontinuierlichen Austausch, auf eine schnelle Kommunikation zwischen Produktion und Konsumtion an.

Strategien der Unternehmen zur Bewältigung dieser widersprüchlichen Anforderungen setzen auf Organisations- und Steuerungsformen, die die widersprüchlichen Anforderungen auf die unmittelbare Arbeitssituation der Beschäftigten durchschlagen lassen (vgl. ausführlicher Sauer/Döhl in diesem Buch). Dies sind zum einen Strategien der Dezentralisierung und Vermarktlichung, in denen die Unternehmensgrenzen gegenüber dem Markt und dem Kunden möglichst so weit geöffnet werden, dass ein unmittelbarer Kontakt des Beschäftigten zum Kunden hergestellt werden kann. Zugleich wird der Markt in das Unternehmen hereingeholt – die Rede ist von einer Internalisierung des Marktes –, und damit werden auch die unmittelbaren Beziehungen der Beschäftigten untereinander marktförmig (»der Kollege wird zum Kunden«). Diese Konfrontation der Beschäftigten mit dem Markt geht in vielen Fällen einher mit einer verschärften Konkurrenz zwischen den einzelnen Organisationseinheiten oder auch zwischen einzelnen Arbeitskräften. Die betriebliche Organisation tritt zurück, das Management delegiert Teile seiner klassischen Funktion, nämlich externe Anforderungen und die dazu notwendigen Ressourcen aufeinander abzustimmen, zumindest teilweise an die Beschäftigten. Auf Steuerung wird dennoch nicht verzichtet, auch wenn es sich dabei nicht mehr um eine kapazitätsorientierte, sondern nur noch um eine indirekte Steuerung in Form von Kennziffern und Benchmarks handelt.

Der Ausbau von Kennziffernsystemen – zunehmend auf der Basis informationstechnisch gestützter Transparenz von Festdaten – verweist auf ein zweites zentrales Merkmal im gegenwärtigen kapitalistischen Restrukturierungsprozess: Die *Herausbildung neuer abstrakter Kontroll- und Steuerungssysteme auf der Basis zunehmender Informatisierung* von Produktions- und Dienstleistungsprozessen. Informations- und Kommunikationstechnologien waren bereits die Basis für die Herausbildung dezentraler flexibler Produktionsstrukturen und ihre sukzessive informationstechnische Vernetzung. Flexible Automatisierung und informationstechnisch gestützte Steuerung ermöglichten und begleiteten den Umbau marktorientierter Produktionsstrukturen in den 1980er Jahren und forcierten die Entwicklung in Richtung einer quantitativen und qualitativen Dienstleistungsökonomie. Sie waren gleichzeitig die technologische Basis für die zeitökonomische Restrukturierung von inner- und zwischenbetrieblichen Vernetzungen dezentralisierter Produktionsstrukturen (Beispiel vertikale Zuliefernetzwerke in der Automobilindustrie oder horizontale IT-Beratungsnetzwerke). Eine neue Qualität wird in den 1990er Jahren sichtbar, und zwar sowohl in der Entwicklung der Informatisierung als auch in den zunehmend kapitalmarktorientierten Formen der Unternehmenssteuerung. Auf der einen Seite schafft die Weiterentwicklung der Informations- und Kommunikationstechnik zu einer »Netzwerktechnologie« die Möglichkeiten einer weiterreichenden dramatischen Dezentralisierung und Flexibilisierung der Produktionsformen, Informationsnetzwerke befreien die Produktion zunehmend von territorialen Beschränkungen.

Bill Gates entwickelt daraus die überzogene Vision eines die Schranken der Zirkulation überwindenden idealen »reibungslosen Kapitalismus« auf der Basis von Informationsnetzwerken. »Der information highway wird den elektronischen Markt ausweiten und ihn zum entscheidenden Mittler, zum allgegenwärtigen Makler machen« (Gates 1995: 230). Das Neue an der neuen Informationsinfrastruktur ist die Tatsache, dass sie in die neuen Produktionsprozesse eingelassen und ihnen vollständig immanent ist. Information und Kommunikation führen die heutige Produktion an, und sie sind die eigentlich produzierten Waren; das Netzwerk selbst ist Ort der Produktion wie der Zirkulation (Hardt/Negri 2002: 310). So viel zu den noch ziemlich diffusen Visionen über die Potenziale der Informatisierung und die Tendenzen zur Netzwerkbildung (vgl. auch Castells 2001).

Die Trends einer zunehmenden Informatisierung liefern jedoch zugleich die Möglichkeit neuer Formen zentralisierter Kontrolle, die die zentrifugale Bewegung dezentraler Produktionsformen auszugleichen in der Lage sind. Die geographische Diffusion von Produktions- und Dienstleistungsprozessen schafft das Bedürfnis nach zunehmend zentralisierter Leitung und Planung und zugleich nach einer neuerlichen Zentralisierung spezialisierter Firmendienstleistungen, insbesondere Finanzdienstleistungen (vgl. Sassen 1991: 90-125). In dieser Perspektive ist die Realisierung demokratischer horizontaler Netzwerkmodelle eher skeptisch zu betrachten, und die Wahrscheinlichkeit von oligopolistischen oder quasi monopolistischen Netzwerkformen sehr viel größer. »Die neuen Kommunikationstechnologien geben das Versprechen neuer Demokratie und neuer sozialer Gleichheit; doch tatsächlich haben sie neue Ungleichheit und neuen Ausschluss ratifiziert, in den dominanten Ländern, vor allem aber in den beherrschten« (vgl. Hardt/ Negri 2002: 311).

Die Tendenzen einer zunehmenden Nutzung der Informationstechnik für weiterreichende neuartige Kontroll- und Steuerungsformen werden vor allem durch ein neues Verhältnis der Unternehmen zu den Kapital- und Finanzmärkten als einem dritten Merkmal gegenwärtiger Restrukturierung, gestützt. Ein *neues Verhältnis von Geld- und Realkapital* im Begriff des »Shareholder-value-Kapitalismus« hat zum Aufbau unternehmensinterner und unternehmensübergreifender Kontroll- und Steuerungssysteme geführt, die nicht nur die Finanzverhältnisse in den Unternehmen jederzeit transparent machen, sondern auch den Durchgriff von Konzernzentralen und den Einfluss externer Akteure auf den Kapitalmärkten verstärkt. Der Übergang zu einer wertorientierten Steuerung in den Unternehmen lässt Ökonomisierung und Standardisierungstendenzen, die im Zuge einer marktorientierten Flexibilisierung der Unternehmensstrukturen mancher Orts etwas zurückgedrängt wurden, wieder stärker ins Zentrum von Unternehmensstrategien rücken. Wertorientierte Steuerung im Rahmen zunehmend finanzgetriebener Akkumulationsformen setzen den marktzentrierten Kontrollmodus jedoch nicht außer Kraft, sondern dieser Kontrollmodus »nutzt die Diffusität des Marktes als Machtressource« (Dörre 2001: 697).

Auch hier ist es so, dass das gegenwärtige Entwicklungsmerkmal das Vergangene (die Dienstleistungs- und Marktökonomie) zunehmend überformt und transformiert. Ohne es hier ausführen zu können, wäre in dieser Perspektive Netzwerkökonomie als Überwindung der Dominanz der Marktökonomie zu interpretieren, die die Marktökonomie in sich aufnimmt und weiter nutzt. Diese Prozesse der Transformation sind jedoch nicht widerspruchsfrei: Absatzmarkt- und kapitalmarktzentrierte Steuerungs- und Kontrollformen ergänzen sich nicht nur, sondern geraten auch zueinander in Gegensatz, und zwar dann, wenn rigide Ökonomisierung marktorientierte Flexibilität behindert.

So viel zur stark verkürzten Darstellung von drei zentralen Merkmalen des aktuellen Prozesses kapitalistischer Restrukturierung, die als Hintergrund für den im folgenden zu diskutierenden Formwandel von Arbeit dienen sollen. Die Herausarbeitung der in ihnen enthaltenen Widersprüchlichkeit bildet zusammen mit der eingangs zitierten strukturellen Heterogenität die Folie für die Betrachtung neuer Arbeitsformen.

II. Zur begrifflichen Fassung des Formwandels von Arbeit: das Verhältnis von Arbeitskraft und Person

Bei aller Betonung von Unterschieden wird in der aktuellen Debatte übereinstimmend von einer historisch neuen Bedeutung von Autonomie und Freiheit, von Individuum und Subjekt und den ihm jeweils zugeschriebenen Eigenschaften ausgegangen. In dem vorstehenden Aufsatz haben Günther Bechtle und ich darauf verwiesen, dass sowohl in der Sozialgeschichtsschreibung als auch in der Systemtheorie die Thematisierung des bürgerlichen Subjekts in der gesellschaftlichen Semantik in einer Phase der Herausbildung der modernen Gesellschaft – nämlich in Prozessen der ursprünglichen Akkumulation – verortet wird. Danach handelt es sich um eine Phase nach dem Niedergang der spätfeudalistischen oder ständisch geordneten Gesellschaft, einer Phase »voller Verwirrungen, Verwerfungen und Intransparenzen«, einer Phase der »alten Unübersichtlichkeit«, gegen die nur »Subjekthaftigkeit« kalkulierbare Rationalität in Aussicht stellen konnte. Es stellt sich die Frage, inwieweit die heutige historische Situation, die ja ebenfalls als gesellschaftlicher Umbruch, als historische Phase des Übergangs im Kapitalismus von mir skizziert wurde, vergleichbar ist mit Prozessen der ursprünglichen Akkumulation. Jedenfalls ist heute auch viel von einer »neuen Unübersichtlichkeit« die Rede und auch die »Organisation von Unbestimmtheit« als neuer Rationalisierungsmodus (Kratzer 2002) weist Parallelen zu dieser Denkfigur auf. Trotzdem will ich jetzt nicht näher dieser Frage nachgehen, sondern mich etwas präziser dem Formwandel von Arbeit zuwenden.

Fangen wir mit der Warenform von Arbeitskraft an. Abbildung 1 enthält natürlich nicht alle Eigentümlichkeiten, die die Ware Arbeitskraft von anderen Waren unterscheidet, also vor allem nicht, dass sie einen Wert besitzt und über ihren eigenen Wert hinaus Wert bildet, also Mehrwert schafft. Ich konzentriere mich hier auf Eigenschaften, die das Verhältnis von Arbeit und Eigentümer betreffen. Es geht mir um die Bestimmung von lebendiger Arbeit, wobei ich hier eine Interpretation von Claus Offe übernommen habe. Darin wird ein eher emphatischer Arbeitsbegriff formuliert, der sich so bei Marx nicht findet, zumindest nicht im »Kapital«. Er scheint mir jedoch für die Diskussion der gegenwärtigen historischen Phase besonders relevant.

Abbildung 1

Ware Arbeitskraft

Das Allgemeine
- Verhältnis von Ware und Eigentümer
- Doppelcharakter: Wert und Gebrauchswert

Das Besondere:
Sie ist lebendige Arbeit („Inbegriff der physischen und geistigen Fähigkeiten, die in der Leiblichkeit, der lebendigen Persönlichkeit eines Menschen existieren", K. Marx), die
- nicht zum Zwecke der Verkäuflichkeit entsteht,
- nicht von ihrem Eigentümer zu trennen ist,
- nur durch ihren Eigentümer in Bewegung gesetzt werden kann.

(„Subjekt-Verhaftetheit der Arbeitskraft", C. Offe)

Dieter Sauer　　　　　　　　　　　　　　　ISF MÜNCHEN

Zunächst kommt es mir darauf an, ausgehend vom Begriff der »lebendigen Persönlichkeit«, den Formwandel von Arbeit in doppelter Weise zu bestimmen: zum einen als Anforderung an die Entfaltung der subjektiven Fähigkeiten, also die *Produktivkraftseite menschlicher Arbeit*, und zum anderen als *Herausbildung der Person als ökonomische Form*.

Wie soll man das verstehen? Betrachten wir in Abbildung 2 die nicht sehr systematische Auflistung von Anforderungen an Arbeitskraft, die aus den von mir skizzierten historischen Umbruchprozessen resultieren. Links finden sich die beiden Merkmale des Umbruchs in ihrer widersprüchlichen Struktur als Entfaltung der Produktivkräfte und als Herausbildung neuer ökonomischer Formen. Die zweite Spalte fasst einige der subjektiven Fähigkeiten zusammen, die als Anforderungen von Tertiarisierungs- und Informatisierungsprozessen an lebendige Arbeit gestellt werden und zur Entfaltung der lebendigen Arbeit beitragen. In der rechten Spalte befinden sich Anforderungen an Arbeitskraft, die vor allem aus einer neuen Dominanz der Marktökonomie und neuen Kontroll- und Steuerungsformen resultieren, wie sie im Begriff der indirekten Steuerung zusammengefasst werden. Die hier vorgenommene Auf-

Abbildung 2

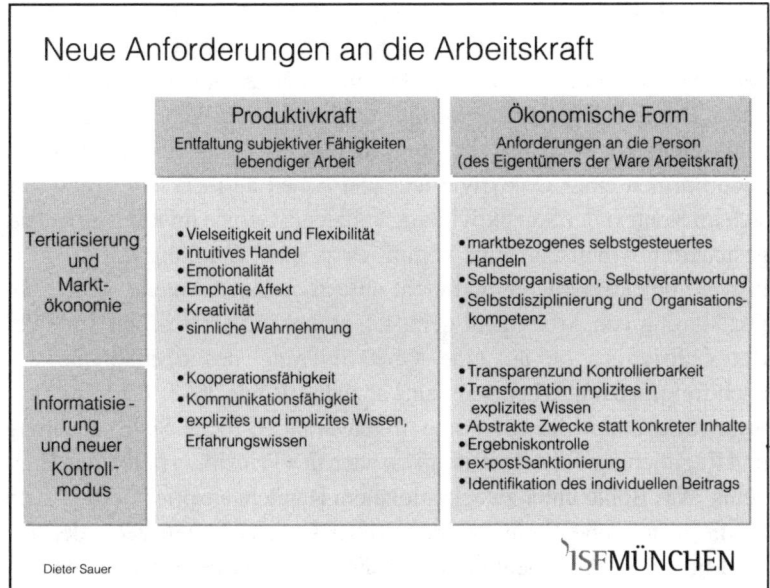

listung hat auch einen gewissen Bias, da sie sich vor allem auf den Produktionsprozess bezieht. Die Bedeutung solcher Handlungsformen steigt jedoch auch in anderen gesellschaftlichen Bereichen. Ich werde darauf zurückkommen.

Im Begriff der *Subjektivierung von Arbeit*, so wie wir ihn in unserem Entgrenzungskonzept verwenden, ist diese doppelte Struktur der neuen Anforderungen an Arbeitskraft bereits thematisiert, wenn auch noch nicht präzise bestimmt: Einerseits geht es um die Subjektqualität von Arbeitsfähigkeiten und Leistungsinhalten, und andererseits wird unter Subjektivierung von Arbeit ein neuer Regulierungsmodus von Leistung benannt, der vor allem in einer gesteigerten Selbstorganisation und Selbststeuerung liegt. Das stimmt überein mit dem, wie eine Arbeitsgruppe um Günter Voß als Subjektivierung fasst: »Zusammenfassend kann die hier diskutierte Entwicklung als ökonomisch induzierte und durch neue Formen der betrieblichen Arbeitsorganisation forcierte Subjektivierung von Arbeit bezeichnet werden, in der sich zwei Stränge der Verwertung personaler Ressourcen verzahnen: die verstärkte Nutzung subjektiver Strukturierungsleistungen in der betrieblichen Arbeitsorganisation sowie der erweiterte Zugriff auf die subjektiven Potenziale von Arbeitspersonen« (Kleemann u.a. 2003: 72).

Auch Fritz Böhle hat sein altes Konzept vom subjektivierenden Arbeitshandeln, in dem es um die Heranbildung spezieller Kompetenzen, wie z.B. die Fähigkeit zur komplexen sinnlichen Wahrnehmung, gefühlsgeleitetem Erkennen u.ä., geht, in eine Richtung erweitert, die auf neue Formen einer Objektivierung von Arbeit aufmerksam macht, die sich im Kontext der Subjektivierung vollziehe. Gerade im Rahmen selbstgesteuerten Arbeitshandelns kommt es zu einer *Spaltung des Subjekts* in seine objektivierbaren und nicht objektivierbaren Anteile.»Die Subjektivierung von Arbeit geht demnach einher mit einer neuen Stufe der Rationalisierung, die auf eine ›Objektivierung‹ des arbeitsorganisatorisch freigesetzten Arbeitshandelns abzielt« (Böhle 2003: 128). Ins Zentrum rückt damit die autonome, eigenverantwortliche Selbststeuerung und Regulierung der Arbeitstätigkeit nach den Prinzipien rationalen Handelns. Was Böhle unter zweckrationalem Handeln anspricht, das ja auch an die historische Form kapitalistischer Gesellschaften gebunden ist, wird in meiner Argumentation über die ökonomische Form Person thematisiert. Über die Form Person wird das, was an Subjektivität in der gegenwärtigen Phase kapitalistischer Entwicklung neu mobilisiert, genutzt und entfaltet wird, eingeholt, d.h., auf ihre ökonomische Zweckbestimmung ausgerichtet. Das besondere an der Person ist es (so Luhmann), »den eigenen Sinn zu meinen und zur Selbstreproduktion des Systems beizutragen«. Nach Luhmann abstrahiert der Begriff Person gerade von »spezifischen sozialen Konturen des Individuums«. Der Begriff versucht nicht, »die individuelle Einzigartigkeit der konkreten Natur des Einzelmenschen zu treffen« (Luhmann 1986: 77).

Bei Marx spielt die Person keine wesentliche Rolle. Die vorhin zitierte »lebendige Persönlichkeit« wird als Eigenschaft lebendiger Arbeit verwendet und hat mit dem hier entwickelten Begriff der Person nichts zu tun. In Abbildung 3 habe ich die allgemeinen Bestimmungen von Arbeitskraft und Person in den Sphären gesellschaftlicher Reproduktion systematisch zusammengestellt. Systematisch fällt der Begriff der Person mit der des Eigentümers von Waren in der Zirkulationssphäre zusammen. Hier geht es um die Rechte und Interessen des *Eigentümers der jeweils besonderen Waren (Rechtssubjekt)* und darauf basierend um die allgemeinen Rechte als Staatsbürger. Im Produktionspro-

Abbildung 3

Arbeitskraft und Person in den Sphären gesellschaftlicher Reproduktion

	Produktion	Zirkulation	Individuelle Reproduktion
Ware	Produktive Konsumption der Ware Arbeitskraft	Kauf und Verkauf der Ware Arbeitskraft	(Wieder-) herrstellung der Ware Arbeitskraft
Person	Person als Träger lebendiger Arbeit, die sie nur für bestimmte Zeit zur Verfügung stellt	Person als Eigentümer der Ware (Rechtssubjekt und Staatsbürger)	Person als ökonomische Form des konkreten Individuums

Dieter Sauer ISF MÜNCHEN

zess tritt die Person nur als *Träger lebendiger Arbeit* in Erscheinung, da sie nicht von ihrer Ware zu trennen ist, und umgekehrt die Ware nur über die Person in Bewegung gesetzt werden kann. Die Sphäre der individuellen Reproduktion kann als ökonomische Form menschlicher Existenzsicherung gefasst werden, die Person fungiert dann als *ökonomische Form des konkreten Individuums*. Soweit die allgemeine Bestimmung.

Betrachten wir nun das Verhältnis von Arbeitskraft und Person in historischer Perspektive, so ist zunächst für den *Fordismus* einerseits eine relativ strikte Abtrennung der drei gesellschaftlichen Sphären festzuhalten, und andererseits die generelle Tendenz einer wohlfahrtstaatlichen Überformung mit den Konsequenzen einer *Dekommodizierung der Ware Arbeitskraft*. Sie macht sich vor allem an den kollektivrechtlich eingebetteten individuellen Tauschverhältnissen fest und an den staatlich regulierten Formen individueller Reproduktion. Im Produktionsprozess liegt die Leistung des Fordismus vor allem in einer Entpersonalisierung des Arbeitsvermögens, in einer Standardisierung lebendiger Arbeit und damit an einer verschärften Trennung von Person und lebendiger Arbeit (Transformation von traditionellem Arbeitsvermögen in industrielles). Das entspricht schon nicht mehr dem »allgemeinem Kommandosystem« (Glissmann/Peters 2001), trägt aber noch deutlich seine Züge. Die schwache Geltung der Person im Produktionsprozess steht nicht im Widerspruch zur partiellen Einführung formeller Bürgerrechte im Betrieb (Mitbestimmung). Die Entfaltung des konkreten Individuums findet jenseits der Produktion im lebensweltlichen Bereich statt. Hier werden im Fordismus die Voraussetzungen für die spätere Nutzung von Subjektqualitäten geschaffen (vgl. dazu Kratzer 2002). Auch hier spielt die Form Person noch eine untergeordnete Rolle. Die Herstellung der lebendigen Arbeit ist noch nicht systematisch auf ihre Verkäuflichkeit ausgerichtet.

III. Thesen zum Übergang. Reichweite und politischer Gehalt von zeitdiagnostischen Trendaussagen

Diesem fordistischen Modell könnte man ein idealtypisches »postfordistisches« Modell gegenüberstellen. Nimmt man jedoch die von mir eingangs formulierte These zum Übergangscharakter der gegenwärtigen Entwicklungsphase ernst, so macht das wenig Sinn. Hinzu kommt, dass die hier diskutierten Konzepte – aus meiner Sicht – nur jeweils einzelne Elemente von Umbruchprozessen ins Zentrum stellen, daraus jedoch recht weitreichende Schlussfolgerungen ziehen.

So beschränkt sich die These vom *unselbständig Selbständigen* (Glißmann/Peters 2001) auf den unmittelbaren Produktionsprozess und diagnostiziert dort – auf dem Hintergrund neuer unternehmerischer Steuerungsformen – ein Verhältnis von Arbeitskraft und Person, das auf einer relativ abstrakten Ebene ein hohes Maß an Entfaltung subjektiver Fähigkeiten und einen hohen Grad individueller Selbststeuerung unterstellt. Obwohl diese These keine historische Verortung anstrebt, hat sie ihren empirisch-historischen Hintergrund in informationstechnisch weitentwickelten Dienstleistungssektoren, in einem hochqualifizierten Beschäftigtensegment und in einem eher großbetrieblich strukturierten Umfeld mit ausgefeilten Systemen indirekter Steuerung. Diese These behauptet keinen Zusammenhang zu anderen gesellschaftlichen Sphären – sie fokussiert explizit auf den Produktionsprozess als Ort der Praxis. Da sie aber auf die konkrete Individualität setzt, deren Entfaltung in Widerspruch zur ökonomischen Form Person gerät, bezieht sie implizit den individuellen Reproduktionssektor mit ein (»Vision des richtigen Lebens«).

Kollektiv unterstützte Prozesse der Selbstverständigung sollen individuelle Einsichten des konkreten Individuums in seine – über die Form Person – vermittelte Einbindung in die Verwertungszwecke des Kapitals befördern. Die Frage ist, was diese Einsicht bewirkt: Wie kommt es zur Kritik an der Einbindung und inwieweit entstammt diese Kritik der mangelnden Entfaltung subjektiver Fähigkeiten im Produktionsprozess oder/und der Beschränkung der individuellen lebensweltlichen Entfaltung? Die formulierte Befreiungsperspektive zielt im ersten Schritt darauf, die Selbsttäuschung aufzubrechen. Weitgehend offen bleibt, wie aus den Selbstverständigungsprozessen der Individuen politisch handlungsfähige, weil mit Machtressourcen (welchen auch immer) ausgestattete Subjekte hervorgehen. Anders gefragt: Wie hängen die Selbstverständigungsprozesse mit konkreten (Reproduktions-) Interessen der Individuen zusammen? Ansätze dazu, z.b. im Gesundheitsbereich, gibt es bereits.

Die These vom *Arbeitskraftunternehmer* (vgl. Voß/Pongratz 1998) setzt aus meiner Sicht theoretisch an der Person als Arbeitskraftbesitzer an und behauptet ein verändertes Verhältnis des Eigentümers zu seiner Ware (zu sich selbst als Unternehmer). Gegenüber dem Fordismus behauptet sie einen »zu sich gekommenen« Arbeitskraftbesitzer. Historisch-empirisch scheint eher der Typus des traditionellen Selbständigen bzw. des modernen (Schein-)Selbständigen in der Medien- oder IT-Industrie, also auch ein hochqualifiziertes Beschäftigtensegment, Vorbild gewesen zu sein. Im Zentrum steht das unternehmerische Verhältnis der Person zur Ware Arbeitskraft, das auf die immanente Veränderung der Ware (»Veredelung«) bezogen bleibt. Es findet eine Abstraktion von der Besonderheit der Ware Arbeitskraft statt, d.h., von ihrer Rolle im Verwertungsprozess des Kapitals. Fokus bleibt ein individueller »Selbstverwertungsprozess« der Ware Arbeitskraft durch die Person. Das Konzept des Arbeitskraftunternehmers schwankt zwischen der realen Figur des einfachen Warenbesitzers und der fiktiven Figur des kapitalistischen Unternehmers. Am klarsten erscheint das Konzept bei der Übertragung der Figur des Arbeitskraftunternehmers auf die Reproduktionssphäre:

Hier thematisiert es die Unterwerfung des lebensweltlichen Zusammenhangs, in dem die lebendige Arbeit, die ihrer Bestimmung nach »nicht zum Zwecke der Verkäuflichkeit entsteht«, unter die Warenform subsummiert wird und damit auf Zwecke ihrer Vermarktung zugerichtet wird. Die letztliche Fixierung auf die Figur des Arbeitskraftunternehmers – und damit der Rückverweis auf die Zirkulationssphäre – lässt die Widersprüchlichkeit zwischen den Sphären, in denen Arbeitskraft fungiert, aufscheinen. Dies wird jedoch für eine weiterreichende Interpretationsperspektive zu wenig genutzt, da sie immer wieder zu früh in das Zwangskorsett des Arbeitskraftunternehmers zurückgeführt wird. Diese Fixierung beschränkt auch die politische Dimension des Konzepts auf eine immanente Ausrichtung an den Interessen der Beschäftigten als Arbeitskraftunternehmer.

Angesetzt wird an den konkreten Reproduktionsinteressen der Arbeitskraftbesitzer, damit an der genuinen gewerkschaftspolitischen Aufgabengestellung: Wie können unter den Bedingungen der neuen Selbständigkeit die Voraussetzungen erfolgreicher Interessendurchsetzung geschaffen werden? Die Empfehlungen gehen in Richtung von Unterstützungsleistungen der Gewerkschaften (in allen drei Sphären), die in dieser Perspektive zu einer Dienstleistungsorganisation mutiert. Dies ist natürlich eine kapitalismusimmanente und eine sehr bürgerliche – weil auf die Verbürgerlichung der Lohnarbeiter oder der kleinen Selbständigen – setzende Perspektive.

Gibt es darüber hinaus eine den Kapitalismus transzendierende Perspektive? Sie klingt zunächst an: In der zu Ende gedachten Arbeitskraftunternehmer-These werden die Lohnabhängigen alle zu selbständigen Warenproduzenten. Das wäre dann kein Kapitalismus mehr, sondern wohl eher ein Rückfall in vorkapitalistische Zeiten, wenn es diesen Zustand historisch je gegeben hat. Weiterführend scheint mir dann schon eher die Sprengkraft, die aus der jüngst formulierten Produktivkraftthese folgen könnte, aber diese ist noch nicht sehr transparent. Geht sie in Richtung der Vision von Antonio Negri, also einer »Selbstverwertung von Arbeitskraft«, die sich auf der Basis von weitgehend immaterieller Wissensarbeit eingebunden in eine Netzwerkökonomie vollzieht? Hier sind die Bedingungen der Kapitalverwertung revolutioniert, es gibt kein Privateigentum, es gilt kein Wertgesetz mehr. Nicht unvorstellbar, dass es sich dann trotzdem noch um einen Kapitalismus handelt. Für dessen

Überwindung stehen bei Negri jedoch schon alle Potenziale bereit. Es fehlt »nur« noch der Wille des politischen Subjekts, das bei Negri jetzt nicht mehr wie früher Massenarbeiter, sondern »multitude«, die Menge, heißt. Das alles ist jedoch nur noch mit einem gewissen Hang zur Mystik – die ich dem Konzept des Arbeitskraftunternehmers nicht unterstelle – nachvollziehbar.

Das Konzept einer Entgrenzung von Arbeit (vgl. Kratzer/Sauer in diesem Band), das auf eine offene Auseinandersetzung mit den konstatierten Tendenzen einer Flexibilisierung und Subjektivierung von Arbeit setzt, hat mit dem Arbeitskraftunternehmer zunächst die mehrdimensionale Perspektive gemeinsam (Entgrenzung zwischen den drei Sphären) und mit dem Konzept des unselbständigen Selbständigen eine Fokussierung auf den Produktionsprozess. Die mangelnde Zuspitzung dieses Konzepts auf eine historische These, auf eine Vision der zukünftigen Entwicklung, könnte auch sein Vorteil sein.

Angesichts der strukturellen Heterogenität der gegenwärtigen Entwicklung besteht die Gefahr einer vorschnellen Vereinseitigung auf bestimmte Entwicklungen, einzelne Branchen, spezifische Beschäftigungssegmente etc. Zwar ist es durchaus legitim, an einzelnen solchen Entwicklungsmomenten Generalisierungen und Visionen anzusetzen, in einer politischen Perspektive kommt es jedoch darauf an, Umgangsformen mit der Heterogenität selbst zu entwickeln. Mit dem Entgrenzungskonzept wird ja nicht nur die Erosion der fordistischen Normalitätsannahmen und ihrer institutionellen Verfestigung behauptet, sondern im Kern geht es um die Auflösung der Grenzen zwischen den gesellschaftlichen Sphären und ihre zumindest partielle Verschränkung. So ist es die Verschränkung von Produktion und Zirkulation, die zur Subjektivierung lebendiger Arbeit, zur Herausbildung der Person als ökonomische (Herrschafts-)Form führt. Auf der anderen Seite ist die Entfaltung subjektiver Fähigkeiten in der Lebenswelt, noch in der Phase des Fordismus, die Voraussetzung für diese Subjektivierungstendenzen in der Produktion. Die Nutzung lebensweltlicher Ressourcen in der Produktion und ihre beständige Reproduktion kann als Verschränkung zwischen Produktion und Reproduktionssphäre gefasst werden. Die mit der Entgrenzung von Arbeit einhergehende Flexibilisierung von Arbeitskraft tangiert die Rolle des Arbeitsmarktes und induziert neue Verschränkungen zwischen Produktion und Zirkulation auch in diesem Feld.

Auf dem Hintergrund der im Entgrenzungskonzept formulierten Verschränkungen wird erkennbar, dass die These einer Re-Komodifizierung von Arbeitskraft, die auf die (Wieder-)Herstellung der in der fordistischen Phase zurückgenommenen Warenförmigkeit von Arbeitskraft abzielt, zu kurz greift, weil sie weder das Verhältnis von Arbeitskraft und Person thematisiert, noch die zunehmende Verschränkung der gesellschaftlichen Sphären, in denen Arbeitskraft fungiert. Wiederherstellung von Warenförmigkeit kann auch leicht missverstanden werden als Rückkehr zu einem »normalen Kapitalismus«, der die fordistische Überformung abgestreift hat und jetzt im »Neoliberalismus« »zu sich« gekommen ist. Ich habe zu zeigen versucht, dass die Auflösung des Fordismus eher als Transformationsprozess zu begreifen ist, in dem sich neue Formen herausbilden.

Der Fokus auf die Verschränkung bislang getrennter gesellschaftlicher Sphären lässt eine neue Dynamik erkennen, die aus der Konfrontation von eigenständigen Entwicklungsprinzipien resultiert. Besonders deutlich wird dies in der betrieblichen Nutzung lebensweltlicher Ressourcen lebendiger Arbeit und der gleichzeitigen Ökonomisierung der Reproduktionssphäre: Dort verhindert die Ausrichtung auf die Verkäuflichkeit der Ware Arbeitskraft tendenziell die Sicherung und Wiederherstellung genau jener subjektiven Fähigkeiten und Eigenschaften, die im Produktionsprozess gefordert werden (kapitalimmanente Widersprüche).

Die Subsumtion des konkreten Individuums in der Form der Person ist für den Kapitalismus ein hochriskanter historischer Schritt, den er auch nur unter dem Zwang der Verhältnisse, dem Zwang, seine Verwertungskrise zu überwinden, gegangen ist. (Unter der Hand ist mit dieser Formulierung der Kapitalismus zum Subjekt geworden, aber so sind nun mal die »verkehrten« Verhältnisse.) Gerade weil dieser Schritt so riskant ist, und weil Produktivkraftentfaltung immer eingebunden ist in die historischen Verwertungsmöglichkeiten, die engen Fesseln, wie sie gegenwärtig eine finanzgetriebene Kapitalakkumulation, der Shareholder-value-Kapitalismus, darstellt, wird die Entfaltung der Subjektivität immer wieder konterkariert von neuen borniertenStandardisierungs- und Ökonomisierungstendenzen. Aber auch dort, wo die Freisetzung der Potenzen der Individuen weiterreicht, erscheint sie nur als totale Unterwerfung. Andererseits hat der Kampf um das »Gold in den Köpfen der Beschäftigten« eine neue Zone der Interessenauseinandersetzung eröffnet: der Träger des lebendigen Wissens, das konkrete Individuum, das diese Widersprüche in der ökonomischen Form Person austrägt, erweist sich als resistent, zeigt seinen eigensinnigen Charakter. Daraus resultiert eine ganze Arena neuer Interessenkonflikte, die sehr konkrete – jetzt allerdings sich ausweitende – Reproduktionsinteressen der »modernen Beschäftigungsgruppen« treffen. Die Interessenkonflikte der »traditionellen Beschäftigtengruppen« bestehen sowieso weiter, wenn auch in veränderter Form.

Damit wird sich – so meine These – eine Fülle neuer Anlässe und Anknüpfungspunkte für konkrete Interessenpolitik ergeben. Dass dies dann keine klassische Interessenvertreterpolitik mehr sein kann, versteht sich von selbst. Auch dass sie sich nicht mehr auf den Ort Betrieb beschränken kann, liegt auf der Hand, auch wenn noch unklar ist, wie das Leben außerhalb der Arbeit und damit auch die Visionen eines »guten Lebens« sich in eine politische Perspektive einbeziehen lassen.

Eine antikapitalistische Betriebspolitik – so verstehe ich die Ansätze von Glißmann, Peters u.a. – wird das Leben außerhalb der Arbeit, die Orte, an denen Subjektivität (re-)produziert wird, einbeziehen müssen. Diesen Schritt hat das Kapital längst gemacht. Vielleicht verliert damit die politische Perspektive, im Kampf gegen das Kapital die lebendige Arbeit oder auch das Leben einfach zum Ausgangspunkt zu machen, seinen voluntaristischen Charakter. Das ist zunächst nicht mehr als eine Vermutung, vielleicht aber auch eine Hoffnung.

Die Auflösung des Unternehmens?
Entwicklungstendenzen der Unternehmensreorganisation in den 1990er Jahren

1. Zur Entwicklung neuer Konzepte der Unternehmensorganisation

Begreift man Unternehmensreorganisation als Moment der Rationalisierung, so kann angeknüpft werden an die in den 1980er Jahren vorherrschende Debatte über die »Krise« oder auch das »Ende des Taylorismus« und die Formen, in denen diese Erosionsprozesse zu bewältigen sind. Die 1980er Jahre wurden rückblickend auch als Inkubationszeit betrachtet (Boyer 1992), in der nicht nur die Grenzen tayloristisch-fordistischer Produktionsformen, sondern auch die Konturen »neuer Prinzipien« zu erkennen waren. Auch wenn die anwendungsorientierte Rationalisierungsdebatte in den 1980er Jahren stark von den Ingenieurwissenschaften dominiert war und dementsprechend technikzentrierte Konzepte einer fortschreitenden Automatisierung im Vordergrund standen (CIM), wurden in der sozialwissenschaftlichen Rationalisierungsforschung neuartige Rationalisierungsprinzipien ausfindig gemacht und Konzepte formuliert, die durchaus mit dem Anspruch auftraten, zukünftige Stoßrichtungen betrieblicher Rationalisierung angeben zu können. Es waren dies zum einen neue arbeitspolitische Konzepte, die in Abkehr vom Taylorismus einen neuen Typ von Produktionsarbeit propagierten, der sich durch breite Funktions- und Aufgabenintegration auszeichnete (»Neue Produktionskonzepte«, vgl. Kern/Schumann 1984). Zum anderen wurde als neue Stoßrichtung betrieblicher Rationalisierung Mitte der 80er Jahre auf eine organisatorische Neuordnung betrieblicher Funktionen und Abläufe, ihre prozess- und betriebsübergreifende Integration und Vernetzung auf der Basis neuer IuK-Technologien hingewiesen (»systemische Rationalisierung«, vgl. Altmann u.a. 1986; für den Dienstleistungsbereich: Baethge/Oberbeck 1986). Zwar haben sich im weiteren Verlauf der 1980er Jahre die neuen arbeitspolitischen und organisatorischen Stoßrichtungen der Rationalisierung nicht in breitem Umfang durchgesetzt. In ihrer Verknüpfung bilden sie gleichwohl zentrale Konstruktionsprinzipien eines neuen »Produktionsmodells«, das dann in der Zuspitzung der Umbruchprozesse in der einsetzenden strukturellen Krise zu Beginn der 90er Jahre auch ins Zentrum der praxisorientierten Diskussion geriet. Diese Diskussion stand zunächst jedoch unter einem anderen Vorzeichen: Sie wurde angestoßen durch die an japanischen Produktionsmethoden (Toyotismus) orientierte MIT-Studie (Womack u.a. 1990), die weniger durch ihre wissenschaftliche Schlüssigkeit als durch ihr unternehmens- und industriepolitisches Drohpotenzial eine weitreichende Durchschlagskraft erzielte. Die Lean-Production-Debatte, gerade wie sie in der Industrie selbst geführt wurde, hatte jedoch noch einmal deutlich gemacht, was in den industriesoziologischen Rationalisierungsansätzen der 80er Jahre bereits perspektivisch formuliert wurde: Rationalisierung geht über die Effektivierung der unmittelbaren Produktion hinaus; es geht um ganzheitliche, d.h. Arbeit, Betrieb und Unternehmen als Einheit umfassende Konzepte, die auf eine Restrukturierung auf allen Ebenen gleichermaßen abzielen: in der Produktion (von der Planung bis zum Vertrieb), in Forschung und Entwicklung und ihrem Verhältnis zur Produktion, in der Bestimmung von Fremd- und Eigenleistung usw. Die Perspektive erweitert sich in Richtung Betriebs- und Unternehmensorganisation und unternehmensübergreifender Produktions- und Dienstleistungszusammenhänge, ohne dass dabei die Kernbereiche, d.h. die direkt an der Wertschöpfung beteiligten betrieblichen Funktionen und mit ihr die Entwicklung von Industriearbeit, die in dieser Betrachtungsweise eine Aufwertung erfahren hat, aus dem Blickfeld geraten (Sauer/Wittke 1994; Schumann u.a. 1994).

Was sind nun die Spezifika dieser Umstrukturierung? Was lässt sich hinter der verwirrenden Begrifflichkeit der propagierten Konzepte und der Heterogenität der erkennbaren Reorganisationsmaßnahmen in den Unternehmen an zentralen gemeinsamen Elementen ausmachen? Wie lassen diese sich vor dem Hintergrund sozialwissenschaftlicher Rationalisierungskonzepte einschätzen?

2. Dezentralisierung und Vermarktlichung als Prinzipien der Unternehmensrestrukturierung

Versucht man die betrieblichen Umstrukturierungsmaßnahmen seit Anfang der 1990er Jahre auf den Begriff zu bringen, so sind es weniger neue Ziele und Elemente der Reorganisation als die Vereinseitigung und Radikalisierung bereits seit längerem diskutierter und auch bereits früher verfolgter Stoßrichtungen. Sie lassen sich aus unserer Sicht zusammenfassen in den beiden dominanten Prinzipien der Restrukturierung: Dezentralisierung und Vermarktlichung. *Dezentralisierung* bezeichnet die organisatorische Seite der Desintegration hierarchisch-strukturierter Unternehmenskomplexe: die Verringerung der Leistungstiefe, die Verlagerung von Kompetenzen von zentralen Instanzen auf ausführende Stellen, die Stärkung der Autonomie und Eigenverantwortung von Organisationseinheiten.[1] *Vermarktlichung* meint die Seite der Koordination und Steuerung durch den Markt: die Öffnung der Unternehmen zum Markt, marktliche Sanktion anstelle hierarchischer Kontrolle (marktorientierte Anreizsysteme), faktische oder fiktive Konkurrenz von Unternehmenseinheiten (Cost-, Profit-Center).[2] Zusammengenommen heißt

---

[1] Dezentralisierung ist zum Inbegriff der organisatorischen Gestaltung geworden. Dezentralisierung bezieht sich zum einen auf strukturelle Momente der Unternehmensreorganisation, insoweit sie auf die Segmentierung und Isolierung bislang integrierter und/oder funktional aufeinander bezogener Prozesse und eine grundsätzliche Neuschneidung der betrieblichen Arbeitsaufgaben (auch mit der Möglichkeit ihrer Externalisierung) gerichtet ist. Sie ist strategische Dezentralisierung (vgl. Faust u.a. 1994) insoweit, als über die Neudefinition von Produktlinien und Geschäftsfeldern eine bessere Verwirklichung der Unternehmensziele Marktnähe, Flexibilität, Kostensenkung, Zeitersparnis etc. erreicht werden soll. Kundennähe, Prozessorientierung, Organisation der Prozesse in kleinen voneinander abgrenzbaren Unternehmenseinheiten mit vergleichsweise hoher Gestaltungsautonomie lassen sich kaum mit zentralistisch ausgerichteten, hierarchisch ausdifferenzierten und bürokratisch organisierten Herrschaftsstrukturen vereinbaren. Dezentralisierung bezieht sich deshalb zum anderen auf die operative Ebene der Arbeitsorganisation, insoweit Entscheidungs- und Gestaltungsmöglichkeiten übertragen und in die Kompetenzen und Verantwortlichkeiten der segmentierten Einheiten verlagert werden. In den diskutierten Organisationskonzepten werden in der Regel die beiden Momente als zusammengehörig gesehen.

[2] Marktbezogene Maßstäbe der Leistungsbeurteilung sollen die Möglichkeit eröffnen, Verhalten und Strukturen auf Effizienz überprüfbar und hinsichtlich ihres konkreten Beitrags zum Unternehmenserfolg (Rendite) bewertbar zu machen. Bei den Beschäftigten soll durch die über wirtschaftliche Vergleichsdaten vermittelte unmittelbare Konfrontation mit den marktlichen Alternativen (Konkurrenten) das Bewusstsein geschärft

dies dann »*marktgesteuerte Dezentralisierung*« und wird beispielsweise in der betriebswirtschaftlichen Diskussion als eines der zentralen »innovativen Elemente« der gegenwärtigen Strukturierung benannt (vgl. dazu Arbeitskreis Organisation 1996). Hierin wird ein radikaler Bruch zu den bisherigen Management- und Organisationslehren gesehen, die vom »Scientific Management über die Managementinnovationen US-amerikanischer Unternehmungen (...) bis zu den jüngeren mathematischen oder informationstechnologischen Systemansätzen« immer an der »Steigerung der Fähigkeit zur Planung, insbesondere zur zentralen Planung« ausgerichtet waren (ebd.: 628).

Einzelne Elemente der Dezentralisierung und auch der Vermarktlichung sind natürlich nicht neu: Regionen, Produkte und Geschäftsfelder betreffende Formen der Dezentralisierung von Unternehmensstrukturen (z.b. der Divisionalisierung) oder auf der Ebene der Fabrik- und Arbeitsorganisation (Fertigungsinseln und Gruppenarbeit) haben bereits eine lange Geschichte. Eine neue Qualität kam in den 80er Jahren ins Spiel, als auf dem Hintergrund von Marktsättigung und verschärftem Wettbewerb, dem Wandel vom Verkäufer- zum Käufermarkt, sich der Druck auf die Flexibilisierung – oder genauer: auf die Bewältigung des Zielkonflikts von Flexibilität und Effizienz (später erweitert um die wich-

---

werden, dass durch mangelnde Effizienz der Bestand des Unternehmens und der Arbeitsplätze gefährdet ist. In diesem Sinne bedeuten »Selbstorganisation« und »Eigenverantwortung« die Ablösung der auf Macht und Anweisungsbefugnissen beruhenden Herrschaftsstrukturen durch einen nicht minder hart und wirkungsvoll durchgreifenden, sich jedoch hinter den »Sachgesetzlichkeiten« des Marktes camouflierenden Marktdruck. »An die Stelle hierarchischer (zentraler) Kontrolle und Koordination (treten) marktliche Sanktionen als Korrektiv« (Arbeitskreis Organisation 1996: 628). In der durchgängigen Organisation der segmentierten Einheiten als Profit-Center wird die Vermarktlichung zum dominierenden Steuerungsprinzip. Dabei erfolgt die extremste Form der Vermarktlichung dann, wenn solche Einheiten als eigenständige Teile der Wertschöpfungskette direkt in den externen Markt ausgegliedert werden. Als marktorientiertes Anreizkonzept können Profit-Center nur fungieren, wenn Ertragsgrößen wie Gewinn, Rendite, Cash Flow und Aufwandsgrößen einer Periode eindeutig ausweis- und zurechenbar sind. Zugang zu externen Märkten und eine vergleichsweise hohe vertikale und horizontale Autonomie sind idealerweise Voraussetzung, um einerseits die Kosten- und Erlösgrößen ermitteln und andererseits die sie bestimmenden Faktoren auch hinreichend beeinflussen zu können. Nur über die direkte Konfrontation mit dem (potenziellen) Wettbewerber auf dem Markt lässt sich auch der von den Unternehmen gewünschte Konkurrenzdruck erzeugen. Treten die Center gleichsam als Unternehmen auf, agieren die Beschäftigten – bzw. die Leiter – der Profit-Center als Unternehmer (»Entrepreneure«) mit hoher Entscheidungsautonomie.

tigen Kriterien »Zeit« und »Qualität«) – massiv verschärfte. In der Reaktion darauf haben vor allem die großen Massenproduzenten Maßnahmen zur Reorganisation entwickelt, in denen auch in Deutschland alle wesentlichen Elemente einer Dezentralisierung und teilweise auch einer Vermarktlichung zumindest ansatzweise enthalten waren. Verschiedene Versatzstücke der Reorganisation – Segmentierung und Modularisierung insbesondere von Fertigungsstrukturen, Auslagerung und Outsourcing, Center-Bildung, Projektorganisation, Prozessoptimierung, Teambildung, Funktions- und Aufgabenintegration u.v.a.m. – wurden damals bereits propagiert und teilweise auch realisiert. Eine mehr oder weniger systematische Integration aller Elemente in umfassende Reorganisationskonzepte lag jedoch noch nicht vor. Daneben gab es auch noch andere Lösungsansätze der Krisenbewältigung: z.B. die Versuche einer forcierten flexiblen Automatisierung und informationstechnischen Vernetzung (CIM-Konzepte) oder die Diversifizierung und Ausweitung des Geschäfts zur Nutzung von Synergieeffekten.

Mit der Lean-Production-Welle Anfang der 1990er Jahre verschärfte sich der Druck auf die Reorganisation – allerdings eher einseitig – in Richtung Kosteneinsparung. Von »allem die Hälfte, weniger Slack, null Fehler, null Puffer, Just-in-time...«, das schlanke Produktionskonzept zielte auf Kostenreduktion, und so wurde es auch in Deutschland vorrangig genutzt. Darüber hinausgehende Elemente wie die Reduzierung von Fertigungs- und Entwicklungstiefe, veränderte Zuliefer-Abnehmerbeziehungen, Simultaneous Engineering, Optimierung der Logistikabläufe oder auch Teamkonzepte in der Fertigung, Qualitätszirkel, KVP u.ä. beschränkten sich zunächst eher auf große Produktionsunternehmen, insbesondere der Automobilindustrie. Erst mit dem weiteren Ausbau zum »Lean Management« und zu den diversen »Reengineering-Ansätzen« entwickelten sich daraus stärker generalisierte Reorganisationskonzepte, in denen dann die Dezentralisierung und Vermarktlichung zu zentralen Voraussetzungen und Prinzipien wurden. Es deutete sich bereits an, dass »schlanke Strukturen«, in denen Kosten- und Zeitziele höchste Priorität haben, und die optimale Nutzung von Personal- und Sachressourcen im Zentrum stehen, zwar kurzfristig die Wettbewerbsfähigkeit erhöhen können – vielfach auf Kosten der Flexibilität –, langfristig jedoch keine ausreichende Perspektive organisatorischer Gestaltung darstellen (vgl. dazu Arbeitskreis Organisation 1996: 657).

Merkmale der Reorganisation

In der ersten Hälfte der 1990er Jahre nahm – nicht zuletzt durch die sich verschärft Geltung verschaffenden Globalisierungstendenzen – der Druck auf die Wettbewerbsfähigkeit insbesondere international agierender Unternehmen weiter zu. Besonders hart traf es jene Großunternehmen, die sich in der Vergangenheit, d.h. noch in den 80er Jahren, aufgrund marktbeherrschender Stellung an hohe Wachstumsraten und Profitmargen gewöhnt hatten (z.B. die großen Hardware-Hersteller in der IT-Branche). Darüber hinaus hatten sich bei ihnen während der überdurchschnittlichen Wachstumsphase Rigiditäten und hierarchische Subsysteme herausgebildet, die zu einer komplexen und nur schwer zu koordinierenden Gesamtorganisation geführt hatten. Sie mussten sich nun auf eine »normale« Kosten- und Preiskonkurrenz einstellen, auf die sie – und auch ihre organisatorische Struktur – nicht vorbereitet waren. Manche versuchten noch ihr Heil in einem expansiven Kurs der Marktausweitung (Diversifizierung), letztlich blieb vielen jedoch nur der Weg einer radikalen Reorganisation.

Charakteristische *Merkmale der Reorganisation* der 1990er Jahre sind:
- Auch wenn die diversen Reorganisationskonzepte immer im Gewand der Allgemeingültigkeit und generellen Anwendbarkeit daherkommen, so ist offensichtlich, dass die Prinzipien der Dezentralisierung und Vermarktlichung bevorzugt dort Wirkung erzielen, wo große Unternehmen mit verkrusteten bürokratischen Strukturen in die *Krise* geraten, die selbst wieder auf die nachhaltige Erosion ihrer marktbeherrschenden Position zurückzuführen ist. In diesem Fall heißt Krise: Konfrontation mit dem »kapitalistischen Alltag«.
- Konzentration auf Kernkompetenzen, Outsourcing, Downsizing u.ä. sind in manchen Fällen weniger Ergebnisse langfristig orientierter strategischer Unternehmensentscheidungen als vielmehr Reaktionen auf wegbrechende Märkte, mangelnde oder zu späte Innovationen, kurz: Ausdruck defensiver Unternehmenspolitik, die auf die *kurzfristige Überlebenssicherung* abzielt.
- Dezentralisierung und Vermarktlichung dienen dann nicht nur der Flexibilisierung und der stärkeren Kundenorientierung, sondern vor allem als Instrument der Selektion von Geschäftsfeldern, Produkten, Prozessen und natürlich auch Beschäftigten nach meist kurzfristigen Rentabilitätsgesichtspunkten. Sie sind wiederum weniger Resultat

strategischer Überlegungen als Ausdruck teilweise recht *hilfloser Suchprozesse.*

- Eine derartige Instrumentalisierung von Dezentralisierung und Vermarktlichungsprozessen setzt zugleich die Funktionsfähigkeit *zentraler Unternehmensinstanzen* und deren Stärkung voraus. Besondere Bedeutung erhalten darin der Ausbau von Controlling- und Bewertungsverfahren. Es finden sich gleichsam parallele Maßnahmen der De- und Rezentralisierung.

- Nach wie vor herrscht in den Unternehmen Unsicherheit darüber, wie weit die Dezentralisierung getrieben werden kann, ohne das Gesamtunternehmen und wichtige Voraussetzungen für die mittel- und langfristige Sicherung des Unternehmenserfolgs zu gefährden (wir werden darauf zurückkommen). Dies führt zu eigentümlichen Pendelbewegungen zwischen De- und Rezentralisierung, die in der Geschichte betrieblicher Umstrukturierung seit langem bekannt sind (vgl. Reichwald/Koller 1996).

Nun lassen sich diese Charakteristika der Reorganisation nicht ohne weiteres auf die gesamten Umstrukturierungsprozesse übertragen: In den meisten Fällen beschränken sich die Veränderungen auf bestimmte Unternehmensbereiche und Prozesse, *verlaufen* zudem in den jeweiligen Branchen in der Industrie und im Dienstleistungsbereich sehr *unterschiedlich.* Zwar treten viele der Reorganisationskonzepte, insbesondere die in den letzten Jahren vorherrschenden Reengineering-Ansätze, mit dem Anspruch einer »Revolution«, einer radikalen, das ganze Unternehmen erfassenden Umstrukturierung auf, in der Unternehmenspraxis sieht es jedoch zunächst anders aus. Ausgangspunkt der Restrukturierung ist typischerweise meist die »Durchführung klassischer Rationalisierungsprogramme wie z.B. Personalabbau, Aufgabe unrentabler Produkte und Produktlinien etc.« (Arbeitskreis Organisation 1996: 640). Erfolge weitergehender Reorganisation, die sich beispielsweise an den genannten Prinzipien des Business Reengineering orientieren, finden sich vor allem dort, wo relativ wenige, möglichst einfache und überschaubare Geschäftsprozesse reorganisiert werden. Meist handelt es sich um Prozesse, in denen Informationsflüsse oder der Transfer immaterieller Wissensbestandteile (etwa als Beratungs- oder Planungsleistungen) im Vordergrund stehen, die demzufolge als Dienstleistungsprozesse von vornherein eine Markt- und Kundenorientierung aufweisen und die nicht notwendig mit komplexen Prozessen materieller Produktion funktional verknüpft sind. Treten zu den Informationsflüssen Materialflüsse hinzu und sind die Prozesse in komplexe Organisationszusammenhänge eingebettet, werden Reengineering-Konzepte kaum oder nur in Ansätzen angewendet (vgl. Theuvsen 1996).

Dies bedeutet jedoch nicht, dass marktgesteuerte Dezentralisierungsansätze nicht auch in großen Produktionsunternehmen Anwendung fänden: Geschäftssegmentierung und Profit-Center-Konzepte sind auch in vielen Bereichen der industriellen Produktion zur Anwendung gekommen. Die in den 1980er und beginnenden 1990er Jahren im Vordergrund stehenden Prinzipien der Flexibilisierung der Fertigung (Modularisierung) und Beschleunigung von Abläufen (»time based management«) werden zunehmend erweitert um eine konsequentere Ausrichtung der Prozesse auf die Anforderungen des Marktes und die Einführung von marktlichen Steuerungsinstrumenten.

3. Probleme und Grenzen der Dezentralisierung und Vermarktlichung

Die weitreichende Dezentralisierung von Unternehmen, die zudem bei der Mobilisierung der Potenziale auf markt- und konkurrenzvermittelte Anreizsysteme (»Marktdruck«) setzt, bringt eine Reihe von Problemen mit sich. Dabei handelt es sich vor allem um solche der Koordination und Integration, der Bewältigung/Verteilung allgemeiner Aufgaben sowie um Probleme der Einbindung und Motivation der Beschäftigten.

Probleme der Koordination und Integration

Die Aufrechterhaltung der Balance zwischen »Autonomie« und »Selbstorganisation« der dezentralisierten Einheiten und ihrer Rückbindung in den Zusammenhang des Gesamtunternehmens (oder einer Wertschöpfungskette) und seiner zentralen Zielsetzungen erfordert die permanente Koordination und Abstimmung der dezentralisierten Einheiten.

Bei dezentralisierten Einheiten, die arbeitsteilig an der Erfüllung einer Gesamtaufgabe beteiligt sind, stellen sich naturgemäß höhere Anforderungen an eine inhaltliche Koordination der (Teil-)Aufgaben als bei weitgehend unabhängig voneinander operierenden Einheiten. Reichwald und Koller (1996: 249ff.) benennen drei Ebenen der Koordination des ersten Typs: (1) Koordination durch interne Märkte, (2) Koordination durch Integration in eine Hierarchie, (3) Selbstkoordination über »linking pins« oder Informationsaustausch.

Voraussetzung dafür sind – als Moment einer gleichsam »strategischen Koordination« – zunächst die Umsetzung der von den Unternehmen jeweils verfolgten Wettbewerbs-(Markt-)Strategien in (Sub-)Ziele der Unternehmenseinheiten und die Verteilung der entsprechenden Aufgaben, Produktionsvolumina und -faktoren. Aus den Subzielen müssen die entsprechenden Effizienzkriterien abgeleitet werden, an denen sich der Beitrag der Einheiten am Gesamtziel bemessen lässt. Da die verschiedenen Subziele in komplementärer, neutraler oder auch konfliktueller Beziehung zueinander stehen können und hier eine Gewichtung der Ziele vorgenommen werden muss, müssen auch die Effizienzkriterien jeweils unter Rückgriff auf die Wettbewerbsstrategien gewichtet werden.

Unter dem Druck eines kurzfristigen Erfolgsnachweises der Organisationsmaßnahmen wird jedoch vielfach einseitig auf das Effizienzkriterium »Kostensenkung« gesetzt. Die daraus abgeleiteten, möglichst schnell wirksamen Maßnahmen (vor allem Personalabbau und schematisch durchgeführte Maßnahmen der Personalanpassung) erfüllen zwar das Kostenkriterium, in der Vernachlässigung anderer Effizienzkriterien führen sie jedoch insgesamt nicht selten zu kontraproduktiven Effekten für die Gesamtorganisation (vgl. Arbeitskreis Organisation 1996: 645).

Zusammengefasst werden diese strategischen Planungen in einem für die Einheiten aufgestellten Budget, in dem die jeweiligen Aufwands- und Kostenstrukturen sowie Investitionsvolumina im Einzelnen verbindlich festgelegt werden. Ergänzt werden diese »strategischen« Maßnahmen wiederum durch die Einführung von Kontrollziffern (»Benchmarking«). Durch die mit ihrer Hilfe erreichten Mobilisierung von Wettbewerbsdruck soll eine Form der indirekten Steuerung (Steuerung durch Vergleich oder besser: »Selbstkontrolle« durch »Selbstvergleich«; vgl. Hirsch-Kreinsen 1995: 427) wirksam werden.

Insbesondere deutschsprachige Vertreter der Reengineering-Konzepte heben hervor, dass diese Maßnahmen »indirekter Kontextsteuerung« (ebd.: 426) dezentralisierter Einheiten idealiter im Diskurs, also unter

Beteiligung der von der Dezentralisierung Betroffenen, entwickelt werden sollen (vgl. Osterloh/Frost 1996; Reichwald u.a. 1996). Es ist hier nicht zu entscheiden, inwieweit dies Ausdruck einer prinzipiell auf konsensuelle Lösungen ausgerichteten Haltung ist – und damit auch in einer spezifisch deutschen Tradition steht –, oder ob dies primär Ergebnis einer Analyse ist, die das Scheitern so vieler Reengineering-Modellversuche auf die von den Gründervätern Hammer und Champy propagierten Methoden ihrer Durchsetzung (Top-down-Ansatz, »Bombenwurfstrategie«) zurückführt.

Für die Koordination und Integration bedeutet diese Betonung des Diskursiven, Konsensuellen, Partizipativen, dass »sozialintegrativen Koordinationsmechanismen« (Hirsch-Kreinsen 1995) eine besondere Bedeutung beigemessen wird. Diese sollen sich in verbesserten Kommunikations- und Informationsstrukturen (und der Implementierung entsprechender IuK-Technologien), in der Herausbildung übergreifender Teamstrukturen, in institutionalisierten Bargaining-Prozessen und nicht zuletzt in einem neuen Rollen- und Funktionsverständnis auf der Managementebene und in einem veränderten Führungsverhalten der Manager (»Vom Führer zum Coach«) konkretisieren (vgl. Nerdinger/v. Rosenstiel 1996; Reichwald u.a. 1996).

Dass offensichtlich bei weitem nicht die Integrations- und Koordinationsprobleme gelöst sind, dass im Gegenteil diese Probleme eher auf die Notwendigkeit einer – zumindest partiellen – Rücknahme der Dezentralisierung verweisen, wird inzwischen deutlich. Aus der Fülle der Probleme sollen im folgenden einige von uns als besonders wichtig erachtete Probleme benannt werden.

»Als Schlüsselproblem für die Integration dezentraler Unternehmen erweisen sich die Effekte des ›*strukturellen Egoismus*‹ (Deutschmann u.a. 1995) der einzelnen Unternehmenseinheiten, ihre Orientierung am jeweils eigenen Geschäftserfolg und ihre Konkurrenz mit anderen Unternehmenseinheiten. Dieser absichtsvoll in das Unternehmensnetzwerk eingebaute und vor allem durch die indirekte Kontrolle des Kennziffernvergleichs auf Dauer gestellte Konkurrenzmechanismus erschwert den Zusammenhalt des Unternehmensnetzwerks und seine Koordinierbarkeit aufs Ganze massiv« (Hirsch-Kreinsen 1995: 429).

Die reale oder simulierte Vermarktlichung der Einheiten führt dazu, dass diese ihre Beziehungen untereinander, auch zu solchen, die in einem funktionalen oder stofflich-produktbezogenen Zusammenhang stehen, tendenziell nur noch über die Kategorie des Marktes gestalten, insbesondere dann, wenn – unter dem Damoklesschwert der Kostenreduzierung/Rendite-Erhöhung – die Existenz auf dem Spiel steht. Im Gegensatz dazu begründet sich in integrierten Prozessen Kooperation durch stofflich-prozessuale oder funktionale Zusammenhänge; der »Wert« dieser Kooperation stellt sich erst ex post, also am Ende als gemeinsam erwirtschafteter, im Produkt verkörperter Wert heraus (oder auch nicht).

Der inzwischen vielbeklagte *Mangel an Kooperation und Integration* der segmentierten Einheiten ist deshalb weniger eine Frage einer un- oder unterentwickelten Kooperationsfähigkeit und -bereitschaft als vielmehr Ausdruck eines sich verselbständigenden Marktmechanismus. Kooperation zwischen den an individueller Rendite orientierten Einheiten ist nur möglich, wenn sie sich sofort »rechnet«. Mangelnde Kooperation beruht demnach nicht auf Unfähigkeit usw., sondern auf dem Fehlen entsprechender »Tauschäquivalente« oder auch einer unzureichenden Bestimmung (Berechnung/Berechenbarkeit) dieser Tauschäquivalente (Problem der Verrechnungspreise). Wo sie sich rechnet, können Potenziale freigesetzt werden, wo dies nicht der Fall ist oder sie sich nicht berechnen lässt, bleibt sie aus oder muss erzwungen werden. Dies ist dann jedoch notwendigerweise – zumindest für einen der potenziellen Partner – mit einem Verlust der Autonomie und dem partiellen Außerkraftsetzen des Marktmechanismus verbunden.

Allerdings eröffnen Dezentralisierung und die neuen Autonomiespielräume bestimmter Bereiche eines Unternehmens neue Möglichkeiten der Kooperation (auf marktwirtschaftlicher Basis) mit anderen Unternehmen (bzw. mit deren vergleichbaren Segmenten), die bislang in integrierten Unternehmen so nicht möglich war, weil eine Abteilung des Unternehmens nicht eigenständig mit der entsprechenden Abteilung des anderen Unternehmens kooperieren konnte (vgl. Wittke 1995: 119). Hier sind Dezentralisierung und Segmentierung eine wichtige Grundlage für unternehmensübergreifende Kooperation in Gestalt von »strategischen Bereichsallianzen«.

Nach innen gerichtet setzen jedoch Selbstorganisation und Erlösverantwortlichkeit eher *zentrifugale Kräfte und Bereichsegoismen* frei, statt Kooperation zu fördern. Bei Aufgaben, die ein koordiniertes Vorgehen mehrerer Bereiche erforderlich, zumindest sinnvoll macht, können durch strikte Budgetverantwortlichkeit und ungelöste Probleme in der jeweiligen Zuordnung von Kosten und Erlösen einzelne Bereiche dadurch bewogen, ja gezwungen werden, sich nur auf den engen Rahmen der ihnen vorgegebenen Aufgaben zu beschränken und bewusst die durchaus einzubeziehenden Interessen anderer Bereiche außer acht zu lassen.[3] Auch in Fällen, in denen das gemeinsame Auftreten mehrerer Teilbereiche gegenüber einem Kunden notwendig ist, können konkurrenzinduzierte Bereichsegoismen und unklare Kosten-Erlös-Zuordnungen zu überraschenden Friktionen in den Geschäftsbeziehungen führen. Eine über mehrere autonome Teilbereiche hinweg verteilte Produktsegmentierung erschwert auch strukturell ein einheitliches Auftreten gegenüber dem Kunden. Hier gerät die spezifische Form vermarktlichter Dezentralisierung potenziell in Widerspruch zu den Wünschen der Kunden nach integrierten Gesamtlösungen. Überhaupt kann die vielbeschworene Kundenorientierung, wenn sie ausschließlich über autonome Einheiten separat vollzogen wird, den Gesamteffekt für das Unternehmen negativ beeinflussen (Ausspielen von Konkurrenz durch den Kunden, überflüssige Mehrarbeit durch parallele Bearbeitung gleicher Aufgaben, d.h. Verhinderung möglicher Synergieeffekte etc.).

Probleme bei der Bewältigung allgemeiner Aufgaben
Ein weiteres zentrales Problem dezentralisierter Unternehmen stellt der *Umgang mit Allgemeinkosten* dar, d.h. mit der Frage, wie die segmentierten Einheiten jeweils anteilig mit den Kosten der Zentralbereiche der Unternehmen belastet werden. Hier treffen die Folgen der Dezentralisierung mit den Auswirkungen der allgemeinen Bemühungen der Unternehmen, Kosten zu senken, zusammen.

---

[3] Frese (1995) nennt als Beispiel den Kundendienst einer Werkzeugmaschinenfabrik, der in seiner Kundendiensttätigkeit für die Entwicklung und Produktion des Unternehmens wichtige Informationen (Kundenwünsche, Unzulänglichkeiten der Maschine etc.) nicht erfasst und aufbereitet, weil die dafür aufgewendete Zeit lediglich als Kostenfaktor zu Buche schlägt. Unsere empirischen Untersuchungen in einem Unternehmen der DV-Branche zeigen einen ähnlichen Befund: Abteilungen der Systembetreuung unterlassen mögliche Akquisitionen für andere Bereiche (etwa der Hardware), weil der entsprechende Akquisitionsaufwand sich als zusätzliche Kosten niederschlagen, die möglicherweise zu erzielenden Erlöse jedoch anderen Bereichen zugute kommen.

Dezentralisierung ist ja, vor allem wenn sie Ausdruck eines Krisenbewältigungsmechanismus ist, Folge eines stark auf das Unternehmen wirkenden Kostendrucks – sei er nun absatz- oder kapitalmarktinduziert. Unter diesem Druck sind in den letzten Jahren deutlich erkennbar Zentralbereiche bzw. in diese eingelagerte Funktionen abgebaut worden. Es sind vor allem solche, die keinen direkten oder nur auf lange Sicht einen Gewinnbeitrag leisten und demzufolge als unproduktiv eingestuft werden. Insbesondere diesbezügliche Maßnahmen in Großbetrieben konnten – verstanden als Beitrag zur Entbürokratisierung oder zum Abbau der berüchtigten »Wasserköpfe« – auf weitgehende Zustimmung aller nicht unmittelbar davon Betroffenen stoßen. Insbesondere auch auf der Shop floor-Ebene – jahrelanger Bezugspunkt umfassender Rationalisierungsmaßnahmen – wurde dies mit einer gewissen Genugtuung, ja Schadenfreude registriert und kommentiert. Inzwischen lassen kurzfristige Gewinnerwartungen aber auch solche Bereiche ins Visier der Rationalisierung geraten, deren Abbau oder doch »Verschlankung« über die unmittelbar Betroffenen hinaus für das Gesamtunternehmen und seine Beschäftigten wie auch für die gesellschaftliche Entwicklung problematische Effekte zeitigen. *Insbesondere gilt dies für die Unternehmensbereiche Forschung und Entwicklung, betriebliche Aus- und Weiterbildung und Personalpolitik und Personalplanung.* Für die ersten beiden Bereiche bedeutet dies nicht nur, dass wichtige Potenziale (Know-how, Kernkompetenzen), die für eine längerfristig angelegte Überlebensstrategie notwendig sind, sukzessive verloren gehen, sondern dass darüber hinaus ein verstärkter Rückgriff auf am Markt verfügbare Ressourcen erforderlich wird. Damit wächst die Abhängigkeit von nicht steuerbaren marktvermittelten Prozessen ihrer »Produktion« bzw. von entsprechenden gesellschaftlichen/staatlichen Infrastrukturleistungen, und es wächst zugleich die Abhängigkeit von der jeweiligen Wettbewerbsposition der Unternehmen auf diesen Märkten.

Die von »oben« in Gang gesetzte und gesteuerte Entwicklung erhält von »unten« eine strukturbedingte Unterstützung, denn die vermarktlichten dezentralisierten Einheiten zeigen in der Regel nur eine geringe Bereitschaft, eine Belastung mit Allgemeinkosten hinzunehmen. Vor allem, weil die Ermittlung eines »gerechten« Verteilerschlüssels schwierig ist, befürchten besonders die strikt als Profit-Center organisierten Einheiten, dass eine »willkürliche« Zuordnung der Allgemeinkosten ne-

gativ auf ihre Aufwand-Erlös-Bilanz durchschlägt und ihr Standing innerhalb des Unternehmens gefährdet. Dies betrifft unmittelbar auch die Beiträge zu zentralen Forschungs- und Entwicklungseinrichtungen (etwa große Entwicklungslabors) und insbesondere auch die auf lange Sicht angelegte Ausbildungsstruktur (Lehrlingsausbildung).
Der in vielen Unternehmen zu beobachtende Ausweg aus diesem Dilemma (vgl. Schiltknecht 1994), verstärkt Aufgaben aus den Zentralbereichen in die dezentralisierten Einheiten zu verlagern, birgt nun die Gefahr, besonders wenn es sich um Aufgaben aus den Zentralbereichen »Technik« oder »FuE« handelt, dass für alle Einheiten und das Gesamtunternehmen wichtige Kernkompetenzen dezentralisiert werden. Der Zugriff auf diese ist nur mehr eingeschränkt möglich, zumal wenn wiederum aus Angst vor einer Relativierung der Erfolgsposition einzelne Einheiten versuchen, Kompetenzen der unternehmensinternen Öffentlichkeit vorzuenthalten. Ein weiteres Problem einer solchen Verlagerungspolitik ist, dass Produkt- und Prozessinnovationen in den dezentralisierten Einheiten aus Kosten-, Personal- und Kompetenzgründen bestenfalls kleinschrittig und auf die besonderen Bedingungen und Anforderungen der Segmente bezogen erfolgen können. Eine Strategie der »Marktbehauptung durch inkrementelle Produktinnovation« (Lutz u.a. 1996), die schon durch die Orientierung des Gesamtunternehmens am Erfolg der nächsten Periode begünstigt wird (Reichwald/Koller 1996: 268), wird dadurch weiter bestärkt.[4]

Verschlankung der Aus- und Weiterbildungsstruktur wird ebenfalls verstärkt durch die Verlagerung entsprechender Aufgaben in die dezentralen Einheiten bzw. direkt in die Eigenverantwortlichkeit der Mitarbeiter zu erreichen versucht. So werden beispielsweise in der wissensintensiven und auf fortlaufende Qualifikationsanpassung angewiesenen DV-Branche die unternehmenseigenen Weiterbildungseinrichtungen nicht nur ausgelagert und in eigenständige, am Markt ihre Leistungen anbietende Unternehmen umgewandelt, sondern auch die Mitarbeiter werden zunehmend gehalten, die erforderliche Anpassung ihrer Qualifikation an die sich beschleunigende Entwicklung in eigener Verant-

---

[4] Allerdings können einer Verlagerungspolitik auch positive Seiten abgewonnen werden, wenn dadurch bislang abgeschottete FuE-Bereiche näher an die Produktion geführt und bestimmte Funktionen des White-Collar-Bereichs dort hinein verlagert werden (Wittke 1995: 119; vgl. auch Faust u.a. 1994).

wortung – und zudem immer mehr außerhalb ihres Arbeitszusammenhangs – zu leisten.

Verstärkt wird diese Tendenz dadurch, dass auch die Verantwortlichkeit für Personalplanung und Personalentwicklung zunehmend von den Zentralabteilungen auf die dezentralen Einheiten übergeht. Es darf bezweifelt werden, dass durch solche Strategien der Verlagerung eine auf vorausschauende Personalplanung gestützte Qualifikationsstruktur für das Gesamtunternehmen gesichert wird, die auch sich verändernden Anforderungen gerecht werden kann.

Probleme der Motivierung der Beschäftigten
Hier geht es um die Mobilisierung von Eigenverantwortlichkeit im Rahmen der Selbstorganisation, um die Motivation der Beschäftigten oder doch zumindest der Mitarbeiter auf den »Leitungsebenen« der dezentralen Einheiten, sich einzulassen auf die neuen Anforderungen, die die »Simulation« eines »Unternehmerverhaltens« mit sich bringt und die für eine erfolgreiche Umsetzung der neuen Organisationskonzepte als zentral angesehen werden. Bei der Beantwortung der Fragen »Selbstorganisation in bezug auf was?« und »Eigenverantwortlichkeit wofür?« herrscht in den Konzepten Eindeutigkeit: Selbstorganisation in der Vermittlung von (ex- und internen) Kundenanforderungen mit den jeweiligen »Ressourcen«, die hierfür zur Verfügung gestellt werden, Eigenantwortlichkeit in der Ausrichtung der Ressourcennutzung auf die für das Unternehmen optimalen Verwertungsmöglichkeiten (nach den Kriterien der Kostenreduktion, Flexibilitätserhöhung, Zeitersparnis usw.).

Offensichtlich ist jedoch das Vertrauen der Unternehmen in die intrinsische Motivation der Mitarbeiter, Selbstorganisation und Eigenverantwortlichkeit in diesem Sinne zu verstehen, so groß nicht. Der Appell etwa eines Topmanagers eines großen Automobilunternehmens, der Mitarbeiter brauche, um motiviert zu werden, neben den erforderlichen Handlungs- und Entscheidungsspielräumen verbindliche Zielsetzungen, für die er sich aktiv einsetzen könne (Tropitzsch 1995), umgeht das Problem, indem er direkt als Motivation das setzt (die Erreichung des Unternehmensziels), für das der Mitarbeiter ja eigentlich erst motiviert werden soll. Mit der Formulierung des Ziels, für das sich der Mitarbeiter begeistern und voll einsetzen soll – Übernahme der dauerhaften Führung des Unternehmens auf allen für das Unternehmen relevanten Feldern (wie Kunden- und Marktorientierung, Unternehmensqualität, Effizienzsteigerung im weltweiten Wettbewerb) –, wird das Interesse des Mitarbeiters aber schlicht mit dem des Unternehmens identisch gesetzt.

Diese Kongruenz von Unternehmens- und Mitarbeiterzielen »kann nur erreicht werden, wenn die Mitarbeiter sich mit dem wesentlichen Unternehmensziel, der Wertschöpfung und Produktivitätssteigerung, soweit identifizieren, dass sie die Sache der Rationalisierung auch als die ihre begreifen« (ebd.: 128). Als »Gegenleistung« wird dafür angeboten, dies autonom und selbstverantwortlich wollen und realisieren zu dürfen, ganz im »Gedanken der Mitarbeiterbeteiligung und Delegation von Entscheidungsbefugnissen.« Aber – wie Moldaschl in der Diskussion um neue Formen der Selbstorganisation und Eigenverantwortlichkeit (»Demokratisierung«) auf der unmittelbaren Arbeitsebene des Shop floor in der Ausgestaltung neuer Gruppenarbeitsmodelle bemerkt – »Leistungsbereitschaft wird nach einem subjektiv als gerecht angesehenen Äquivalent ›dosiert‹« (Moldaschl 1996: 149).

Dass diese Art der Einbindung der Mitarbeiter offensichtlich so einfach nicht funktioniert, zeigt die in den Restrukturierungskonzepten so herausgehobene Bedeutung der »Vermarktlichung« der Beziehungen von dezentralisierten Einheiten. Marktdruck und Konkurrenz als Stimulans für Leistung und Leistungsbereitschaft verlängern das allgemeine Gebot, die Gesetze des Marktes bei Strafe des Untergangs (hier Auslagerung, Verkauf oder Schließung) zu befolgen, in das Unternehmen hinein und ersetzen Motivation letztendlich durch Angst (vor Verlust des Arbeitsplatzes). Insofern ist auch die zeitliche Koinzidenz von Personalabbaumaßnahmen bislang unbekannten Ausmaßes und damit verbundener Massenarbeitslosigkeit und der forcierten Durchsetzung marktorientierter Organisationsmodelle sicher kein Zufall. Zumindest wirkt die drohende Gefahr der Arbeitslosigkeit stark »motivierend«, sich dem innerbetrieblichen Konkurrenzdruck auszusetzen.

Marktvermittelter Konkurrenzdruck setzt so zwar möglicherweise die gewünschten Leistungsreserven frei, sichert jedoch noch keineswegs, dass sie auch im Sinne des Gesamtunternehmens eingesetzt werden. Der nach wie vor bestehende Rahmen von Leistungs- und Verhaltensregeln, die Entwicklung differenzierter Controlling-Systeme und letztlich auch das nicht außer Kraft gesetzte Dispositionsrecht des Unternehmens als »Arbeitgeber« zeigen, dass die mit der Gewährung von Eigenverantwortlichkeit verknüpfte Verpflichtung zur Loyalität im Ernstfall – und nur er bestimmt das wahre Maß an Selbstorganisation und Eigenverantwortlichkeit – eine »erzwungene Treue« (Kadritzke 1993: 314) ist. Formen einer »neuen Unternehmenskultur« (vgl. kritisch dazu Nerdinger/v. Rosenstiel 1996) und die Propagierung ihrer Werte zur Stärkung von Mitarbeitermotivation und -loyalität können diesen Tatbestand nur notdürftig verschleiern.

»Organisationskulturelle Konzepte zielen letztlich auf die ›innere Kontrolle‹ der Mitarbeiter: Durch Internalisierung der herrschenden Normen und Werte, durch Aneignung geltender Deutungsmuster oder Paradigmen sollen die Mitarbeiter sich selbst im Sinne des Unternehmens steuern. (...) Die Gefahr instrumentell gestalteter unternehmenskultureller Interventionen liegt in der ›totalisierenden Vereinnahmung der Beschäftigten‹ (Türk 1989)« (Nerdinger/v. Rosenstiel 1996: 316).

Dass »Autonomie« und »Selbstverantwortung« nicht allein aus sich selbst Motivation und Leistungsbereitschaft hervorbringen, sondern dass die Unternehmen sich weiter mehr auf die Wirkungsweise des klassischen Lohn-Leistungs-Mechanismus verlassen, zeigen ihre verstärkten Bemühungen um die Entwicklung neuer Formen der Entlohnung(sgrundsätze). Diese werden den neuen Bedingungen angepasst und auf eine neue Grundlage gestellt: Es gilt nicht mehr (ausschließlich) das Prinzip »Lohn gegen Leistung« (in ihrer vergegenständlichten Form oder gemessen in Zeitquanten), sondern »Lohn gegen Erfolg« (Beitrag zur Wertschöpfung).

Hinweise auf die hier genannten Problemkonstellationen und auf das Scheitern von Restrukturierungsmaßnahmen und -konzepten finden sich gegenwärtig fast in jeder einschlägigen Veröffentlichung. Da die Autoren darin fast immer eine Beratungsperspektive verfolgen, werden die aktuellen Defizite und Grenzen betrieblicher Reorganisationsmaßnahmen meist zum Anlass genommen, neue verbesserte Konzepte vorzuschlagen, die die bisherigen Fehler vermeiden sollen. Vielfach wird versucht, die angeblich zu einseitige und radikale Orientierung der Restrukturierung in der ersten Hälfte der 1990er Jahre durch eine ausgewogenere und kompromisshaftere Perspektive zu ersetzen. Dem entspricht offensichtlich der in den Erfahrungsberichten aus den Unternehmen deutlich werdende *Kurswechsel der Reorganisation* in der Praxis: die teilweise Rücknahme von Dezentralisierungsmaßnahmen und der Ausbau einer übergreifenden Rahmensteuerung (z.B. »Integrierte Dezentralisierung« bei ABB oder das »Bereichsübergreifende Kundenmanagement« bei Siemens u.ä.); die Einsicht, dass flexible, anpassungsfähige Systeme sich ohne ein gewisses Maß an Ressourcenüberschuss (slack) nicht entwickeln können, hat dazu geführt, das Ideal der »schlanken Strukturen« in Frage zu stellen und längerfristig orientierte Konzepte wie etwa das der »lernenden Organisation« attraktiver zu finden (vgl. die Beispiele von KHD oder VEBA in Arbeitskreis Organisation 1996).

Wie weit darin bereits ein grundsätzlicher Perspektivenwechsel der Reorganisation zum Ausdruck kommt oder nur ein modifizierendes Einschwenken auf einen etwas moderateren Kurs, lässt sich gegenwärtig nicht sagen. Das erwähnte diffuse, von Konzeptdebatten vernebelte Bild der Unternehmensrealität lässt ohnehin nur sehr unscharfe Einschätzungen zu.

4. Mögliche Entwicklungstrends der Unternehmensrestrukturierung

In der gegenwärtigen Standortdebatte scheinen Markt und Effizienz als strukturierende Prinzipien der Unternehmensreorganisation gleichzeitig die entscheidenden Kriterien für die Wettbewerbsfähigkeit der gesamten Wirtschaft zu sein, die jede andere Betrachtungsweise (z.B. andere Wohlstandskriterien, wie sie noch in früheren wirtschaftspolitischen Konzepten enthalten waren) verdrängt haben. Wenn jetzt auf der Unternehmensebene die »radikalisierte Ökonomie« negative Effekte zeitigt, mag dies vielleicht auch die Debatte über die Entwicklung von Wirtschaft und Gesellschaft beeinflussen. Vielleicht wird dadurch auch die Dominanz einer neoklassischen und marktliberalen Sicht von Gesamtökonomie und Politik, in der die einzelwirtschaftliche Sichtweise mit der gesamtwirtschaftlichen Sichtweise in eins gesetzt wird, in Frage gestellt. Dies wird nicht zuletzt davon abhängen, in welche Richtung die Unternehmensreorganisation in Zukunft gehen wird. Im folgenden versuchen wir, in Form dreier Szenarien mögliche Entwicklungstrends herauszuarbeiten.

4.1 Radikalisierung marktgesteuerter Dezentralisierung

Gegenwärtig gibt es keine Anzeichen dafür, dass sich die ökonomische Situation, die durch verschärften Wettbewerb, Globalisierung und Krisen gekennzeichnet ist, in den nächsten Jahren grundlegend ändern wird. Konjunkturelle Verläufe beeinflussen diesen strukturellen Zusammenhang nur marginal. Es ist im Gegenteil davon auszugehen, dass sich auf längere Sicht die ökonomische Situation weiter zuspitzen wird. Die Gründe: neue Konkurrenten auf globalen Märkten, ein neues Verhältnis zu Ort und Zeit und von Geld zu Kapital, neue soziale, ökonomische und politische Disparitäten u.a.m. Globalisierung, heute vielfach noch eine ideologische Veranstaltung zur Senkung von Kosten und sozialen Standards, wird die ökonomische Umwelt der Unternehmen noch radikaler verändern. Die Turbulenzen, von denen heute soviel die Rede ist (vgl. Lutz u.a. 1996), stehen erst noch bevor. Damit soll kein Katastrophenszenario gemalt werden, sondern an einen alltäglich sich entfaltenden und umfassender werdenden Kapitalismus erinnert werden. In der aktuellen Restrukturierungsdebatte finden sich genügend Hinweise auf die sich verschärfende Konkurrenz zwischen den Unternehmen und auf Mechanismen, die die *marktgesteuerte Dezentralisierung vorantreiben.*

Wettbewerb durch Konfrontation

In der Tradition des »von Japan lernen« berichtet eine Studie von Robin Cooper (1995) über neue Formen eines »konfrontativen Wettbewerbs«. In ihr wird den westlichen Unternehmen – mit einem ähnlichen »best practice«-Anspruch wie in der Womack-Studie zur Lean Production – der vermeintlich einzig gangbare Weg in die Zukunft vorgezeichnet. Auf der Basis der Ergebnisse einer fünfjährigen Untersuchung von 20 japanischen Industrieunternehmen wird die These formuliert, dass Unternehmen, welche die Lehren der Lean Production und des Lean Management verwirklicht haben, in ganz neuer Konkurrenz zueinander stehen. Die bisherige Diskussion habe sich auf die unternehmensinternen Veränderungen einer schlanken Produktion beschränkt und dabei übersehen, dass sich auch in den Wettbewerbsmustern auf den Märkten radikale Veränderungen vollziehen.

Nach Cooper ist »lean« zu sein solange ein Wettbewerbsvorteil, als andere nicht »lean« sind. Sind alle »lean«, sind nachhaltige Wettbewerbsvorteile ein für allemal ausgeschlossen; was bleibt, ist die gnadenlose Konkurrenz: »competition through confrontation«. Warum das so ist und was dies bedeutet, erklärt Cooper folgendermaßen: Früher, d.h. vor der Ära der Lean Production, konnten die Unternehmen sich entscheiden, ob sie als Massenproduzenten Kosten- und Preisführerschaft auf Märkten für standardisierte Güter anstreben oder als flexibel spezialisierte Produzenten auf die Märkte für kundenorientierte Qualitätsprodukte setzen. In beiden Fällen war es möglich, Konkurrenten auszuweichen und gleichsam Monopolprofite zu erwirtschaften. Lean Production in ihrer Verknüpfung von Flexibilität und Effizienz hat diese Unterschiede zwischen Massenproduzenten und spezialisierten Produzenten eingeebnet; sie befähigt den einen, seine Produkte zu differenzieren, und den anderen, seine Kosten zu senken. »Schlanke« Unternehmen können beides – und das auf einem hohen Qualitätslevel. Das unvermeidliche Resultat dieser Entwicklung ist eine »Darwinsche Welt« ohne Nischen, in die man ausweichen kann und in der nur die permanente »Konfrontation« das Überleben sichert.

Welches sind nun die Methoden, die das Überleben sichern? Nach Cooper können nur jene Firmen bestehen, die »auf aggressive Weise die zum Überleben notwendige Trias managen«. Diese ist auf das Produkt bezogen, und darauf kommt es an: Qualität, Funktionalität und Kosten (oder Preis). Da der Spielraum auf allen drei Merkmalsebenen in der verschärften Konkurrenz sehr klein geworden ist, muss das Unternehmen lernen, möglichst gleichzeitig Qualitäts-, Kosten- und Design-/Funktionsanforderungen zu bewältigen. Es ist nicht mehr wie früher möglich, sich auf ein Element zu konzentrieren und andere zu vernachlässigen. Demzufolge müssen Markt-, Fertigungs- und Organisationsstrategien entwickelt werden, die die drei Produktelemente gleichzeitig optimieren. Nur so wird es nach Cooper möglich, in einer Zuspitzung der Konfrontation mit anderen Lean-Produzenten zu konkurrieren.

Bei der detaillierten Darstellung der einzelnen Methoden, mit denen dieses Ziel erreicht werden kann, legt Cooper besonderes Gewicht auf das »cost management«. Er geht davon aus, dass die westlichen Unternehmen zwar meist Total-Quality- oder Time-to-market-Strategien entwickelt haben, dass sie dies aber mit höheren Produktionskosten erkaufen mussten. Deshalb müssen die Kosten gesenkt und alle Möglichkeiten des Cost Managements ausgeschöpft werden (vom »target costing«

bis zum »kaizen costing«). Gegebenenfalls muss die Wirksamkeit der Cost-Management-Techniken durch die Einführung kleiner – fiktiv oder real als Profit-Center organisierter – Einheiten, also durch marktgesteuerte Dezentralisierung, verstärkt werden. Letzten Endes bedeutet die Konfrontationsstrategie der Unternehmen auf den Märkten auch, dass die Profit-Center und die in ihnen Beschäftigten untereinander einen harten Konfrontationskurs fahren müssen (»... Cost Center in Profit Center umzuwandeln verstärkt den Druck, Kosten zu senken, und schafft neuen Druck, die Revenuen zu steigern« [Cooper 1995: 279]). Damit wird deutlich, dass das Motto, das Cooper seinem Buch vorausstellt, nicht nur für die Unternehmen, sondern auch für die Individuen in den Unternehmen Gültigkeit hat. Es lautet: »Konkurrenz herrscht ununterbrochen. Es gibt nichts anderes als zu gewinnen. Das Spiel hat kein Ende. Auch wenn man heute im Wettbewerb gewinnt, muss man dies morgen wiederholen können« (Kuniyasu Saki, Chairman Taiyo Kogyo).

Unabhängig davon, wie ernst man die Coopersche Studie und deren Botschaft nimmt, scheint die grundsätzliche Aussage doch beachtenswert: Nicht zuletzt durch die Restrukturierungsprozesse der letzten fünf oder besser fünfzehn Jahre kommt es zu einer zusätzlichen Verschärfung des Wettbewerbs zwischen den Unternehmen auf den diversen Märkten. Die Gründe liegen nicht nur in den Märkten selbst (Sättigungs- und Schrumpfungsprozesse) und auf der Nachfrageseite (veränderte Kundenbedürfnisse), sondern auch bei den Anbietern. In der Konkurrenz haben sich die Faktoren, die ihre Wettbewerbsfähigkeit begründen, soweit angeglichen, dass nur ein radikaler Konfrontationskurs ihr Überleben sichert.

Der daraus folgende verschärfte Ökonomisierungsdruck verstärkt wiederum Tendenzen einer marktgesteuerten Dezentralisierung. Auch wenn man Coopers Meinung nicht teilt, dass es aus diesem Wettbewerbsdruck, dieser »treadmill of exhaustion«, keinen Ausweg zu geben scheint, und eher die Auffassung vertritt, dass diesem selbstzerstörerischen Wettbewerb Schranken gesetzt werden müssten bzw. er vielleicht aus sich selbst heraus Schranken setzen wird, so muss doch die von Cooper aufgezeigte Entwicklung ernst genommen werden.

Shareholder-value
Ernst genommen werden muss auch die *Shareholder-value-Orientierung*. Uns interessiert hier weniger die politische Ebene, auf der es um das Verhältnis von Kapitaleigentümern (Aktionären), Management und den anderen Interessengruppen, insbesondere den Arbeitnehmern (den stakeholder), geht (vgl. hierzu die Zusammenstellung bei Prangenberg 1996). Es geht uns vielmehr um die Frage, inwieweit die darin propagierte Ausrichtung von Unternehmensstrategien auf die Anforderungen des Kapitalmarkts den Prozess einer marktgesteuerten Dezentralisierung vorantreibt und wie sich mit der zunehmenden Durchsetzung dieses Konzepts das Verhältnis von Finanzkapital zu produktivem Kapital verändert und sich damit neue strukturelle Zusammenhänge herausbilden.

Für die deutschen Unternehmen hatte in der Vergangenheit die Eigenkapitalfinanzierung über die Börse im internationalen Vergleich eine geringere Bedeutung; hinzu kam die konzentrierte Eigentümerstruktur und die geringen Anlagevolumina institutioneller Investoren (vgl. dazu Arbeitskreis Finanzierung 1996). Hier zeichnet sich jedoch ein gravierender Wandel ab: Performance- bzw. gewinnorientierte institutionelle Anleger – besonders aus dem Ausland – erhalten wachsende Bedeutung. Durch deren Erwartung an eine »angemessene« Rendite (einen »total return« aus realisierbaren Kurssteigerungen, Kursgewinnen, ausgeschütteten Dividenden und Bezugsrechten) des eingesetzten Kapitals geraten Unternehmen mit hoher Eigenkapitalfinanzierung über den Aktienmarkt unter wachsenden Druck.

Das Shareholder-value-Konzept steht zeitlich in einem engen Zusammenhang mit zwei miteinander verwobenen Entwicklungen: Zum einen wächst der Kapitalbedarf der Unternehmen (für Restrukturierungen, Expansion, Innovation und insbesondere für die mit den Globalisierungsstrategien verbundenen weltweiten Investitionen), der nur über die Börse zu befriedigen ist. Auch Unternehmensneugründungen tendieren immer mehr dazu, ihr »Risikokapital« auf den Aktienmärkten zu beschaffen. Zum anderen wird mit der über modernste IuK-Technologien möglichen Synchronisierung der Bewegungen auf den internationalen Kapital- und Finanzmärkten, der damit verbundenen Beschleunigung des Kapitaltransfers und des Zu- und Abflusses von Kapital die Flexibilität, mit der investiert und deinvestiert werden kann, immer größer. Die Möglichkeit, praktisch durch einen auf allen Börsen des Globus zeitsynchronisierten Kauf oder Verkauf von einer Sekunde auf die andere das Schicksal eines an der Börse notierten Unternehmens positiv oder negativ zu beeinflussen, bringt die Macht vor allem des am schnellen (spekulativen) Gewinn interessierten Shareholders schlagend zur Geltung und ins Bewusstsein der Unternehmen.

Die Ausrichtung an den Interessen der Kapitalgeber erfordert eine »wertorientierte Unternehmenssteuerung«, d.h. eine Unternehmenspolitik, die die Maximierung des Marktwertes des Eigenkapitals in den Vordergrund stellt. Andere Faktoren fungieren eher als Nebenbedingungen.

Für die Bestimmung der Wirtschaftlichkeit im Sinne des Shareholders kann vereinfacht angenommen werden, dass die Cash-flow-Rendite größer als die Kapitalkosten sein muss. Das bringt die strikte Anforderung, Verfahren zu entwickeln, über die diese Eigenkapitalkosten bestimmt und auch die Erlöse ermittelt werden können sowie vor allem die Bereiche, in denen sie entstehen. Die summarische, auf das Unternehmen bezogene Kosten- und Erlösermittlung gibt darüber kein hinreichend genaues Bild, denn sie verbirgt z.B. die üblichen Querfinanzierungen von eher defizitären, »unproduktiven« Bereichen. Durch die Bestimmung der Eigenkapitalkosten und genaue Ermittlung der Erlöse der jeweiligen Geschäftsbereiche und dezentralisierten Einheiten soll ein »schlüssiges« Portfoliokonzept abgeleitet und vor allem gegenüber den – potentiellen – Anlegern ausgewiesen werden, das nach der Devise »Schneiden und Wachsen« die produktiven von den unproduktiven Bereichen scheidet. Mit der Konzentration auf die produktiven Bereiche soll die auf die Erwartungen den Aktienmarktes ausgerichtete »Performance« des Unternehmens gesteigert werden. Es wird deutlich, dass die gegenwärtige Aktualität von Shareholder-value-Ansätzen somit auch aus dem Bedarf an Lenkungsinstrumenten bei Unternehmensentscheidungen bezüglich weitgehender Dezentralisierung von Geschäftsfeldern resultiert. Auf der anderen Seite setzt der Einsatz von quantitativen, wertorientierten Steuerungsinstrumenten selbst wiederum die Bildung eigenständiger Geschäftseinheiten voraus, die im Hinblick auf notwendige In- und Outputs Marktfähigkeit besitzen, d.h. auch konzernintern Leistungen zu Marktpreisen verrechnen müssen. In der betriebswirtschaftlichen Literatur wird das Shareholder-value-Konzept deswegen auch als adäquates Lenkungsinstrument für Unternehmen (so Siegert

1995) angesehen, die auf »reifen Märkten« mit Anforderungen an Downsizing, Desinvestitionen und Abbau von Ressourcen konfrontiert werden. Als eine Art wertorientierter Controlling-Ansatz fördert das Shareholder-value-Konzept die Orientierung an – vor allem kurz- und mittelfristig rentablen – Kerngeschäften statt an Ressourcen; die Begrenzung auf *wertschaffende* Kerngeschäfte kann zum Verlust von Kernkompetenzen führen. Im Extremfall verhält sich die Unternehmensleitung wie ein kurzsichtiger Aktionär, der lediglich für die Zuweisung des Kapitals an die renditeträchtigsten Geschäftseinheiten sorgt (Prangenberg 1996). Die Gefahr einer kurzsichtigen, an Dividenden und Kurswerten orientierten Unternehmenssteuerung wird in der aktuellen Diskussion immer wieder betont, auch wenn sie von den Vertretern des Shareholder-value-Ansatzes deutlich bestritten und auf den strategischen, d.h. auch langfristig orientierten Charakter des Ansatzes verwiesen wird. Nicht zu bestreiten ist jedoch, dass die generelle Wirkung auf eine Verstärkung marktgesteuerter Dezentralisierungsprozesse gerichtet ist.

Institutioneller Kapitalismus
Der neue Stellenwert von Shareholder-value-Konzepten steht in einem engen Zusammenhang mit der schon seit zwei Jahrzehnten geführten Debatte über das Verhältnis von Eigentümern und Managern und damit über das Verhältnis von Eigentum und Herrschaft. Der Konflikt zwischen Managern und Eigentümern, wie er in der Aktiengesellschaft insstitutionalisiert, aber nicht gelöst wurde, bricht immer wieder auf. Nachdem die These vom Managerkapitalismus, d.h. der Trennung von Eigentum und Kontrolle (vgl. dazu Berle/Means 1934; Bendix 1960; Galbraith 1970), lange Zeit die Sichtweise bestimmt hat, formiert sich seit zwei Jahrzehnten in den Wirtschaftswissenschaften eine Art »Gegenparadigma« zur Managerherrschaft, das den Eigentümern wieder zu einer uneingeschränkten Verfügung über ihr Eigentum verhelfen will (vgl. dazu Windolf 1995). Zum Teil verknüpft sich diese Kritik mit der Restrukturierungsdebatte, d.h. mit dem Problem bürokratisierter Großunternehmen, die selbst zur Reform unfähig sind und nur durch den Markt (d.h. hier durch den »Markt für Unternehmen«) verändert werden können; »(feindliche) Übernahmen sind ein wirksames Instrument, um überfällige Restrukturierungen zu erzwingen« (Windolf 1995; vgl. auch die dort zitierten Davis/Stout 1992). Die Bedeutung des Shareholder-value-

Ansatzes in den USA wird vielfach auf seine Funktion, feindliche Übernahmen zu vermeiden, zurückgeführt.

Die Stärkung der Rolle des Eigentums geht jedoch einher mit einem Strukturwandel der Eigentumsverhältnisse: »An die Stelle von Individuen oder Familien sind Netzwerke von Organisationen getreten, in denen sich bürokratische Herrschaft und Herrschaft durch Eigentum verbinden. Im Netzwerk ist ein Unternehmen Eigentum eines anderen Unternehmens. Manager vertreten gegenüber anderen Unternehmen die Rolle des Eigentümers und werden selbst durch Eigentümer kontrolliert« (Windolf 1995: 70). Diese historische Entwicklung wird als Wandel des Managerkapitalismus zum institutionellen Kapitalismus bezeichnet, der einhergeht mit der Herausbildung eines eigenen »Marktes für Unternehmenskontrolle«, d.h. eines Marktes, auf dem Unternehmen oder Betriebsstätten gekauft, verkauft oder reorganisiert werden. Parallel zum Markt für Unternehmenskontrolle, der sich erst in den letzten 20 Jahren entwickelt hat, sind neuartige Finanzierungsinstrumente geschaffen worden, die der Mobilisierung von Geldsummen (Liquidität) dienen. Damit wird auch ein Markt für »fiktives« Kapital geschaffen, der in Verbindung mit dem Markt für Unternehmenskontrolle Kauf und Verkauf von Unternehmen auch im Sinne kurzfristiger Interessen möglich macht (ebd.: 78). Die Netzwerkstruktur großer Unternehmen wie auch die Verknüpfung eigenständiger Betriebe in Netzwerken wird damit flexibel und instabil zugleich: Betriebe können relativ schnell gekauft, aber auch wieder verkauft werden. Einerseits wächst dadurch die Verfügungsmacht von (überwiegend institutionellen) Eigentümern über ihr Eigentum und die Autonomie von Managern wird beschränkt, andererseits können Manager in der Verflechtung von Unternehmen (wobei sie selbst als Vertreter von Unternehmen als Eigentümer auftreten) ihre Herrschaft absichern.

Zusammenfassend: Die Entwicklung im Verhältnis von Eigentum und Management kann einerseits den Druck auf die Auflösung von Unternehmen im Prozess marktgesteuerter Dezentralisierung verschärfen; andererseits verstärkt die zunehmende Verflechtung im »institutionalisierten Kapitalismus« Tendenzen einer unternehmensübergreifenden Vernetzung und der Herausbildung von Netzwerkstrukturen (vgl. dazu weiter unten).

Marktgesteuerte Dezentralisierung ohne Grenzen?
Wir haben in diesem Abschnitt eine Reihe von Faktoren diskutiert, die den Druck auf die Unternehmen verstärken, in der Perspektive marktgesteuerter Dezentralisierung voranzuschreiten. Was heißt nun marktgesteuerte Dezentralisierung zu Ende gedacht? Welches Bild des Unternehmens, des Marktes und letzten Endes auch der Gesellschaft steht am Horizont einer solchen Perspektive? Visionäre aus unterschiedlichen Richtungen treffen sich auf diesem Weg.

- Zum einen ist es das Bild der funktionalen Auflösung großer Organisationen in möglichst kleine autonome Einheiten, wobei die kleinste Einheit der einzelne selbständige Mitarbeiter ist (»der neue Selbständige«). Dahinter steht die Vorstellung, durch Dezentralisierung möglichst hohe Flexibilität gegenüber externen Anforderungen (Kundenwünschen) zu erreichen.
- Dieses Bild kongruiert mit den »Small-is-beautiful«-Vorstellungen von der internen Überschaubarkeit und der klaren Spezifität kleiner Einheiten, wie sie für kleinbetriebliche Strukturen traditionell behauptet werden.
- Heute verknüpft sich diese Vision auch mit Bildern einer räumlichen Dezentralisierung auf der Basis neuer IuK-Techniken, die eine informationelle Vernetzung und Kooperation unabhängig von Ort und Zeit ermöglichen (z.B. Telekooperation, Teleheimarbeit).
- Das dominante Ziel aller bisherigen Dezentralisierungsmaßnahmen, die Kosteneinsparung durch Down-sizing, Abbau von Zentralfunktionen, Gemeinkostensenkung etc. zu erreichen, setzt auf die schlanke, von allem Ballast befreite Gestalt kleiner Einheiten.
- Dazu gehört die maximale Ausschöpfung der Potenziale und Ressourcen, insbesondere von Leistungsfähigkeit und Bereitschaft der Mitarbeiter durch größere Handlungsspielräume und Eigenverantwortlichkeit.
- Bewirkt und zusammengehalten wird das Ganze durch den Markt; Anreiz, Kontrolle und Steuerung vollziehen sich über preisregulierten Austausch und die Konkurrenz der Marktteilnehmer. Dahinter steht die neoklassische Vorstellung einer optimalen Ressourcenallokation und Regulierungseffizienz des Marktes.

Soweit die idyllische Zukunftsvision marktgesteuerter Dezentralisierung. In dieser reinen Form wird sie natürlich von niemandem vertreten, aber sie steht durchaus als ideologisches Leitbild hinter diversen Reorganisationskonzepten. Es ist deshalb ideologisch, weil es – wie die neoklassische Ökonomie – von den realen Strukturen in den Unternehmen und auf den Märkten abstrahiert. In der Unternehmenspraxis wird die marktgesteuerte Dezentralisierung zum partikularen Instrument, das Wirkungen zeitigt, wie wir sie bereits beschrieben haben: radikale Ökonomisierung, d.h. Orientierung an unmittelbarer, kurzfristiger Rentabilität.

Unternehmen, die an der marktgesteuerten Dezentralisierung festhalten, werden den bereits seit einigen Jahren sich vollziehenden Selektionsprozess verschärfen: Die Scheidelinien werden verlaufen zwischen den Großunternehmen, die stark verschlankt (etwa mit der halben Beschäftigtenzahl, wie die Beispiele IBM oder Digital aus der IT-Branche zeigen) zunächst erfolgreich überleben, weil sie über ausreichendes »Restrukturierungskapital« verfügen und die erheblichen Kosten der Reorganisation aus Eigenkapitalmitteln bewältigen können, den kleineren Unternehmen, die in diesen Restrukturierungsprozessen (z.b. als Buy-outs) neu entstehen und jenen Unternehmen, die – ob klein oder groß – definitiv scheitern werden.

In diesem Selektionsprozess werden sich kleinbetriebliche Strukturen stärker durchsetzen, aber wahrscheinlich weniger in Form rechtlich selbständiger Unternehmen als in Form eigenständiger Organisationseinheiten mit mehr oder weniger loser Einbindung in Unternehmen. Diese Entwicklung trifft den Produktions- und Dienstleistungssektor unterschiedlich: Dezentralisierung in eigenständige kleinere Unternehmen findet sich stärker in kundenorientierten Dienstleistungsbereichen, in denen spezifische Zuschneidungen auf bestimmte Kundengruppen eher möglich sind. Im Produktionssektor sind sie primär Ergebnis von Auslagerungen (z.B. von produktionsnahen Dienstleistungen) großer Produktionsunternehmen. Bei der Herstellung stofflich-komplexer Produkte dominieren wohl weiterhin Formen unternehmensinterner organisatorischer Dezentralisierung.

Beide Formen der Dezentralisierung werden einer weitergehenden Vermarktlichung unterworfen, sei es in Form eines faktischen oder auch fiktiven Markt- und Konkurrenzdrucks. Es ist zwar eine durchaus vorstellbare Entwicklungsperspektive, dass wachsende gesellschaftliche Probleme und steigende Sozialkosten als externe Größen einer weitergehenden marktgesteuerten Dezentralisierung Grenzen setzen könnten.

Inwieweit diese Grenzen faktisch wirksam werden, hängt jedoch auch davon ab, ob gesellschaftliche Akteure auf den Plan treten, die sie in Gestalt politischer Regulierungsanforderungen formulieren und durchsetzen. Diese Akteure sind gegenwärtig nicht in Sicht, auch wenn mit dem Widerstand der Gewerkschaften gegen eine Deregulierungspolitik staatlicher Instanzen erste Anzeichen erkennbar sein mögen. Unseres Erachtens wahrscheinlicher ist deswegen, dass die marktgesteuerte Dezentralisierung an *immanente* Grenzen stößt, d.h., dass Konzepte einer radikalen Ökonomisierung und das Setzen auf die Steuerungsfähigkeit des Marktes negativ auf die Unternehmen zurückschlagen. Die Möglichkeiten, die Effizienz durch Dezentralisierung und Markt- und Konkurrenzdruck zu steigern, dürften irgendwann ausgereizt sein. Die Vermittlung hocharbeitsteiliger Produktionsprozesse durch den Markt bleibt an abstrakten Rentabilitätskriterien orientiert. Sie verweist also immer wieder nur auf die Effizienz der einzelnen Prozesse und versagt in der strategischen Koordination und Steuerung dieser komplexen Prozesszusammenhänge nach Gesichtspunkten ihrer inhaltlichstofflichen Zusammengehörigkeit. Dies zeigt sich schon im jetzigen Stadium in den erwähnten Problemen mangelnder langfristiger Strategiefähigkeit, fehlender Produktinnovationen, mangelndem Aufbau von strategischen Ressourcen etc.

Wenn die Einschätzung richtig ist, dass die bisherigen Strategien der Dezentralisierung und Vermarktlichung in vielen Unternehmen tatsächlich an Grenzen gestoßen sind, kommt es darauf an, danach zu fragen, welche »Lernprozesse« in den Unternehmen dadurch in Gang gesetzt wurden und welche objektiven Voraussetzungen für einen daraus folgenden Kurswechsel gegeben sind. War die bisherige Restrukturierung nicht nur eine Sackgasse, sondern hat sie tatsächlich neue organisatorische Voraussetzungen geschaffen und die wichtigen Potenziale erhalten, auf denen jetzt modifizierte Strategien aufsitzen können, sind die Aussichten günstiger. Hat die marktgesteuerte Dezentralisierung und die kurzfristige Ökonomisierung eher »verbrannte Erde« (z.B. durch extremes Outsourcing, Know-how-Verluste, organisationsinterne Konflikte, Motivationsbarrieren) hinterlassen, wird eine Umsteuerung sehr viel schwieriger. Das Ganze hängt natürlich vor allem davon ab, wieviel an subjektiven (Know-how, Bereitschaft der Mitarbeiter) und objektiven Potenzialen (Kosten und Marktspielräume) noch vorhanden sind.

Eine zukunftsorientierte Innovationsstrategie basiert auf langfristigen Lernprozessen, sie ist leichter umzusetzen in einer Phase relativer Stabilität als in Krisenphasen, in denen es ums Überleben geht und eher kurzfristige Maßnahmen ergriffen werden. Das bedeutet, dass es wahrscheinlich eher die jetzt einigermaßen erfolgreich agierenden Unternehmen sein werden, die ihre Organisation in diese Richtung verändern können.

Aber auch für diese Unternehmen bleibt das Problem, wie sie im sich weiter verschärfenden Markt- und Konkurrenzdruck bestehen und dabei als integrierte Unternehmen überleben wollen. Es ist davon auszugehen, dass der Druck auf Dezentralisierung und Vermarktlichung anhält, da die intern und extern auslösenden Faktoren weiterhin wirksam sind. Dezentralisierung und Vermarktlichung sind ja nicht nur Elemente eines betrieblichen Organisationsmodells, sondern Ausdruck tiefergehender struktureller Entwicklungstendenzen kapitalistischer Ökonomie.

4.2 »Über den Markt hinaus« – Neue Modi der Integration (Unternehmensnetzwerke)

Ist der Dezentralisierungsprozess an einem Punkt angelangt, an dem sich durch weitgehende Externalisierung und Verselbständigung Unternehmen weitgehend aufgelöst und auf ihre Kernkompetenz reduziert haben, stößt eine »Rücknahme« der Dezentralisierung durch Reintegration auf Schwierigkeiten.

Auf unternehmensinterne Steuerungsleistungen kann bei einer zu Ende gedachten marktgesteuerten Dezentralisierung nicht mehr zurückgegriffen werden, da die dazu nötigen Ressourcen, das Know-how und die Instanzen, nicht mehr vorhanden sind. Da sich das stofflich Zusammengehörige auf dezentrale Einheiten verteilt, die inzwischen außerhalb des Zugriffsbereichs eines Unternehmens liegen, kann sich eine inhaltlich-stoffliche Koordination und Steuerung nicht mehr auf Prozesse innerhalb der Unternehmensgrenzen beschränken. Notwendig werden deshalb neue Steuerungsformen und -instrumente, die unternehmensübergreifend – und »jenseits des Marktes« – diese Koordinationsfunktion erfüllen können.

Virtuelle Unternehmen
In der Logik marktgesteuerter Dezentralisierung scheinen sich dazu vor allem jene Formen anzubieten, die gegenwärtig unter dem Modebegriff »*virtuelles Unternehmen*« diskutiert werden. Unter virtuellem Unternehmen wird – in Anlehnung an die virtuelle Speichertechnik in der Informatik – ein (nach seinen Merkmalen) logisches, aber physisch nicht vorhandenes Unternehmen verstanden (vgl. Mertens/Faisst 1996; Betzl 1996). Üblicherweise bezeichnet man virtuelle Unternehmen i.e.S. als »netzwerkförmige, informationstechnisch unterstützte Formen der Zusammenarbeit zwischen mehreren rechtlich selbständigen Firmen« (Reiß 1996: 91), die zeitlich befristet und auf bestimmte Projekte oder Kunden beschränkt sind. Als koordinierende Zentrale genügt im Idealbild ein »Broker«, der das Netz nach innen und nach außen (zum Kunden) steuert. Voraussetzung ist eine hochentwickelte Informationsinfrastruktur, die den von Ort und Zeit unabhängigen zentralen und dezentralen Zugang zu den Ressourcen der beteiligten Unternehmen ermöglicht. Virtuelle Unternehmen stellen eine der hybriden Koordinationsformen zwischen Markt und Hierarchie dar, die – deswegen gegenwärtig so in Mode – am weitesten den Anforderungen marktgesteuerter Dezentralisierung entsprechen. Inwieweit damit tatsächlich deren Mängel behoben werden können, sei zunächst dahingestellt: Virtuelle Unternehmen sind bislang eher beliebte Spielmodelle und in der Realität nur in wenigen Teilbereichen erprobt. Das Lösungspotenzial und damit die Reichweite können nur im Kontext einer Diskussion anderer, »über den Markt hinausgehender« Koordinationsformen geklärt werden.

Das virtuelle Unternehmen als eine Koordinationsform, die die Beschränkungen einer zu Ende gedachten marktgesteuerten Dezentralisierung aufhebt, bezeichnet einen Weg, der – soweit sich das gegenwärtig absehen lässt – nur unter gewissen Voraussetzungen und für bestimmte Bereiche ökonomischer Aktivitäten einen Realitätsgehalt besitzt. Darauf verweisen auch die Beispiele, die gegenwärtig für virtuelle Unternehmen i.e.S. angeführt werden: Es sind fast ausschließlich Dienstleistungen wie Serviceprozesse (Projektion, Wartung) oder Entwicklungsaktivitäten, die stark informationstechnisch geprägt sind und meistens der IT-Branche entstammen. Die IT-Branche zeichnet sich auch dadurch aus, dass sie seit Ende der 1980er Jahre besonders stark von Umbruchprozessen und Turbulenzen gekennzeichnet ist. In ihr ist der Prozess einer realen Auflösung von Unternehmen durch marktgesteuerte Dezentralisierung am weitesten gediehen. Gleichzeitig weist dieser Sektor ein »Muster industrieller Restrukturierung« auf, das stärker durch Produktinnovation gekennzeichnet ist als die etablierten Kernsektoren wie Automobilindustrie oder Maschinenbau, in denen die Reorganisation stärker durch Prozessinnovation geprägt ist (vgl. Wittke 1996). Die Kooperation zwischen selbständigen Unternehmen als Gegen- oder Parallelbewegung zur Dezentralisierung hat hier einen anderen Charakter als in der traditionellen Industrie: Sie ist häufiger horizontal ausgerichtet, projekt- bzw. kundenbezogen und eher zeitlich begrenzt. Die *virtuelle Organisation von Innovationsprozessen* in der IT-Branche ist deswegen ein beliebtes Beispiel für zukunftsweisende netzförmige Reorganisation. Die Erfolge der kleinen »virtuell vernetzten« Konkurrenten gegenüber den großen schwerfälligen Giganten der Branche (z.b. im PC-Geschäft: Packard Bell gegenüber IBM; oder bei den Workstations: Sun Microsystems gegenüber DEC) werden meist als Beleg genannt. Trotzdem werden nach Ansicht mancher Innovationsforscher die Vorzüge der Virtualität überbewertet (vgl. Chesbrough/Teece 1996). Virtuelle Organisationen seien nur für einen bestimmten Ausschnitt von Innovationen geeignet (»autonome Innovationen«).

Wenn Innovationen von einer Reihe interdependenter technischer Neuerungen abhängen – also systemischer Natur sind –, bedarf es höherer Integration (im Hinblick auf Informationsprozesse, auf die koordinierte langfristige Anpassung innerhalb eines Produktsystems und auf das Setzen von Standards etc.). »Weil viele wichtige Innovationen systemischer Art sind, ist Dezentralisierung ohne eigene strategische Macht und Koordinierung genau die falsche Strategie« (ebd.: 70). Deswegen könnten nur große Unternehmen bzw. dominierende Unternehmen – im Netz mit anderen – systemische Innovationen vorantreiben und koordinieren. Viele der so genannten virtuellen Unternehmen (wie z.B. Nike, Intel, Microsoft oder Sun) seien deshalb erfolgreich, weil sie den Mittelpunkt von Netzen bilden, in denen andere nicht das gleiche Gewicht haben (ebd.: 69).

Marktgesteuerte Dezentralisierung als Moment systemischer Rationalisierung
Bei der Rationalisierung und der Reorganisation in den traditionellen Kernbereichen der Industrie hat insbesondere die Automobilindustrie – schon vor der Lean-Production-Welle – eine Vorreiterrolle gespielt. Die großen Automobilunternehmen begannen etwa ab Mitte der 1980er Jahre in Reaktion auf die zunehmenden Anforderungen nach höherer Flexibilität, Effizienz und Innovationsgeschwindigkeit mit einer Reorganisation ihrer Strukturen und Abläufe, die sich schon damals an den Prinzipien marktgesteuerter Dezentralisierung orientierten: Traditionelle und zentralistisch geprägte Prozessabfolgen der Massenfertigung wurden aufgebrochen, Strategien der Segmentierung und Modularisierung führten zu einer Dezentralisierung von Entscheidungsprozessen und zur Stärkung der autonomen Selbststeuerung einzelner Fertigungs- und Verwaltungseinheiten. Diese Reorganisationsstrategien machten jedoch nicht an den Unternehmensgrenzen halt, sondern versuchten die widersprüchlichen Anforderungen an höhere Effizienz und Flexibilität aus den beschränkten Spielräumen einzelner Produktionsprozesse und Unternehmenseinheiten in die gesamte Produktionskette zu verlagern und damit neue Formen der Aufgabenbewältigung zu schaffen. Auf diese Weise konnten zum einen die organisatorischen, technischen und arbeitskraftbezogenen Spezialisierungs-, Flexibilisierungs- und Standardisierungsvorteile einzelner Produktionssegmente genutzt werden, zum anderen wurde es möglich, das in der gesamten Kette liegende eigenständige Produktivitäts- und Flexibilitätspotenzial zu erschließen. *Überbetriebliche Arbeitsteilung und Kooperation wurden so zu einer neuen Quelle der Wertschöpfung.* Die Reorganisationsstrategie in der Automobilindustrie hatte demnach schon damals einen unternehmensübergreifenden, an Wertschöpfungsketten orientierten Charakter.

Weitgehende Desintegration und Dezentralisierung waren notwendige Voraussetzungen für die Herausbildung übergeordneter Produktionszusammenhänge und die Nutzung externer Ressourcen. Zur Steuerung und Koordination dieser dezentralen Prozesszusammenhänge wurde zum einen versucht, Markt- und Konkurrenzmechanismen stärker in die innere Struktur der Produktionssegmente (bis hin zur einzelnen Arbeitskraft) zu vermitteln. Die Internalisierung von Markt- und Konkurrenzorientierung trat zunehmend an die Stelle hierarchischer Maßnahmen zur Durchsetzung von Produktivitätszielen. Dies bedeutete jedoch nicht, dass jegliche Form zentralistischer Kontrolle und Steuerung verschwand. Im Gegenteil: Es wurden neue Formen entwickelt, die sicherstellen sollten, dass sich die konkurrierenden organisatorischen Einheiten an stofflichen und wertmäßigen Erfordernissen der Produktionskette ausrichten. Die im Aufbau begriffenen hochintegrierten Systeme einer materialen und informationstechnischen Vernetzung eröffneten neue Zugriffe auf die Kontrolle und Steuerung der Segmente, die insbesondere von den Automobilunternehmen als die so genannten fokalen Unternehmen in der vertikalen Produktionskette genutzt wurden. Auf der Basis einer informationstechnischen Vernetzung erhielten jene betrieblichen Funktionsbereiche zentrale Bedeutung, die zu strategischen Schnittstellen zwischen den Segmenten, Betrieben und Unternehmen wurden (neue Integrationsmedien, vgl. dazu Sauer/Döhl 1994a; Sauer/Döhl 1994b).

Marktgesteuerte Dezentralisierung und zentralistische – über funktionale und technische Vernetzung gestützte – Integration sind in dieser Perspektive einer unternehmensübergreifenden Reorganisation vertikaler Industriestrukturen entlang der Wertschöpfungskette zwar widersprüchliche, aber zusammengehörige Elemente desselben Prozesses. Dieser unter dem Begriff »systemische Rationalisierung« in den 1980er Jahren gefasste Restrukturierungsprozess wurde von uns in seiner strukturellen Bedeutung als eine Erweiterung einzelkapitalistischer Verwertungsperspektive interpretiert. Das strukturell »Neue« daran waren das veränderte Verhältnis von Markt- und Produktionsökonomie, die tendenzielle Auflösung des Betriebs als Zentrum gesellschaftlicher Produktion, das Produktionsnetzwerk als neues Herrschaftssystem, das zunehmend an die Stelle des Unternehmens tritt, und das veränderte Verhältnis von Autonomie und Kontrolle bzw. Markt und Hierarchie als neuer Integrationsmodus. Marktgesteuerte Dezentralisierung wird hier zu einem zwar zentralen, aber deutlich untergeordneten Element einer sehr viel weiter reichenden Reorganisation industrieller Strukturen. Ebenso großes Gewicht erhält die Tendenz einer »Entmarktlichung« oder (technisch-)organisatorischen Regulierung von ehemals marktförmigen Austauschprozessen selbständiger Unternehmen im Netzwerk.

Unternehmensnetzwerke in der betriebswirtschaftlichen Diskussion
Die sich in Prozessen systemischer Rationalisierung herausbildende Form von vernetzter Produktion haben wir damals als ein im Entstehen begriffenes Muster industrieller Produktion verstanden, das sich auf lange Sicht durchsetzen wird. Die Analysen zur Veränderung zwischenbetrieblicher Arbeitsteilung, insbesondere die Entwicklungen in der Zulieferindustrie (nicht nur in der Automobilindustrie), haben dazu eine Reihe empirischer Belege gebracht (vgl. z.b. Bieber/Sauer 1991; Deiß/Döhl 1992; Endres/Wehner 1996; Müller-Stewens 1995; Lehndorff 1996; Helper/Sako 1995). Gleichzeitig ist in anderen Analysen deutlich geworden, dass sich die Entwicklung von Unternehmensnetzwerken nicht nur in Form einer vertikalen Integration vollzieht und von fokalen Unternehmen beherrscht wird, sondern auch als horizontale Vernetzung mit sehr viel weniger eindeutigen Machtstrukturen (vgl. dazu u.a. Pohlmann u.a. 1995).

Die MIT-Studie zur Lean Production und die damit ausgelösten Berichte und Diskussionen über die japanische Produktionsform haben zunächst Fragen unternehmensübergreifender Kooperationsformen (»coordinating the supply chain«), die Diskussion von Unternehmensnetzwerken u.ä. durchaus im Zentrum zukünftiger Produktionsorganisationen gesehen.

In der weiteren Entwicklung in den 1990er Jahren – wir haben das dargestellt – haben sich Unternehmenspraxis wie Restrukturierungsdebatte einseitig auf Ökonomisierungsimperative marktgesteuerter Dezentralisierung ausgerichtet. Fragen der Integration und Steuerung sind in den Hintergrund getreten und werden ebenso wie die Perspektiven unternehmensübergreifender Reorganisation und Vernetzung als Folgeprobleme marktgesteuerter Dezentralisierung bearbeitet. Die in der Mitte der 90er Jahre aufkeimende kritische Diskussion zeigt jedoch, dass damit diese Fragen weder gelöst noch irrelevant geworden sind. Auch Womack und Jones, die Autoren der Lean-Production-Studie, haben erkannt, dass »applying lean techniques to discrete activities is not the end of the road« (Womack/Jones 1994: 93), dass ein neues Organisationsmodell (»lean enterprise«) notwendig wird, das sich an der Wertschöpfungskette orientiert und in dem zwischenbetriebliche Kooperationsprobleme gelöst und »new principles for regulating the behavior« (ebd.: 101) gefunden werden müssen.

Während sich die Restrukturierungsdebatte, insbesondere soweit sie, wie beim Business-Reengineering, von Unternehmensberatungsfirmen dominiert wird – ihrem Business entsprechend –, meist auf Lösungsansätze für das einzelne Unternehmen konzentriert und zwischenbetriebliche Beziehungen dem Markt überlässt, gibt es in der betriebswirtschaftlichen und sozialwissenschaftlichen Diskussion eine Reihe von Analysen, die sich auch mit unternehmensübergreifender Koordination und Kooperation befassen.

Die *betriebswirtschaftlichen Ansätze* gehen in der Regel vom einzelnen Unternehmen aus und fragen nach der Sinnhaftigkeit und den Gestaltungsmöglichkeiten zwischenbetrieblicher Beziehungen: Transaktionskostentheorie oder die Theorie der Kernkompetenzen sollen die Entscheidungen der Unternehmen beim »Make or Buy«, beim »Outsourcing« oder bei zwischenbetrieblichen Kooperationen unterstützen (vgl. Picot u.a. 1996). Konzepte einer erweiterten Wirtschaftlichkeitsbewertung beziehen ebenfalls zwischenbetriebliche Kooperation und das Agieren der Unternehmen in Netzwerken ein (Reichwald u.a. 1996). Managementkonzepte zur erfolgreichen Gestaltung strategischer Allianzen (Bronder 1993) und zu strategischem Sourcing (Kaufmann 1995) sowie eine Reihe anderer Konzepte der strategischen und organisatorischen Gestaltung zwischenbetrieblicher Beziehungen (vgl. auch Schrader 1996) sind – ebenso wie zahlreiche Praxisberichte – ein gewisser Indikator für den aktuellen Stellenwert dieser Fragen. Inzwischen ist in der Betriebswirtschaftslehre von einer Aufweichung von Unternehmensgrenzen die Rede und davon, dass ein zunehmender Teil unternehmerischer Aufgaben in »wechselnder Symbiose mit Dritten« oder in »quasi-virtuellen Organisationen« erbracht wird. Die Frage nach einer »Auflösung der Unternehmung« wird jedoch verneint (Picot/Reichwald 1994). Vielmehr wird darauf verwiesen, dass eine tendenzielle Auflösung von Unternehmen ein gut ausgebautes marktliches Umfeld mit Ressourcen sowie prognostizierbare und leistungsfähige technische, rechtliche und kulturelle Infrastrukturen voraussetzen würde. Sind diese Bedingungen nicht gegeben, verschärfen sich die Turbulenzen im Umfeld, so muss sich die Unternehmung wieder stärker integrieren (ebd.: 567). Bei aller Problematisierung hält die betriebswirtschaftliche Perspektive am Unternehmen fest: Ihr Szenario ist weder die radikale Dezentralisierung und Auflösung in den Markt noch die Integration von Unternehmen in netzwerkförmige Kooperationsstrukturen mit tendenzieller Auflösung des Marktes.

Kontrolle und Autonomie in Unternehmensnetzwerken
Unsere eigene Konzeptualisierung des Integrationsproblems in Netzwerken geht – wie skizziert – von einem Wechselverhältnis von unternehmensinterner Vermarktlichung und unternehmensübergreifender Entmarktlichung (technisch-organisatorische Regulierung) aus. Der als neuer »Mix« von Markt und Hierarchie oder als neues Verhältnis von Kontrolle und Autonomie gefasste Integrationsmodus von Unternehmensnetzwerken beinhaltet die koordinierende und steuernde Rolle fokaler Unternehmen. Damit wird ein modifizierter Beherrschungs- und Vermachtungszusammenhang unterstellt, der auch als Formwandel von Herrschaft bezeichnet wird: in den Beziehungen zwischen den Unternehmen wie im unternehmensinternen Verhältnis. Wir haben schon darauf verwiesen, dass dieses Konzept vor dem Hintergrund vertikaler, stofflich-komplexer Wertschöpfungsketten entwickelt wurde. Die inhaltlich-stoffliche Zusammengehörigkeit aller Prozesse in einer solchen Wertschöpfungskette erfordert zwingend eine an stofflich-funktionalen Kriterien orientierte Koordination und Integration. Dies wurde früher in großem Umfang über hochintegrierte Unternehmen und darin installierte organisatorische Steuerungssysteme im Prinzip gewährleistet. Auch bei einer weitgehenden Dezentralisierung des Prozesszusammenhangs muss eine stoffliche Integration vollzogen werden. Sie kann nicht völlig durch eine an abstrakten Werten orientierte marktliche Steuerung ersetzt werden. In Unternehmensnetzwerken, die maßgebliche Teile einer Wertschöpfungskette abdecken und die sich aus dezentralen Unternehmenseinheiten bzw. eigenständigen Unternehmen zusammensetzen, müssen deswegen ebenso derartige Instanzen und Medien einer stofflichen Koordinierung vorhanden sein.

Unser empirischer Befund ist nun, dass es *fokale Unternehmen* mit einer strategischen Schlüsselstellung in der Wertschöpfungskette sind, die diese Aufgabe erfüllen. Ihre Marktmacht ermöglicht ihnen die Durchsetzung von Zielen, die auf die Funktionsweise des gesamten Netzwerks ausgerichtet sind. Die Durchsetzung erfolgt über sachliche, technisch-organisatorische Integrationsmedien und durch die Instrumentalisierung von Marktbeziehungen (vgl. Sauer/Döhl 1994b).

Damit haben wir einen Typus von Unternehmensnetzwerken zu bestimmen versucht, der natürlich in unterschiedlichen Varianten auftritt (er unterscheidet sich z.B. danach, welches Unternehmen die fokale Position einnimmt: ob Endhersteller, zentraler Systemlieferant, Designunternehmen, Handelsunternehmen u.ä.). Andere Formen netzartiger Kooperation zwischen Unternehmen, die sich nicht auf den systemischen Zusammenhang von Wertschöpfungsketten, sondern beispielsweise horizontal auf eine Wertschöpfungsstufe oder überhaupt auf weniger komplexe Produkt- und Prozesszusammenhänge richten, sind weniger vom Gegensatz zwischen marktgesteuerter Dezentralisierung und stofflicher Koordination geprägt. Ob es hier zur Ausbildung von Abhängigkeit und Beherrschung durch dominante Unternehmen kommt, hängt davon ab, inwieweit der notwendige Kooperationszusammenhang systemischen Charakter besitzt und wie ausgeprägt die konkurrenzgesteuerten Autonomiebestrebungen der einzelnen beteiligten Unternehmen sind. Dies gilt auch – wie oben angedeutet – für virtuelle Unternehmen, soweit sie sich netzförmig organisiert haben.

5. Resümee

Unsere Analyse zeigt, dass die gegenwärtig vorherrschenden Prozesse der Dezentralisierung und Vermarktlichung in ihrer Konsequenz zumindest zu einer partiellen Auflösung traditioneller Unternehmensgrenzen führen. Sie macht jedoch auch deutlich, dass und warum eine »marktgesteuerte Dezentralisierung« an Grenzen stößt bzw. stoßen wird. Dabei wird überwiegend auf ihre *immanenten* Grenzen verwiesen, die aus den wachsenden Problemen für die Unternehmen selbst resultieren. Erste Belege dafür finden sich in der Kritik an einer zu weit getriebenen Dezentralisierung und Vermarktlichung in den einschlägigen Wissenschaften und in partiellen Kurskorrekturen in den Unternehmen.

Inwieweit eine politisch-gesellschaftliche Problematisierung der Entwicklung eintritt, durch die gleichsam »von außen« einer radikalen Dezentralisierung und Vermarktlichung Grenzen gesetzt werden, ist eine weitgehend offene Frage. Es wurde bereits darauf hingewiesen, dass es dazu bislang an durchsetzungsfähigen Akteuren mangelt. Potenzielle Akteure wie Staat und Gewerkschaften werden durch die laufenden

Entwicklungen insbesondere im Zuge einer »Globalisierung der Ökonomie« eher geschwächt denn gestärkt. Zudem leistet eine Politik, die einzelwirtschaftliche Gesichtspunkte und kurzfristige Rentabilitätskalküle zu Parametern der Gestaltung und Steuerung von gesamtgesellschaftlichen Prozessen erhebt, dieser Entwicklung eher Vorschub. Maßnahmen der Deregulierung sollen die Macht des Marktes ungehindert zur Geltung bringen und von staatlicher Seite flankierend stützen, was in der Vermarktlichung aller Beziehungen auf ökonomischer Ebene in der Konkurrenz »freigesetzt« wird. Auf eine politische Steuerung mit dem Anspruch der Gestaltung von notwendigen politischen Rahmenbedingungen, die im Interesse an der Funktionsfähigkeit des Ganzen auch gegen die Interessen der einzelnen Unternehmen durchgesetzt werden muss, wird weitgehend verzichtet. Von daher ist gegenwärtig kaum zu erwarten, dass durch staatliche Aktivitäten den vorherrschenden Entwicklungen in der Unternehmensreorganisation Einhalt geboten wird. Andere Akteure sind nicht in Sicht oder in ihren Einflussmöglichkeiten beschränkt. Zwar ist anzunehmen, dass sich die negativen gesellschaftlichen Konsequenzen und damit insbesondere der soziale Problemdruck verstärken werden. Offen bleibt jedoch, inwieweit und in welcher Weise sich dieser als gesellschaftlicher Regulierungsbedarf formuliert und – handlungsfähige politische Instanzen vorausgesetzt – in politisches Handeln umsetzt.

Ohne eine differenzierte Analyse des Zusammenhangs von Unternehmensreorganisation und gesellschaftlicher Entwicklung, die wir hier nicht leisten konnten, ist es jedoch nicht möglich, die sozialen und politischen Erosionsprozesse, die daraus resultierende Sprengkraft und deren mögliche Rückwirkungen auf die Reorganisationsprozesse selbst verlässlich einzuschätzen und so den Rahmen für mögliche politische Interventionen abzustecken.

Trotz der gegenwärtig deutlich sich abzeichnenden »immanenten« und der zukünftig durchaus möglichen »externen« Grenzen verweist unsere Analyse darauf, dass der Prozess der unternehmensinternen Dezentralisierung und Vermarktlichung und die Auflösung von großen Unternehmen »in den Markt« keineswegs abgeschlossen sind. Die Unternehmen haben sich weiterhin mit den ungeplanten Folgen marktgesteuerter Dezentralisierung auseinander zu setzen. Versuche, den Trend durch die Rückkehr zu einem Zustand ex ante, gleichsam durch die

Reetablierung des Unternehmens »alten Typs« zu brechen, werden nach unserer Einschätzung kaum erfolgreich sein. Marktgesteuerte Dezentralisierung hat ja – positiv gesprochen – gerade die Funktion, tradierte ineffiziente Formen zu sprengen, Verkrustungen aufzubrechen, neue Potenziale freizusetzen und die Allokation von Ressourcen zu optimieren.

Zugleich ist – negativ betrachtet – das Setzen auf den Markt als Steuerungsprinzip auch Ausdruck der Unsicherheit, in turbulenten Umwelten bestehen zu können, und Ausdruck der mangelnden strategischen Beherrschbarkeit der komplexen Prozesse nach innen und nach außen. Die Unterwerfung unter das abstrakte Rentabilitätskalkül bedeutet auch Verzicht auf inhaltlich begründete Steuerungskriterien.

Mit dem ungebrochenen Durchschlagen »des Marktes« in die Unternehmen und der »Diffundierung« der Unternehmen »in den Markt« wird es diesen erschwert, sich reflexiv auf den Markt, im Sinne einer Steuerung oder Beeinflussung des Marktgeschehens, zu beziehen. Zudem wird der notwendige stoffliche Zusammenhang insbesondere von komplexen, viele Produktionsstufen übergreifenden Produktionsprozessen immer mehr gefährdet, was sich unter anderem in den dargestellten ungelösten internen Koordinations- und Steuerungsproblemen und im Verlust von Potenzialen und Ressourcen (FuE, Qualifikation etc.) massiv niederschlägt.

Der kurzfristige Erfolg auf dem Markt (der zudem sich immer mehr an den abstrakten Kriterien der Wertbewegungen an den Kapitalmärkten und weniger an den konkreten Erfolgen auf den Produktmärkten bemisst) überlagert und konterkariert längerfristige, auf Produktentwicklung bezogene Marktstrategien. Demzufolge müssen auch die auf die interne Organisation bezogenen Strategien sich auf abstrakte Wertgrößen und deren Veränderungen beziehen. Marktgesteuerte Dezentralisierung ist das Vehikel, mit dem sich dies in den Unternehmen umsetzt. Insofern ist sie keine kurzlebige Modeerscheinung, auch wenn sie in einer modischen Vielfalt von Konzepten und Modellen daherkommt. Hinter diesen Konzepten mit ihren wechselnden Schlagwörtern, ihren Radikalisierungen, ihren vermeintlich neuen Ansätzen und dem immer wieder neuen Versprechen, nun aber den einzig gangbaren und erfolgreichen Weg vorzuzeichnen, werden durchaus strukturelle Umbrüche und strukturelle Reorganisationstendenzen sichtbar.

Für die von uns hervorgehobenen Tendenzen unternehmensübergreifender Kooperation und Vernetzung gibt es zwar durchaus eigenständige Begründungen, sie lassen sich jedoch auch auf die hier behandelten Prozesse marktgesteuerter Dezentralisierung und deren Grenzen beziehen. Marktgesteuerte Dezentralisierung ist einerseits eine Voraussetzung für die Herausbildung neuer Netzwerkstrukturen, als über sie ineffektive Unternehmensstrukturen aufgebrochen und die Allokation von Ressourcen optimiert werden, andererseits können Netzwerke auch als Antwort auf negative Folgen und Grenzen weitgehender Dezentralisierung und Vermarktlichung interpretiert werden. Mit ihnen werden deren zentrifugale Kräfte »gebrochen« und die stofflich-inhaltlich aufeinander bezogenen Produktions- und Dienstleistungseinheiten in ein neues komplexes Ganzes eingebunden und einer gemeinsamen Zielsetzung unterworfen. Dabei werden Mechanismen der Marktsteuerung durch solche der organisatorischen Netzwerksteuerung überlagert bzw. ersetzt. Vernetzung als eine reale gesellschaftliche Entwicklung ist deshalb auch zu begreifen als eine der kapitalistischen Ökonomie *immanente Gegenbewegung* zur totalen und radikalen Vermarktlichung.

Nach unseren Analysen zeichnen sich die entstehenden Produktions- und Dienstleistungsnetze in der Realität weniger durch neue Formen der Selbststeuerung und Selbstorganisation aus als vielmehr durch einen neuen Integrationsmodus, in dem ein spezifisches Verhältnis von Autonomie und Kontrolle wirksam wird. Darin übernehmen große beherrschende »fokale« Unternehmen die zentralen steuernden Funktionen (Kontrolle). Viele andere in das Netzwerk eingebundene Unternehmen geraten in eine abhängige Position mit eingeschränkter Autonomie. Die Funktionsmechanismen marktgesteuerter Dezentralisierung bleiben auch innerhalb der Netzwerke bestehen, erhalten jedoch zunehmend fiktiven, weitgehend instrumentellen Charakter. Insofern geht mit der Netzwerkbildung durchaus eine Tendenz der »Entmarktlichung« der netzinternen Beziehungen einher. Faktische Markt- und Konkurrenzbeziehungen verlagern sich von den einzelnen Unternehmen auf das Verhältnis von global agierenden Unternehmensnetzwerken untereinander.

Insofern bilden Netzwerke eine doppelte Bewegung ab: Einerseits sind sie Ausdruck einer »Auflösung« des Unternehmens traditionellen Typs, andererseits bleiben in ihnen Unternehmen in modifizierter Form »aufgehoben«. Diese sind zum einen bestimmter Merkmale (Autonomie, Strategiefähigkeit, unmittelbarer Marktbezug) entkleidet, zum anderen mit neuen Funktionen (Kooperation, technisch-organisatorische Verknüpfung) versehen. Sie fungieren jedoch nicht mehr als einzelne, isolierte, sondern als Momente eines integrierten Produktions- und Dienstleistungszusammenhangs.

Die ökonomische Situation des einzelnen Unternehmens wird bestimmt durch die Entwicklung des Netzwerks und durch die jeweilige Position, die es innerhalb des Netzwerks einnimmt. Die gegenwärtig ungebrochen zunehmende Kapitalkonzentration und die damit verbundene Entwicklung hin zu immer weniger und gleichzeitig immer mächtiger werdenden Kapitalgesellschaften werden erheblichen Einfluss auf die Strukturbildung von Netzwerken haben. Es ist zu vermuten, dass damit die Rolle der beherrschenden Unternehmen – gerade auch vermittelt über den wachsenden »Durchgriff« der »Shareholder« – eher gestärkt wird. Vermachtungstendenzen werden zunehmen, und die schon vorhandene Polarisierung zwischen den Unternehmen wird sich verschärfen.

Mit der Herausbildung von Unternehmensnetzwerken werden nicht nur die traditionellen Formen marktwirtschaftlicher Steuerung modifiziert und teilweise außer Kraft gesetzt und damit ein neuer ökonomischer Regulierungstyp etabliert. Es verändert sich auch grundsätzlich das Verhältnis von ökonomischer Entwicklung und gesellschaftlicher Regulierung, von Ökonomie und Politik. Einerseits sind Netzwerke selbst Ausdruck einer fortschreitenden Vergesellschaftung und damit einer neuen – wenn auch ökonomie-immanenten – Regulierung, in der die Steuerung ökonomischer Prozesse intern über die organisatorische Gestaltung von Netzwerkbeziehungen und -strukturen bewältigt wird. Zudem entwickeln die Akteure in den Netzwerken kooperative und kollektive Strategien der unmittelbaren Einflussnahme auf politische Institutionen (»strategische Institutionalisierung«, vgl. Ortmann/Sydow 1997). Andererseits werden mit dem Aufbau ökonomischer Netzwerkstrukturen die Voraussetzungen und Möglichkeiten politisch-gesellschaftlicher Regulierung neu bestimmt. Die Funktionsweise hochkomplexer, anfälliger Netzwerke ist angewiesen auf eine aufwendige politisch-institutionelle Flankierung und Absicherung (Ressourcenbereitstellung, Normierung etc.). Damit steigen die Anforderungen an politische Steuerung. Gleichzeitig werden jedoch die Möglichkeiten der politischen Intervention in der Perspektive einer *gesamtgesellschaftlichen* Regulierung zunehmend eingeschränkt, weil den staatlichen Instanzen ökonomisch mächtige Kollektive als Akteure gegenüberstehen. Darüber hinaus entziehen sich Unternehmensnetzwerke durch ihren globalen Charakter zunehmend einer nationalstaatlichen politischen Intervention. Auch für andere Akteure, wie etwa für die Gewerkschaften, werden die traditionellen Instrumente politischer Einflussnahme defizitär, wie sich dies bei branchenübergreifenden Netzwerken am Beispiel gewerkschaftlicher Tarifpolitik zeigen lässt.

Die mit zunehmender Vernetzung sich durchsetzenden neuen Formen gesellschaftlicher Regulierung, die durch eine stärkere wechselseitige Durchdringung von Ökonomie und Politik gekennzeichnet sind, überwinden zwar bestimmte Grenzen und negative Folgen einer radikalisierten Dezentralisierung und Vermarktlichung, lösen aber nicht den grundsätzlichen, in der kapitalistischen Ökonomie angelegten Gegensatz zwischen ökonomischen und gesellschaftlichen Interessen. Auch mit ihm verbinden sich negative gesellschaftliche Konsequenzen (industriestrukturelle Segmentierung, soziale Fragmentierung und Ausgrenzung etc.), die gegenwärtig jedoch erst in Ansätzen zu erkennen sind. Die zu erwartenden gesellschaftlichen Folgen einer von Netzwerken dominierten Ökonomie sind in ihrer Gesamtheit schwer abzuschätzen.

Auch wenn die zum Abschluss diskutierten Vernetzungstendenzen in der Reorganisationsdebatte der 1990er Jahre bislang nicht im Zentrum standen, werden sie nach unserer Einschätzung auf längere Sicht dennoch die Entwicklung der industriellen Umstrukturierung entscheidend prägen. Dezentralisierung und Vermarktlichung beschreiben in diesem Sinne Übergangsprozesse, auch wenn sie gegenwärtig die Praxis der Unternehmensreorganisation dominieren und ein Ende dieser Prozesse noch nicht auszumachen ist.

Entgrenzung von Arbeit
Konzept, Thesen, Befunde

1. Einleitung

Die Infragestellung von bislang konstitutiven gesellschaftlichen Grenzziehungen spielt eine zentrale Rolle in den gegenwärtigen soziologischen Diskursen (vgl. Honegger u.a. 1999, Minssen 2000, Beck u.a. 2001, 2003). Dies gilt nicht zuletzt für die Debatten zur Entwicklung von Arbeit und zum Wandel des Verhältnisses von Arbeit und Leben. Dabei hat der Begriff der »Entgrenzung« in den letzten Jahren eine gewisse Prominenz erlangt und Eingang in das Vokabular der Gegenwartsdiagnosen gefunden (Wolf/Mayer-Ahuja 2002, Gerst 2003) – was wohl nicht zuletzt seiner relativen Offenheit geschuldet ist, die es erlaubt, sehr unterschiedliche Entwicklungstendenzen unter einen Begriff zu subsumieren.

Wir werden jedoch zu zeigen versuchen, dass unser Konzept der Entgrenzung von Arbeit nicht nur eine inhaltliche Bestimmung gegenwärtiger Wandlungstendenzen von Arbeit, sondern auch Aussagen zur historischen Entwicklung von Arbeit ermöglicht. Dies setzt die Einbettung des Konzepts in einen spezifischen Bezugsrahmen voraus: Wesentlich ist ein Verständnis von Entgrenzung als Rationalisierungsprozess (primär, aber nicht nur betrieblicher Art) sowie von »fordistisch-tayloristischer Normalarbeit« als der historischen Referenzfolie. In der Folge lassen sich Entgrenzungsprozesse als Ausdruck eines Umbruchs in der Entwicklung von Arbeit interpretieren, der seinerseits historisch in die Krise des Fordismus eingebettet ist. Und in dieser Perspektive erweist sich die Offenheit des Konzepts der Entgrenzung angesichts der Offenheit und Unbestimmtheit des Umbruchprozesses gerade als Vorteil.

2. Das Konzept – Vorgeschichte und Basisthesen

2.1 Vorgeschichte

Unser Konzept der Entgrenzung von Arbeit hat gewissermaßen eine Vorgeschichte, bestehend aus empirischen Studien (eigenen und anderen) zur Veränderung von Arbeit und den darauf bezogenen industrie- und arbeitssoziologischen Debatten der letzten zwanzig Jahre. Im Konzept der Entgrenzung werden einige der in diesem Kontext diskutierten Thesen zusammengeführt. Das scheint – zumal als Forderung – ein selbstverständliches Anliegen zu sein, der Blick auf die Praxis arbeits- und industriesoziologischer Forschung zeigt jedoch, dass es keineswegs selbstverständlich ist. Thesen zur Entwicklung von Arbeit wie die von der »Krise der Arbeitsgesellschaft« (Matthes 1982), vom »Ende der Arbeitsteilung«, das mit der Durchsetzung »neuer Produktionskonzepte« erwartet wurde (Kern/Schumann 1984), von der »systemischen Rationalisierung« (Altmann u.a. 1986, Baethge/Oberbeck 1986) oder von der Erosion des »Normalarbeitsverhältnisses« (Mückenberger 1986) blieben zunächst weitgehend unverbunden, teilweise wurden sie auch als Alternativen diskutiert.

Zwar wurde jeweils auch der breitere Kontext thematisiert, in den konkreten Untersuchungen blieb der Blick jedoch meist begrenzt. Die Frage nach der Komplementarität der jeweiligen Veränderungstendenzen wurde nicht explizit aufgeworfen (so auch die Kritik von Bieber/Möll 1993; vgl. Brose 1998). Eine Folge war und ist eine etablierte »Arbeitsteilung«: eine weitgehend unverbundene Forschung zu Reorganisation und Rationalisierung einerseits, zu Arbeitszeit oder Beschäftigung und Arbeitsmarkt andererseits.[1]

Dass diese arbeitsteilige Forschungsorganisation zunehmend als Nachteil empfunden wurde, ist vor allem als Reflex auf reale Veränderungen zu werten. Wohl spätestens mit der Diskussion zur Lean Production (und anderen »best practice«-Modellen), die in der ersten Hälfte der 1990er

---

[1] Ähnlich folgenreich war und ist die »Arbeitsteilung«, oder besser: die unzureichende Verknüpfung der Rationalisierungs- und Arbeitsforschung mit Genderfragen oder Fragen der »Lebensführung« (der mit letzterem Begriff verbundene Forschungszusammenhang reklamiert zwar den Anspruch einer solchen Verknüpfung für sich, in der Regel bleibt hier aber das betriebliche Rationalisierungsgeschehen eine Art »black box«; vgl. Projektgruppe »Alltägliche Lebensführung« 1995).

Jahre in der arbeits- und industriesoziologischen Diskussion einen zentralen Stellenwert einnahm, standen Reorganisations- und Rationalisierungskonzepte zur Debatte, die nicht an einzelnen Parametern der betrieblichen Organisation ansetzen,[2] sondern gewissermaßen ganzheitlich das Zusammenspiel von überbetrieblicher Arbeitsteilung, betrieblicher Organisation, Beschäftigung und Arbeit ins Visier nehmen (Sauer/ Döhl 1997; vgl. Deutschmann 2002: 24f.).

An dieser Stelle (und historisch: zu diesem Zeitpunkt) setzten unsere ersten Überlegungen zu einem Konzept der Entgrenzung von Arbeit an (vgl. Kratzer u.a. 1998a).[3] Ihren Ausgangspunkt hatten sie in der empirischen Beobachtung als zentral erachteter Entwicklungstendenzen von Unternehmen und Arbeit.

Als (vorläufiges) Zwischenfazit der industriesoziologischen Diskussionen in den 1990er Jahren, in denen es um immer wieder neue, als »best practice« deklarierte Managementkonzepte, Beraterthesen und Organisationsveränderungen ging, stand die Einsicht, dass sich einerseits fordistisch-tayloristische Strukturen und Institutionen als durchaus beharrlich erweisen und andererseits nicht von *einem* neuen Gestaltungskonzept, sondern eher von einer »strukturellen Heterogenität« (Sauer 1993) bzw. von »gerichteter Vielfalt« (Faust u.a. 2000: 47) der Organisationsstrukturen auszugehen ist. Heterogenität als »strukturell«, Vielfalt als »gerichtet« anzusehen, beinhaltet die Anerkennung der zunächst unübersichtlichen und auch instabilen Struktur von Organisationsformen und Betriebstypen, zugleich aber auch die Vorstellung, dass sich grundlegende Tendenzen des Reorganisationsprozesses ausmachen lassen. Zwei dieser zentralen Reorganisationstendenzen werden als komplementäre Prozesse der *»Dezentralisierung«* und *»Vermarktlichung«* bezeichnet.

Zentrale Tendenzen der Entwicklung von Arbeit sind – wiederum: bei aller Heterogenität und Vielfalt – die Tendenz einer erweiterten *Selbstorganisation* sowie die forcierte *Flexibilisierung* (vgl. Kratzer u.a.

---

[2] Wie es noch einige Jahre zuvor im Rahmen von »CIM«-Konzepten geschah.

[3] Begriff und Konzeption der »Entgrenzung« lagen zu diesem Zeitpunkt offensichtlich »in der Luft«, was sich nicht nur im Soziologentagsthema von 1998 (»grenzenlose Gesellschaft«), sondern auch in zeitgleich, aber unabhängig voneinander vorgestellten Thesen einer »Entgrenzung« äußerte, so etwa bei Voß 1998, Gottschall 1999, Hielscher/ Hildebrandt 1999.

1998a). Die Diskussion zur *Selbstorganisation* hat ihre Wurzeln vor allem in industriesoziologischen Beobachtungen neuer Steuerungs- und Organisationsformen von Arbeit: Abflachung von Hierarchien, Rücknahme von Arbeitsteilung, Verantwortungstransfer auf die operative Ebene bzw. auf dezentrale Einheiten, veränderte Führungs- und Steuerungskonzepte (»Coaching«, »Zielvereinbarung« etc.), erweiterte Partizipationsansätze (v.a. Gruppenarbeit und organisierte Beteiligung am Reorganisationsprozess), Transparenz betrieblicher Daten u.a. (vgl. Schumann u.a. 1994, Moldaschl/Schultz-Wild 1994, Faust u.a. 1994, Wolf 1999).

Flexibilisierung von Arbeit bezieht sich auf die seit rund zwanzig Jahren beobachtbare Tendenz einer zunehmend flexibleren Organisation von Arbeit und Beschäftigung – vor allem der Arbeitszeit, aber auch der Beschäftigungsverhältnisse, der Qualifikationsanforderungen, des Arbeitsortes bis hin zur These zunehmend diskontinuierlicher Erwerbsverläufe, somit einer Flexibilisierung in der Längsschnittperspektive (vgl. Offe 1984, Mückenberger 1986, Osterland 1990, Bonß u.a. 1995, Zilian/Flecker 1998 u.v.m.).

Damit sind, sehr knapp, die Vorgeschichte sowie die zugrundeliegenden Beobachtungen und Ausgangsannahmen umrissen, die im Konzept der Entgrenzung von Arbeit aufgenommen und zusammengeführt werden sollten. Dabei ging es zunächst um die Bereitstellung eines analytischen Rahmens, der dreierlei leisten sollte: Erstens sollte er mögliche abstrakte Gemeinsamkeiten der im einzelnen sehr unterschiedlichen Entwicklungstendenzen identifizieren; zweitens sollte er in einer heuristischen Perspektive zu einer historischen Einordnung des Wandels von Arbeit führen, und drittens sollte mit diesem Konzept eine Art Beobachtungsraster für die Analyse der gegenwärtigen Entwicklungstendenzen von Arbeit erarbeitet werden. Im Folgenden werden zunächst die Basisthesen des Konzeptes vorgestellt.

2.2 Basisthesen

2.2.1 Entgrenzung von Arbeit als betriebliche Rationalisierungsstrategie
Grundlegend für unsere Konzeption ist die Perspektive auf Prozesse der Selbstorganisation und Flexibilisierung als Ausdruck neuer *betrieblicher Rationalisierungsstrategien*. Damit ist – im Gegensatz etwa zu Entgrenzungsthesen, die primär in der Perspektive der institutionellen

Regulierung (etwa Schmidt 1999)[4] oder dezidiert aus einer »Arbeitskraftperspektive« (Voß/Pongratz 1998, Voß 1998) argumentieren – der Betrieb die zentrale Analyseeinheit und die Rationalisierung von Arbeit der analytische Bezugspunkt. *Betrieb* verstehen wir als eine institutionelle Mesoebene, als Vermittlungsinstanz zwischen ökonomischen und gesellschaftlichen Entwicklungstendenzen, zwischen der Makroebene der gesellschaftlichen Strukturierung und Regulierung einerseits, der Mikroebene der individuellen Arbeitskraft und ihrer Lebenswelt andererseits. Somit lassen sich Flexibilisierung und Selbstorganisation auch als arbeitskraftbezogene Konkretisierung betrieblicher Reorganisationsstrategien deuten. Dies öffnet den Blick für die veränderten Anforderungen, denen sich Betriebe insgesamt ausgesetzt sehen, und für die betrieblichen Möglichkeiten ihrer Transformation in »bearbeitbare« Problemstellungen. Veränderungen etwa der institutionellen Regulierung, die Struktur der Arbeitsmärkte, makroökonomische Entwicklungen oder gesellschaftliche Entwicklungstrends wie die wachsende Frauenerwerbstätigkeit oder der demographische Wandel werden in diesem Konzept nicht ausgeblendet, sondern in ihrer konkreten Wirksamkeit und »Verarbeitung« auf der betrieblichen Ebene in die Analyse integrierbar.[5] Der Bezugspunkt der »*Rationalisierung*« ermöglicht es demgegenüber, gegenwärtige Entwicklungstendenzen in den historischen Prozess der Rationalisierung von Arbeit einzuordnen. Prozesse einer Entgrenzung von Arbeit verstehen wir als Ausdruck neuartiger betrieblicher Rationalisierungsstrategien, die in der Kontinuität einzelkapitalistischer Rentabilitätsinteressen und der Notwendigkeit beständiger (zweck)rationaler Optimierung verbleiben, zugleich aber einen Bruch mit Rationalisierungskonzepten fordistisch-tayloristischer Prägung bedeuten.

Wir bezeichnen diese neuen Rationalisierungsstrategien als »*arbeitskraftorientierte Rationalisierung*«, um deutlich zu machen, dass sich dieser Rationalisierungsmodus – etwa im Gegensatz zu »technozentri-

---

[4] Folgerichtig liegt der Fokus bei einer These, die diese Perspektive einnimmt, auf »Entgrenzung« als »Entsicherung« (Schmidt 1999).

[5] Der »Betrieb« wird im Rahmen des am ISF München entwickelten »Betriebsansatzes« als einzelkapitalistische »Strategie« verstanden, in der das prinzipielle Ziel der Sicherung oder Erhöhung betrieblicher Autonomie seinen Ausdruck in den konkreten Strukturen und Wechselwirkungen der »elastischen Potenziale« Organisation, Arbeit und Technik findet (Altmann u.a. 1978, vgl. Pries 1998).

schen« Rationalisierungskonzepten – auf tendenziell alle Dimensionen der betrieblichen Organisation von Einsatz und Nutzung von Arbeitskraft bezieht: auf das Beschäftigungsverhältnis ebenso wie auf die Arbeitszeit und den Arbeitsort, auf die Qualifikation ebenso wie auf die Leistungsfähigkeit und Leistungsbereitschaft.[6]

Das *Ziel* arbeitskraftorientierter Rationalisierungsstrategien besteht im *Zugriff auf bislang nur begrenzt zugängliche Ressourcen und Potenziale von Arbeitskraft*: Das sind vor allem das *Flexibilitäts- und Steuerungspotenzial der Subjekte* sowie *deren kommunikative Fähigkeiten und empathische Eigenschaften* und die bislang gegen den Betrieb abgegrenzten *zeitlichen, räumlichen und sozialen Ressourcen der Lebenswelt* der Beschäftigten.

Selbstorganisation und Flexibilisierung sind damit die arbeitsorganisatorischen Instrumente eines *erweiterten Zugriffs auf die Subjektivität der Beschäftigten und ihre lebensweltlichen Ressourcen* (hier vor allem in den Dimensionen Zeit, räumliche Verfügbarkeit, materielle Ausstattung und soziale Sicherheit). Sie verweisen auf die betrieblichen Ursachen einer zu beobachtenden *Subjektivierung von Arbeit* (vgl. Moldaschl/ Voß 2002) und einer neuartigen *Verschränkung von Arbeitswelt und Lebenswelt*. Dieser erweiterte Zugriff auf Arbeitskraft setzt wiederum die Erosion institutioneller und motivationaler Grenzen voraus, die für die fordistisch-tayloristische Organisation von Arbeit konstitutiv und strukturprägend waren und die Einsatz und Verausgabung von Arbeitskraft in spezifischer Weise ermöglichten, zugleich aber auch begrenzten.

2.2.2 Fordistisch-tayloristische Normalarbeit als historische Referenzfolie von Entgrenzungsprozessen

Von einem *Prozess* der Entgrenzung zu sprechen, macht nur Sinn mit Bezug auf eine historische Referenzfolie, von der aus bestimmbar wird, was bislang konstitutive Grenzen sind und ob und inwieweit diese einem Erosionsprozess unterliegen. Die historische Referenzfolie unseres Konzepts der Entgrenzung von Arbeit besteht in der idealtypisierenden – und damit zugleich verkürzenden – Rekonstruktion »fordistisch-

---

[6] Vgl. zum Begriff der »arbeitskraftorientierten Rationalisierung« auch Moldaschl/ Schultz-Wild 1994 sowie Schmierl 1995.

tayloristischer Normalarbeit«.[7] Diese ist zugleich eine spezifische institutionelle Verfasstheit von Arbeit wie auch Ausdruck einer historischen betrieblichen Strategie der Rationalisierung von Arbeit, deren Kurzformel die Organisation von Einsatz (Verfügbarkeit) und Nutzung (Leistung) von Arbeitskraft in und durch spezifische Grenzen ist: Durch Normierung der Beschäftigungsverhältnisse, durch Standardisierung der Arbeitszeiten, durch Koppelung des Arbeitsortes an den Betrieb, durch Standardisierung von Qualifikationen und/oder Tätigkeiten sowie durch ausdifferenzierte Arbeitsteilung wird nicht nur ein spezifischer Einsatz von Arbeitskraft im Betrieb ermöglicht und zugleich begrenzt, auch das Verhältnis von Arbeit und Leben wird durch Grenzziehungen bestimmt. Arbeitswelt und Lebenswelt finden in weitgehend getrennten (räumlichen, zeitlichen, sozialen) Sphären statt und sind tendenziell strikt voneinander geschieden. Die Koordinaten der Leistungsregulation im Rahmen der tayloristisch-fordistischen Arbeitsorganisation sind: Trennung von Planung und Ausführung, von »Rationalisierern« und »Rationalisierten«, von Kopf- und Handarbeit; Steuerung und Koordination durch Hierarchie, rational-bürokratische Planung, personale Kontrolle, Standardisierung und Normierung. Dies ist Ausdruck einer spezifischen Form der Arbeitsorganisation, die die Trennung von Objekt und Subjekt der Rationalisierung und die Scheidung des Subjekts in Person und Arbeitskraft als zentrale Mechanismen kennt.

Wir verstehen Normalarbeit damit generell als die in einer historischen Phase jeweils in normativer und struktureller Hinsicht dominierende Organisationsform von Arbeit. Damit begibt sich »Normalarbeit«

---

[7] Mit dieser Rekonstruktion reproduzieren wir in dreifacher Hinsicht einen verkürzten Blick auf Arbeit im Fordismus-Taylorismus: Erstens – das ist das idealtypisierende Element – abstrahieren wir zugunsten der Gemeinsamkeiten von der Vielfalt der Erscheinungsformen der einzelnen Merkmale fordistisch-tayloristischer Normalarbeit. Zum zweiten hebt diese Rekonstruktion vor allem auf den »strukturbildenden« (Osterland) Charakter eines historischen Rationalisierungsprojektes ab, das nicht für *alle* Betriebstypen, Tätigkeiten oder Beschäftigtengruppen gleichermaßen Geltung erlangte. Und zum dritten wird mit einer solchen Rekonstruktion ein spezifischer Arbeitsbegriff mit(re)produziert, der um Arbeit jenseits von Erwerbsarbeit und – zumindest teilweise – um Spezifika weiblicher Erwerbstätigkeit verkürzt ist. Der Fokus auf »Normalarbeit« umschließt somit gewissermaßen Strukturierungs- *und* Normierungstendenzen, die wir mitsamt den darin enthaltenen Ausgrenzungen und Verkürzungen als Elemente einer historischen Formation betrachten, deren grundlegender Wandel hier zur Debatte steht.

in die begriffliche Nähe zum »Normalarbeitsverhältnis«, grenzt sich jedoch in zumindest zweifacher Hinsicht dagegen ab: Erstens wenden wir uns gegen eine Formulierung des Normalarbeitsverhältnisses, die ahistorisch bleibt oder zumindest nicht explizit den historisch-konkreten Bezug darstellt. Zweitens umfasst unser Konzept eben mehr als nur die institutionelle Regulierung der Beschäftigung. Diese ist zwar mit Sicherheit die zentrale, aber nicht die alleinige Dimension einer »Normalstrukturierung« von Arbeit. Diese umfasst darüber hinaus, zumindest als historische Form, einen spezifischen Modus der Leistungsverausgabung im Betrieb, der Gleichzeitigkeit von Schutz und Freisetzung von Arbeitskraft, der Verhandlung von Interessengegensätzen sowie spezifische Verhältnisse von Arbeit und Leben, Erwerbsarbeit und sozialer Sicherheit. Merkmale fordistisch-tayloristischer Normalarbeit sind:
- unbefristete Vollzeitbeschäftigung als normativ und strukturell dominierende, institutionell abgesicherte Beschäftigungsform;
- die kollektive Gültigkeit standardisierter und individuell invariabler Grenzen zwischen Arbeit und Leben in zeitlicher Hinsicht;
- Betriebsförmigkeit von Arbeit und die damit verbundene räumliche Trennung von Produktion und Reproduktion;
- die Normierung der Leistungsbewertung und Entgeltbemessung (kollektive Aushandlung von qualifikations- und tätigkeitsspezifischer »Normalleistung« und darauf bezogener Entgeltbestimmung);
- eine spezifische Lösung des »Transformationsproblems«: Arbeitsvertrag mit unbestimmter Leistungsverpflichtung; direkte Kontrolle im Rahmen differenzierter Hierarchien; Leistungsanreize durch unmittelbaren Lohnanreiz (z.B. Akkord, Überstundenvergütung) und/oder verzögerte Gratifikation (Aufstieg, Seniorität);
- das betriebliche Bestreben einer weitgehenden Objektivierung und intersubjektiven Austauschbarkeit von Arbeitskraft im Rahmen rational-bürokratischer Betriebsorganisationen;
- den auf Erwerbsarbeit begrenzten, gleichzeitig dominierenden und diskriminierenden Arbeitsbegriff, der der Sphäre der Freizeit und der Reproduktion einen anderen Stellenwert zuweist und eine andere Entwicklungslogik zuschreibt;
- die Verlagerung des Interessenkonflikts vom unmittelbaren Arbeitsprozess auf die betriebliche und gesellschaftliche Ebene kollektiv ausgehandelter Regulierungen;

■ die institutionelle Stabilisierung und Verfestigung dieser Organisationsform durch spezifische arbeits- und sozialrechtliche Bestimmungen.

Damit erhalten Prozesse der Entgrenzung von Arbeit über ihre konkrete empirische Analyse hinaus gewissermassen »Indikatorqualität« für einen Umbruch des übergreifenden institutionellen Arrangements fordistisch-tayloristischer Normalarbeit. Die Erosion von bislang konstitutiven Grenzziehungen ist zugleich Ausdruck eines grundlegenden Wandels der Organisation und Rationalisierung von Arbeit. Dies macht den empirisch-konzeptionellen Doppelcharakter unseres Konzepts aus: Es nimmt zwar primär »nur« Veränderungen der betrieblichen Organisation von Arbeit ins Visier, ist in der Interpretation aber für Veränderungen betrieblicher Strategien und der außerbetrieblichen Einflussfaktoren solcher Strategien offen.

Zugleich resultiert daraus eine entscheidende Einschränkung: Wir verstehen das Konzept der Entgrenzung von Arbeit primär als ein *heuristisches Konzept*, das helfen soll, ausgehend von einer historischen Referenzfolie und empirischen Beobachtungen die wesentlichen Merkmale der gegenwärtigen Entwicklung zu bestimmen und in ihrer historischen Reichweite zu analysieren. Unser Konzept der Entgrenzung von Arbeit ist damit zweierlei *nicht*: Es stellt keine analytischen Dimensionen zur Verfügung, die aus einem theoretischen Konzept abgeleitet sind – dies scheint uns angesichts des gegenwärtigen Umbruchs und dessen prinzipieller Offenheit auch äußerst schwierig. Und es liefert zunächst keine »Positivbestimmung« des »Neuen«, sondern ein analytisches Gerüst, mit dem sich Ausgangspunkt und Richtung der Veränderung näher bestimmen lassen.[8]

---

[8] Hierin liegt einer der wesentlichen Unterschiede zwischen unserer Konzeption und der These des »Arbeitskraftunternehmers« (Pongratz/Voß 2003, Voß/Pongratz 1998), die ja ebenfalls auf Entgrenzungsprozesse rekurriert (Voß 1998, Jurczyk/Voß 2000).

3. Entgrenzung von Arbeit als Ausdruck gesellschaftlicher Umbruchprozesse

Fordistisch-tayloristisch organisierte Normalarbeit ist zuallererst betrieblich verfasste Arbeit, die im Betrieb ihre konkrete historische Gestalt erhält. Ihre »epochemachende« Wirkung entfaltete sie jedoch nicht allein als betriebliche Strategie und betriebsbezogene Institutionalisierung. Das, was sich letztlich als betriebliche Strategie darstellt und zumindest in der Rückschau eine zeitliche Stabilität und erkennbare Konturen aufweist, ist bereits das Ergebnis vielfältiger – vom Betrieb aus betrachtet – exogener wie endogener Einflussfaktoren. Als »epochemachendes« institutionelles Setting korrespondiert Normalarbeit fordistisch-tayloristischer Prägung ebenso mit einer Reihe von lebensweltlichen Institutionen wie der Arbeitsteilung in den Haushalten bzw. Familien, den Bildungs- und Ausbildungsinstitutionen, mit gesellschaftlichen Zeitarrangements usw.

Deshalb sind grundlegende Veränderungstendenzen von Arbeit auch nicht auf betriebliche Veränderungen reduzierbar. Sie sind in ihren Erscheinungsformen, Voraussetzungen und Folgen das Ergebnis vielfältiger Einflussfaktoren und Wechselwirkungen. Wesentliche Voraussetzungen vermuten wir auf der *ökonomischen* Ebene insbesondere in den Trends der Globalisierung und Tertiarisierung, auf der *politischen* Ebene in der neoliberalen, deregulierenden Politikausrichtung, die zusammen mit geschwächten Gewerkschaften und durch Standortfrage und Beschäftigungskrise eingeschüchterten Belegschaften strukturell und normativ die Tür für die partielle Aufkündigung sozialer Kompromisse öffnet, auf der *gesellschaftlichen* Ebene in Individualisierungsprozessen und veränderten Arbeits- und Erwerbsorientierungen (steigende Erwerbsbeteiligung von Frauen, »normative Subjektivierung«) (vgl. Kratzer 2003). Und genauso weisen die Folgen arbeitskraftorientierter Rationalisierungsstrategien der Entgrenzung weit über die betriebliche Ebene hinaus. Dies gilt generell für den Rationalisierungsprozess, im Zuge der Entgrenzung jedoch in neuartiger und erweiterter Weise: Mit der Erosion der Grenzen von Unternehmen sowie von Einsatz und Nutzung der Arbeitskraft verändert sich zugleich das Verhältnis von Unternehmen und ihrem Umfeld (insbesondere den Märkten) sowie das Verhältnis von Arbeit und Lebenswelt. Auszugehen ist hier von einer zumindest tendenziellen Verschränkung der Gestaltungsprinzipien und Entwicklungslogiken der unterschiedlichen Sphären gesellschaftlicher Reproduktion.

Die »Einbettung« betrieblicher Rationalisierung in den weiteren Kontext übergreifender institutioneller Arrangements und die historische Verortung von Entgrenzungsprozessen als Umbruchstendenzen fordistisch-tayloristischer Normalarbeit öffnen den Blick nicht nur für die gesellschaftlichen Ursachen und Folgen von Entgrenzungsprozessen, sondern auch für die Emergenz neuer betrieblicher Rationalisierungsstrategien als Folge zusammenwirkender gesellschaftlicher Entwicklungen: Die zunehmende Ineffizienz fordistisch-tayloristischer Organisations- und Rationalisierungskonzepte wird zwar als Notwendigkeit neuer Rationalisierungsstrategien wirksam. Die Durchsetzung des »Neuen« ist aber an spezifische Voraussetzungen gebunden. Dazu gehören technologische Veränderungen (vor allem die Entwicklung der IuK-Technologien und der damit verbundene Umbruch im Prozess der Informatisierung, vgl. Altmann u.a. 1986, Boes 1996, Boes/Baukrowitz 2002), aber eben auch gesellschaftliche Veränderungen. Aus der Arbeitskraftperspektive formuliert: Die Entgrenzung von Arbeit verbindet sich mit neuartigen *Anforderungen* an Arbeitskraft, sie ist durchaus aber auch ein *Angebot*. Der Rationalisierungsimpuls geht also nicht allein von ökonomischen Entwicklungen oder betrieblichen Verwertungszwängen (die als solche schlicht »weitergegeben« würden) aus, sondern auch von gewandelten Strukturen und Orientierungen der Arbeitskräfte.

So war etwa die Flexibilisierung von Arbeitszeiten zunächst vor allem eine Arbeitnehmerforderung – und speziell eine Forderung von Frauen – und traf auf Arbeitgeberseite nur auf wenig Gegenliebe (Zilian 1998). Selbstorganisation und partizipative Arbeitsformen waren zunächst Fluchtpunkte der wissenschaftlichen und gewerkschaftlichen Kritik am Taylorismus und wurden ebenfalls erst später von den Unternehmen als effiziente Formen der Arbeitsorganisation »entdeckt« (Wolf 1999). Eine Schwierigkeit des kritischen Umgangs mit den neuen Rationalisierungsstrategien liegt denn auch darin begründet, dass diese in das semantische Gewand jahrzehntealter Arbeitnehmerforderungen gekleidet sind. Eine weitere Schwierigkeit besteht aber eben darin, dass prinzipiell offen bleibt, ob, wann und für wen eher von einer Anforderung oder eher von einem Angebot die Rede sein muss (vgl. Kocyba/

Schumm 2002: 49f.). Dies verweist auf einen prinzipiellen Zusammenhang: Betriebliche Rationalisierungsstrategien sind in ihren Voraussetzungen, ihrer Durchsetzbarkeit und ihrer Legitimität auf gesellschaftliche Strukturen und Normen verwiesen, die in ihrer Entwicklung eigenlogisch sind (vgl. Kocyba/Schumm 2002, Wolf 1999: 185). Darüber hinaus vermuten wir jedoch auch, dass der Fordismus-Taylorismus gerade über die Negation der Subjektivität (Böhle 1994, Wolf 1999) und die scharfe Trennung der privaten Lebenswelt vom Produktionsprozess, gewissermaßen als nichtintendierte Nebenfolge,[9] normative Leitbilder, lebensweltliche Handlungslogiken und Subjekteigenschaften (mit-) produziert (hat), die im »Postfordismus« zu zentralen Ressourcen des Verwertungsprozesses werden könnten.[10]

Spätestens an dieser Stelle ist die Argumentation auf den weiteren Rahmen gesellschaftlicher Umbrüche, konkreter: auf die *Krise des Fordismus* verwiesen. Unser weiterer historischer Bezugspunkt ist damit ein bestimmtes sozioökonomisches Entwicklungsmodell, für das sich, ausgehend von der Regulationstheorie, der Begriff Fordismus eingebürgert hat. Damit wird der Begriff der gesellschaftlichen Formation eingeführt, der bestimmte historische Phasen im Verlauf kapitalistischer Entwicklung bezeichnet, in denen jeweils stabile Entsprechungen zwischen ökonomischen und gesellschaftlichen Strukturen, zwischen der Makroebene der gesellschaftlichen Regulierung und der Mikroebene der Arbeitsorganisation bestehen (vgl. Baethge/Bartelheimer 2002, Bechtle/Lutz 1989). Wirtschaft und Gesellschaft der Bundesrepublik haben, wie es auch in anderen entwickelten kapitalistischen Staaten der Fall ist, seit Mitte der 1970er Jahre die Entwicklungsrichtung geändert (Hobsbawm 1995). Seitdem ist von einer Krise der fordistischen Formation auszugehen – zugleich, so unsere These, gibt es gegenwärtig keine historische Zäsur zwischen dem fordistischen und einem dessen Krise überwindenden neuen Entwicklungsmodell (vgl. Bechtle/Sauer

---

[9] So argumentiert bekanntlich auch Beck, bei dem Individualisierung (mit allen damit verbundenen Merkmalen) ja wesentlich eine nicht-intendierte Nebenfolge der »durchgesetzten Markt- und Arbeitsmarktgesellschaft« ist (Beck 1986: 210).

[10] Eine ähnliche These vertreten auch Pongratz und Voß mit Bezug auf Subjektivierungsprozesse, die sie als neue Stufe der Produktivkraftentwicklung deuten (Pongratz/Voß 2003 sowie in diesem Band).

in diesem Band). Es handelt sich immer noch um eine Anpassung an die Krise des Fordismus, nicht um deren Überwindung. Beides, die Krise des Fordismus wie die vielfältigen Anpassungs-, Bewältigungs- oder Überwindungsversuche, findet seinen Ausdruck nicht nur in der makroökonomischen Indikatorik rückläufiger Bruttosozialprodukte oder steigender Arbeitslosenzahlen und in der neuartigen Dynamik und Gleichzeitigkeit von Boom und Krise, sondern auch in den neuen Reorganisations- und Rationalisierungsstrategien. Die prinzipielle Offenheit und Unbestimmtheit der posttayloristischen Entwicklung (Bechtle/Lutz 1989) macht generalisierbare Aussagen über möglicherweise post-, aber möglicherweise auch neofordistische Strukturen zu einem riskanten Unterfangen – dies um so mehr, als noch gänzlich unklar ist, ob nicht der Übergangsprozess selbst das »Neue« ist, das sich eben durch instabile, reflexiv veränderliche Strukturen und permanente Anpassungsprozesse auszeichnet. Dennoch lassen sich, so unsere These, zwei generelle Merkmale der gegenwärtigen Umbruchsyndromatik benennen, die auf das Verhältnis von säkularen Trends und historischer Formation verweisen:

(1) Die Krise des Fordismus findet ihren ökonomischen Ausdruck einerseits in der zunehmenden *Unterordnung der Produktions- unter die Marktökonomie*, andererseits in der zunehmenden *Dienstleistungsorientierung*, die als Ende des Industrialismus begriffen wird. Dienstleistungsorientierung und die neue Dominanz des Marktes markieren die beiden Fluchtpunkte der postfordistischen Ökonomie, die als widersprüchliche, aber komplementäre Veränderungstendenzen in den Unternehmen wirksam werden. *Dezentralisierung und Vermarktlichung* sind in dieser Perspektive Reorganisationsstrategien, die dieses widersprüchliche Verhältnis in sich aufnehmen und organisatorisch zu bewältigen suchen. Die Öffnung gegenüber dem Markt und dessen Internalisierung flankieren neue Steuerungsformen, die man mit Glißmann und Peters (2001) *als »indirekte Steuerung«* bezeichnen kann. Die Kerngedanken dieses Steuerungsprinzips sind die Steuerung der Leistungserstellungsprozesse über abstrakte *Kennziffern* (etwa Benchmarks) und die »Weitergabe« widersprüchlicher Anforderungen an die Beschäftigten.

(2) Der Ausbau von Kennziffernsystemen verweist auf das zweite zentrale Merkmal im gegenwärtigen kapitalistischen Restrukturierungsprozess: Informations- und Kommunikationstechnologien waren bereits

in den 1980er Jahren die Basis für die Herausbildung dezentraler flexibler Produktionsstrukturen und für deren sukzessive informationstechnische Vernetzung. Eine neue Qualität wird in den 1990er Jahren sichtbar, und zwar sowohl in der Entwicklung der *Informatisierung* (Boes 1996, Schmiede 1996, Boes/Baukrowitz 2002) als auch in den zunehmend *kapitalmarktorientierten Formen der Unternehmenssteuerung*. Auf der einen Seite schafft die Weiterentwicklung der Informations- und Kommunikationstechnik zu einer »Netzwerktechnologie« die Möglichkeiten einer dramatischen Dezentralisierung und Flexibilisierung der Produktionsformen, Informationsnetzwerke befreien die Produktion zunehmend von territorialen Beschränkungen. Die Trends einer zunehmenden Informatisierung liefern jedoch zugleich Möglichkeiten für neue Formen zentralisierter Kontrolle, die im Zusammenhang mit einem *neuen Verhältnis der Unternehmen zu den Kapital- und Finanzmärkten* stehen (vgl. Deutschmann 2002). Ein neues Verhältnis von Geld- und Realkapital im Begriff des Shareholder-value-Kapitalismus hat zum Aufbau unternehmensinterner und unternehmensübergreifender Kontroll- und Steuerungssysteme geführt. Sie machen nicht nur die Finanzverhältnisse in den Unternehmen jederzeit transparent, sondern verstärken auch den Durchgriff von Konzernzentralen und den Einfluss externer Akteure auf den Kapitalmärkten. Dieser Übergang zu einer wertorientierten Steuerung in den Unternehmen lässt Ökonomisierungs- und Standardisierungstendenzen, die im Zuge einer marktorientierten Flexibilisierung der Unternehmensstrukturen mancherorts etwas zurückgedrängt worden waren, wieder stärker ins Zentrum von Unternehmensstrategien rükken. Wertorientierte Steuerung im Rahmen zunehmend finanzgetriebener Akkumulationsformen setzt den marktzentrierten Kontrollmodus jedoch nicht außer Kraft, sondern nutzt die Unsicherheit von Marktsteuerung als Machtressource.

Die Entgrenzung von Arbeit ist damit als *ein* Moment eines gesellschaftlichen Umbruchprozesses zu verstehen, der in »Richtungsänderungen« verschiedener gesellschaftlicher Teilbereiche, insgesamt aber erst im Zusammenspiel der verschiedenen Entwicklungstendenzen seine bislang noch kaum geklärte Syndromatik und Dynamik entfaltet (vgl. Baethge/Bartelheimer 2002). Gerade deshalb finden sich Begriff und Konzeption der Entgrenzung in ganz unterschiedlichen Forschungszusammenhängen: Der gesellschaftliche Umbruchprozess äußert sich in der Erosion bislang konstitutiver Grenzziehungen, die zugleich die Verhältnisse gesellschaftlicher Teilbereiche zueinander definierten (vgl. Beck u.a. 2003). Mit Blick auf die Entgrenzung von Arbeit sind dies die zu vermutenden neuartigen Zusammenhänge, Verschränkungen, aber auch die neuen Grenzziehungen zwischen Unternehmen und Märkten, zwischen internen und externen Arbeitsmärkten, zwischen Produktion und Reproduktion.

Die These vom gesellschaftlichen Umbruchprozess behauptet jedoch nicht die generelle Ablösung des »Alten« durch das »Neue« – seien es neue Arbeitsformen, Unternehmensstrukturen oder institutionelle Arrangements –, sondern die Gleichzeitigkeit von Kontinuität und Umbruch, die im instabilen Nebeneinander von »Alt« und »Neu« ihre unübersichtliche Gestalt annimmt (vgl. Dörre 2001). Anders ausgedrückt: Die konstatierte *eindeutige Erosion* mündet – zunächst – vor allem in eine *Erosion der Eindeutigkeit*. Die These vom Umbruch behauptet auch nicht, dass eine neue Formation bereits absehbar wäre. Wir befinden uns historisch immer noch in einer Phase der Anpassung an die Krise des Fordismus. Die Überwindung der Krise oder gar das Einmünden in eine neue Formation (wie die dann auch immer geartet ist) ist unbestimmt und prinzipiell offen (vgl. Bechtle/Sauer in diesem Band).

Die Analyse des gegenwärtigen Umbruchprozesses setzt daher ein analytisches Vorgehen voraus, das die prinzipielle Offenheit und Unbestimmtheit der weiteren Entwicklung explizit berücksichtigt.[11] Hier erweist sich die Offenheit des Konzepts der Entgrenzung von Arbeit als Vorteil gegenüber der inhaltlich unbestreitbar präziseren »Ausformulierung« des jeweils »Neuen« – sei es ein neuer Arbeitskrafttypus (etwa: »Arbeitskraftunternehmer« oder »Symbolanalytiker«), ein neues Strukturierungsprinzip (»Netzwerk«) oder gleich ein neuer Gesellschaftstyp (z.B. »Informationsgesellschaft«, »Dienstleistungsgesellschaft«, »flexibler« oder »digitaler Kapitalismus« etc.). Solche Aussagen sind nur möglich, wenn man *einen* Trend zum Umbruch selbst erklärt, die Hete-

---

[11] So auch Bechtle und Lutz. Sie fordern: Es »müssen im Forschungsansatz selbst die Unbestimmtheit und Offenheit des rationalisierungsstrategischen Auswegs aus dem posttayloristischen Dilemma aufgenommen und empirisch-analytisch reproduzierbar gemacht werden. Dies schließt die schnelle Festlegung auf eine plausible Deutungsvariante prinzipiell aus, da hierdurch die zentralen Bestimmungen einer strukturell vieldeutigen Situation einfach eskamotiert würden« (Bechtle/Lutz 1989: 75).

rogenität der gegenwärtigen Situation partiell ignoriert oder die prinzipielle Unbestimmtheit der weiteren Entwicklung negiert. An die Stelle solcher unbestreitbar präziseren Konzepte, die durchaus ihren analytischen Wert haben, da sie die Wahrnehmung für spezifische Entwicklungen schärfen und man sich an ihnen, gleichsam als Referenzfolie, »abarbeiten« kann, setzen wir unser offen angelegtes Konzept der Entgrenzung von Arbeit.

Konzeptionelle Offenheit bedeutet aber durchaus, dass es nicht nur möglich, sondern sogar unerlässlich ist, Entwicklungstendenzen zu benennen, die ganz offensichtlich gegenwärtig zentral sind und in historischer Perspektive Richtungsänderungen des gesellschaftlichen Umbruchprozesses markieren.[12] Wir setzen damit nicht an prinzipiell anderen Entwicklungen an, als das etwa Pongratz und Voß im Rahmen ihres Konzepts des »Arbeitskraftunternehmers« tun, wir vermeiden aber eine – wie wir fürchten: vorschnelle – Deutung in Richtung eines neuen »Typus« und ermöglichen uns, Heterogenität systematisch zu analysieren.[13]

4. Analytische Bausteine des Konzepts der Entgrenzung

Prozesse einer Entgrenzung lassen sich auf zwei Ebenen der betrieblichen Organisation beobachten: zum ersten auf der Ebene der Unternehmensorganisation, zum zweiten auf der Ebene der Organisation von Arbeit und Beschäftigung im Betrieb. Auf dieser Ebene lässt sich wiederum die Ebene des Einsatzes von Arbeitskraft (Organisation der Verfügbarkeit) und die Ebene der Nutzung von Arbeitskraft (Organisation von Leistung) unterscheiden. Grundlegend für unser Konzept ist die Annahme, dass sich auf jeder der Ebenen abstrakte Prinzipien benennen lassen, die im Fordismus-Taylorismus eine historisch konkrete Aus-

---

[12] Konzeptionelle Offenheit bedeutet auch keineswegs, auf Theoretisierungsversuche zu verzichten, in denen Elemente eines Postfordismus im Hinblick auf ihre kapitalismustransformierende Wirkung diskutiert werden.

[13] Wir sehen in unserem Konzept noch einen anderen prinzipiellen Vorteil: Indem wir von vornherein auf Grenzen bzw. Prozesse der Veränderung von Grenzen fokussieren, greifen wir nicht nur – das wäre banal – prinzipielle Strukturierungsdimensionen von Gesellschaft auf. Die Kategorie der »Grenze« ist einerseits abstrakt, andererseits aber auch überaus konkret und somit eine zentrale Schnittstelle wissenschaftlicher Deutung und politisch-praktischer wie individueller Gestaltung.

formung in den institutionellen Strukturen der Organisation von Unternehmen und Arbeit erfahren.

4.1 Entgrenzung des Unternehmens

Unternehmen sind prinzipiell mit der Anforderung konfrontiert, den einzelkapitalistischen Verwertungsimperativ in Relation zu ihrer Umwelt (Märkte, Konkurrenten) zu realisieren. Dabei sind in kapitalistischen Ökonomien Unternehmen und Markt untrennbar aufeinander bezogen, da Wert zwar im Unternehmen produziert, aber nur über Märkte realisiert wird. Das Verhältnis von Unternehmen und Markt ist jedoch widersprüchlich, weil Unternehmen notwendig auf die Herstellung von einzelkapitalistischer Autonomie angewiesen sind, zugleich aber diese Autonomie immer nur relativ bleiben kann, stets begrenzt ist und wird (Bechtle 1980, Pries 1998). Die fordistische Organisationsform ist in dieser Perspektive eine spezifische historische Lösung für die Bewältigung dieses widersprüchlichen Verhältnisses.

Demnach verstehen wir als zentrales Prinzip der Organisationsgestaltung im Fordismus das spezifische Verhältnis von Unternehmen und Markt, das in der These von der »Abschottung der Produktions- gegenüber der Marktökonomie« seinen oft zitierten Ausdruck findet. Die Abgrenzung der Produktionsökonomie gegenüber dem Markt ist zugleich die Voraussetzung für das an der industriellen Produktion orientierte (aber keineswegs darauf beschränkte) Rationalisierungsprinzip, dessen Ziel die Transformation marktlicher Unbestimmtheit (Kontingenz) in größtmögliche interne Bestimmtheit (Zweckrationalität, Berechenbarkeit, Stabilität) ist. Im »Inneren« der Unternehmen findet dieses Prinzip seinen institutionellen Ausdruck in der hierarchisch-bürokratischen Planung und Steuerung der Arbeitsprozesse und den damit verbundenen differenzierten Hierarchien und Arbeitsteilungen, in der vertikalen und horizontalen (funktionalen wie räumlichen) Integration der Wertschöpfungsprozesse sowie im Stellenwert der Zeit (bzw. der Zeitökonomie) als abstraktes Steuerungs- und Bewertungsmedium.

Prozesse der Dezentralisierung und Vermarktlichung von Unternehmen haben in der Reorganisation des Verhältnisses von Unternehmen und Markt ihren zentralen Bezugspunkt. Dezentralisierung bedeutet die Desintegration der zuvor integrierten Wertschöpfungsprozesse und Funktionen durch Auslagerung von Betriebsteilen und die »systemische«

Tabelle 1: Entgrenzung des Unternehmens

Analytische Ebene	Dimensionen der Grenzziehung	Merkmale der fordistischen Organisation	Entwicklungstendenzen der Unternehmensrestrukturierung/ Entgrenzung
Unternehmensorganisation	▪ Organisation/ Markt ▪ Zwischenbetriebliche Arbeitsteilung (Integration/ Desintegration) ▪ Zentrale/Dezentrale Steuerungskompetenz	▪ Abschottung der Produktions- gegenüber der Marktökonomie ▪ Vertikal und horizontal integrierte Wertschöpfungsprozesse ▪ Zentrale Planung und Steuerung	Entgrenzung des Unternehmens: ▪ Reorganisation der zwischenbetrieblichen Arbeitsteilung (»systemische Rationalisierung«) ▪ Dezentralisierung und Vermarktlichung

Reorganisation der Wertschöpfungskette bzw. der Zulieferbeziehungen. Vermarktlichung bedeutet die marktliche Steuerung und Koordination der nun desintegrierten Einheiten über Kennziffern, faktische oder fiktive Konkurrenzverhältnisse u.a. (z.B. per Benchmarks). Die Erosion der Außengrenzen der Organisation wirkt als Ausdehnung der Organisation auf den Markt (vgl. etwa Voswinkel 2000) und zugleich als Internalisierung des Marktes, als Durchsetzung der hierarchisch-bürokratischen Organisation mit marktlichen Steuerungs- und Koordinationsmechanismen (etwa durch die Segmentation der betrieblichen Funktionen, die Bildung von Cost- oder Profit-Centern, indirekte Steuerungsformen über Kennziffern etc.) (vgl. Moldaschl 1998, Kratzer 2003, Kratzer u.a. 2003a).

Die zentrale analytische Dimension der Entgrenzung der Unternehmensorganisation ist somit das Verhältnis bzw. die Grenze zwischen Markt und Organisation und deren institutionelle Ausprägung (zentrale vs. dezentrale und direkte vs. indirekte Steuerung; Ausdifferenzierung vs. Rücknahme von Hierarchie; Integration vs. Desintegration/Outsourcing, »Verselbständigung«; Kooperation vs. Konkurrenz u.a.).

4.2 Entgrenzung von Arbeit

Unternehmen sind in kapitalistischen Ökonomien prinzipiell auf die »wert- und mehrwertschaffenden« Eigenschaften lebendiger Arbeit angewiesen. Damit müssen sie jedoch zugleich zwei – ebenso prinzipielle

– Arbeitskraftprobleme lösen: Sie müssen *Einsatz* und *Nutzung* von Arbeitskraft zweckrational organisieren, d.h. zum einen die möglichst anforderungsgerechte Verfügbarkeit von Arbeitskraft sicherstellen und zum anderen dafür sorgen, dass das zunächst unbestimmte Arbeitsvermögen in konkrete Leistung transformiert wird (Bechtle 1980, Deutschmann 2002: 95ff.). Für diese prinzipiellen Arbeitskraftprobleme sind unterschiedliche, jeweils »historische« Lösungsformen denkbar und beobachtbar. Idealtypisch lässt sich der Fordismus-Taylorismus als ein spezifischer Lösungsansatz für beide Problemstellungen interpretieren: Normalarbeitsverhältnis, standardisierte Arbeitszeit, interne Arbeitsmärkte u.a. sind institutionelle Formen der Stabilisierung der Verfügbarkeit von Arbeitskraft, die Standardisierung von Tätigkeiten und Berufen verringert Transaktionskosten und Einarbeitungszeiten, die Zerlegung von Arbeitsschritten (paradigmatisch: Fließbandfertigung) ermöglicht Einsatzkonzepte, die eben nicht auf die je spezifischen subjektiven Eigenschaften oder Potenziale der Arbeitskräfte verwiesen sind usw. In gleicher Weise lassen sich die »typischen« fordistisch-tayloristischen Lösungsansätze für das »Transformationsproblem« benennen: Hierarchie und personale (direkte) Kontrolle, Objektivierung bzw. »Verwissenschaftlichung« des Erfahrungswissens, Trennung von Planung und Ausführung, kleinschrittige Steuerung von Arbeitsprozessen u.a.

Stellt man die seit längerem beobachtbaren Entwicklungstendenzen der Selbstorganisation und Flexibilisierung nun in diesen Kontext, dann lässt sich die Tendenz der Flexibilisierung vor allem als eine Tendenz der De-Standardisierung des Arbeitseinsatzes und der zunehmenden Koppelung des individuellen Arbeitseinsatzes an marktökonomische Erfordernisse interpretieren. Das arbeitsorganisatorische Konzept der Selbstorganisation bedeutet die tendenzielle Umkehrung von tayloristischen Konzepten der Leistungspolitik: An die Stelle direkter Steuerung durch Vorgesetzte tritt die indirekte Steuerung über Kennziffern, an die Stelle von Objektbezug und Trennung von Person und Arbeitskraft tritt die Subjektivierung von Arbeit (Kratzer 2003, Moldaschl/Voß 2002, Kleemann u.a. 1999), d.h. die nun explizite Anforderung an die Arbeitskräfte, ihre Arbeit selbst zu organisieren und zu steuern und dabei subjektive Eigenschaften und Fähigkeiten einzubringen (Kooperationsbereitschaft, Konfliktlösungskompetenzen, Empathie u.a.).

Selbstorganisation und Flexibilisierung der Arbeitsorganisation bzw. Subjektivierung und Flexibilisierung der Arbeit können als neuartige Ansätze der Organisation von Einsatz/Verfügbarkeit und Nutzung/Leistung von Arbeitskraft interpretiert werden, somit auch als Hinweise auf neuartige institutionelle Lösungen für prinzipielle Arbeitskraftprobleme von Unternehmen. Selbstorganisation und Flexibilisierung sind Prozesse einer Entgrenzung, weil sie als Rationalisierungsprinzip auf die Erosion der bislang konstitutiven Grenzziehungen zwischen Unternehmen und Lebenswelt sowie zwischen Person und Arbeitskraft Bezug nehmen. Im Kontext der Flexibilisierung sind die wesentlichen Prozesse einer Entgrenzung von Arbeit die Entgrenzung von internen und externen Arbeitsmärkten und von Arbeit und Leben. Im Kontext erweiterter Selbstorganisation ist es die Grenze zwischen Person und Arbeitskraft.

Entgrenzung von internen und externen Arbeitsmärkten: Diese erfolgt sowohl im Hinblick auf die betrieblichen Binnenverhältnisse, etwa über Zielvereinbarungen, leistungsabhängige Entgeltbestandteile, die Internalisierung von marktlichen Zielgrößen als Instrumente einer indirekten Steuerung oder auch die stärker marktförmige Allokation von Arbeitskraft im Unternehmen (z.B. »Projektbörsen«). Auf das Außenverhältnis bezogen, besteht die wesentliche Folge in der Entstehung einer wachsenden Grauzone flexibler Beschäftigung, die längst nicht mehr nur die klassischen »Jedermannsbeschäftigten« (vgl. Lutz 1987) umfasst, sondern auch Qualifizierte und Hochqualifizierte, die auf Zeit und/ oder auf Kontraktbasis beschäftigt werden (vgl. Kratzer 2003, Kratzer u.a. 2003a, Kratzer 2002).

Entgrenzung von Arbeit und Leben: Insbesondere in zeitlicher und räumlicher Hinsicht führt die Flexibilisierung von Arbeit in die Erosion der Grenzen zwischen Arbeit und Leben. Mit der zeitlichen und räumlichen Flexibilisierung von Arbeit wird direkt die Grenze zwischen beiden Sphären gesellschaftlicher Reproduktion tangiert. Am deutlichsten wird dieser Entgrenzungsprozess in jenen Veränderungsprozessen, die unmittelbar die Grenzziehungen zwischen der Arbeitswelt und der Lebenswelt betreffen: in der regelmäßigen Mehrarbeit, die letztlich »Lebenszeit« kostet, in der Flexibilisierung der Arbeitszeiten, die auch die freie Zeit und das Privatleben dem Flexibilisierungsdiktat unterwirft (oder andersherum: die Arbeit dem Lebensrhythmus anpasst), in der räumlichen Indifferenz moderner Arbeit, wo der Arbeitsort manchmal überall

Tabelle 2: Entgrenzung von Arbeit

Analytische Ebenen	Dimensionen der Grenzziehung	Merkmale fordistisch-tayloristischer Normalarbeit	Entwicklungstendenzen der Organisation von Arbeit/Entgrenzung
Organisation von Einsatz/ Verfügbarkeit von Arbeitskraft	■ Interne/externe Arbeitsmärkte ■ Tätigkeitsanforderungen/Qualifikationserfordernisse ■ Arbeitsort/Wohnort ■ Arbeitszeit/ »Freizeit«	■ Arbeitsmarktsegmentation ■ Standardisierung der Qualifikationsanforderungen entlang von Berufen und Arbeitsplätzen ■ Weitgehende Trennung von Arbeitsort und Wohnort ■ Institutionell standardisierte Grenze zwischen Arbeitszeit und »freier Zeit«	Entgrenzung von Arbeit und Beschäftigung: ■ Flexibilisierung der Beschäftigungsverhältnisse ■ dynamischere Qualifikationsanforderungen/ »Entberuflichung« ■ Entgrenzung von Arbeitsort und Arbeitszeit
Organisation von Nutzung/Leistung von Arbeitskraft	■ Objekt/Subjekt der Rationalisierung ■ Person/Arbeitskraft	■ Hierarchisch-bürokratische Organisation ■ Zentralisierung von Planung und Steuerung	Entgrenzung der Leistungsanforderungen: ■ Neue Steuerungsformen (dezentral, indirekt) ■ Abbau von Hierarchieebenen und Verantwortungstransfer »nach unten« ■ Neue Arbeits- (Projektarbeit, Gruppenarbeit) und Steuerungsformen (z.B. Zielvereinbarungen) ■ Subjektbezug der Rationalisierung in arbeitsinhaltlicher (»soft skills«) und steuerungsbezogener Hinsicht (Selbstorganisation)

sein kann, vor allem aber auch zu Hause (vgl. Kleemann u.a. 1999: 14ff.).

Entgrenzung von Arbeitskraft und Person: Die Trennung von Arbeitskraft und Person ist – wiewohl prinzipiell immer nur unvollständig – eines der zentralen Prinzipien fordistisch-tayloristischer Organisation von Arbeit. Die Anforderung an Selbstorganisation und Selbstverantwortung im Arbeitsprozess hat ihren wesentlichen Bezugspunkt in der Erosion dieser Grenze und der damit verbundenen forcierten Integration der Person (mit tendenziell allen Facetten) in den Arbeitsprozess. Insbesondere in arbeitsinhaltlicher (»soft skills«), motivationaler (»unternehmerisches Denken«, Selbstverantwortung) und steuerungsbezogener Hinsicht (Selbststeuerung) kommt der Person eine zunehmende Bedeutung als Objekt und Subjekt der Rationalisierung zu (Moldaschl/Schultz-Wild 1994, Moldaschl/Voß 2002, Böhle 2002). Selbstorganisation wird betrieblich implementiert etwa durch den Abbau von Hierarchieebenen, durch die Implementation indirekter Steuerungsformen (Kennziffern, Zielvereinbarungen etc.), durch neue kooperative Arbeitsformen wie Projekt- oder Gruppenarbeit, durch variable, an der individuellen Leistung orientierte Entgeltbestandteile, durch flexible, teilweise selbstorganisierte Arbeitszeiten oder auch durch neue Managementstile (diskursive Rationalisierung, Coaching u.a.).

5. Empirie der Entgrenzung

5.1 Differenzierung des Feldes

Für die Untersuchung der These der Entgrenzung erweist sich eine spezifische Differenzierung des empirischen Feldes als notwendig: Wir unterscheiden einerseits betriebliche Strukturen, die als beispielhaft für den *Prozess* der Entgrenzung gelten können, und andererseits Felder, in denen primär »*Zustände*« entgrenzter Arbeit vorzufinden sind. Begrifflich fassen wir das erste Feld als »Normalarbeit unter Veränderungsdruck«, das zweite als »Normalität von Entgrenzung«. Die Diskussion zur Entgrenzung stützt sich bislang im wesentlichen auf Befunde aus dem zweiten Feld (etwa aus Untersuchungen zur Medien- oder IT-Industrie bzw. zu Arbeitskräftegruppen wie den »neuen Selbständigen«). Damit werden jedoch möglicherweise die spektakulären Fälle, die »untypischsten« Felder der gegenwärtigen Arbeitsstruktur zu Repräsentanten des Ganzen gemacht. Andererseits lassen sich – das ist unbestritten – neuartige Rationalisierungslogiken (vgl. Moldaschl/Voß 2002) ebenso wie möglicherweise gerade gegenläufige Entwicklungen (etwa neue Grenzen der Entgrenzung, vgl. Kratzer u.a. 2003a; Mayer-Ahuja/Wolf 2002) hier gut beobachten. Da die historische These der Entgrenzung von Arbeit aber nicht nur auf Entgrenzungsprozesse als Ausdruck eines neuen Rationalisierungsmodus abhebt, sondern auch auf die Verbreitung dieses Modus zielt, wäre der Blick allein auf die avancierten Formen oder die neuen Felder von Arbeit unzureichend und nur begrenzt aussagefähig.»Normalarbeit unter Veränderungsdruck« eröffnet die Möglichkeit, gewissermaßen die Reichweite von Entgrenzungen zu beobachten und auf ein Feld zu fokussieren, das in seinen institutionellen Grundzügen nach wie vor die Mehrheit der Beschäftigten umfasst.

Diese Untersuchungskonzeption setzen wir in verschiedenen empirischen Forschungsprojekten um: Wir kontrastieren Untersuchungen zur Veränderung eher traditionell strukturierter Produktions- und Dienstleistungsbetriebe (Kratzer 2003) etwa mit Untersuchungen zu »virtualisierten« Unternehmen aus dem Bereich der unternehmensbezogenen Dienstleistungen (Kratzer 2002), zu Arbeits- und Leistungsbedingungen in den AV-Medien (Marrs/Boes 2002) und zu Entwicklungstendenzen in der IT-Industrie (Boes/Baukrowitz 2002) (vgl. insgesamt Kratzer u.a. 2003a).

Damit stellt sich auch die Frage, ob und inwieweit denn auch bei kleineren und jüngeren Unternehmen, beispielsweise der IT-Industrie, überhaupt von einem *Prozess* der Entgrenzung die Rede sein kann, da hier ja kaum von einer Veränderung traditioneller Unternehmensstrukturen oder Rationalisierungsprinzipien auszugehen ist – im Gegenteil: Für solche Unternehmen, noch vor nicht allzu langer Zeit als Start-ups und New Economy zur Zukunft der Ökonomie überhaupt hochgejubelt (etwa von Deckstein/Felixberger 2000), ist Entgrenzung ja gerade das konstitutive Prinzip (extrem flache Hierarchien, kundenorientierte Projektarbeit und teamförmige Kooperation innerhalb des Unternehmens und über das Unternehmen hinaus, weitgehende Verschränkung von Arbeit und Leben usw.). Unsere These ist, dass sich einerseits *betriebliche Entgrenzungsprozesse* beobachten lassen, die ihren Ausdruck in der Entgrenzung fordistisch-tayloristischer Normalarbeit bzw. der Entgrenzung von »Normalbetrieben« finden, andererseits aber auch ein *produktionsstruktureller Entgrenzungsprozess*, dessen zentrales Merkmal die Entstehung und Verbreitung neuer Betriebstypen und Organisationsformen ist, in denen Entgrenzung von vornherein »Normalität« ist.

Am Beispiel einer Softwareberatungsfirma haben wir dies eingehender untersucht: Diese Firma ist als Ganzes Ausdruck eines produktionsstrukturellen Wandels, exemplarisch für viele in den 1990er Jahren gegründeten Unternehmen des Segments der Software- und IT-Dienstleistungen. Als Ausgründung aus einem größeren Unternehmen der Softwareentwicklung ist dieses Unternehmen im Grunde eine einzige Kundenschnittstelle, mit der die kundenspezifische Implementation von Standardsoftware (hier: SAP) geleistet werden soll. Die »typischen« Organisations- und Arbeitsstrukturen (zeitlich und räumlich hochflexibel, informell, projektförmig etc.) dieses Unternehmens können als spezifische Organisationsformen des Verhältnisses von Dienstleistungsorientierung einerseits und Ökonomisierung andererseits interpretiert werden.[14] In produktionsstruktureller Perspektive wesentlich ist nicht nur die entgrenzte Organisation dieses Unternehmens selbst, sondern die systematische Restrukturierung solcher Wertschöpfungsketten: Größere Standardsoftwarehersteller werden mit einer Vielzahl kleinerer, flexibler Dienstleistungs- und Beratungsunternehmen, die ihrerseits wieder flexible Kooperationen mit Externen und Partnern unterhalten, vernetzt.

Die wesentlichen Veränderungsprozesse in Unternehmen, die eine »Normalität der Entgrenzung« aufweisen, bestehen nicht in Entgrenzungsprozessen, sondern häufig in einem Prozess in Richtung neuer oder alter Grenzen der Entgrenzung. Diese sind nach unseren bisherigen Befunden teilweise dem Beschäftigungswachstum und der damit verbundenen Ausbildung »richtiger« Organisationsstrukturen, teilweise aber auch den Erfahrungen und Verhaltensweisen der Beschäftigten geschuldet (Kratzer 2003, vgl. auch Mayer-Ahuja/Wolf 2002).

---

[14] Vgl. dazu auch Boes und Baukrowitz, die drei Unternehmenstypen der IT-Industrie unterscheiden: »ehemals fordistische Großunternehmen«, »Lack-Turnschuh-Unternehmen« und »Start-up-Unternehmen« (Boes/Baukrowitz 2002).

5.2 Merkmale entgrenzter Arbeit

Eine weitere wichtige Perspektive richtet sich auf die verschiedenen Merkmale entgrenzter Arbeit. Diese interpretieren wir als Folge betrieblicher oder produktionsstruktureller Prozesse der Entgrenzung von Arbeit. Die wesentlichen Merkmale entgrenzter Arbeit lassen sich analog zu den zentralen Veränderungstendenzen als Merkmale flexibler Arbeit auf der einen und Merkmale subjektivierter Arbeit auf der anderen Seite darstellen.

Entgrenzte Belegschaft: In der Folge einer restriktiven Personalpolitik, die Personalkapazitäten tendenziell an der »unteren Linie« orientiert und Neueinstellungen in der Regel erst dann vornimmt, wenn die Puffer flexibler Arbeitszeiten ausgeschöpft sind, entsteht und wächst ein flexibles Beschäftigungssegment, das in einer Grauzone zwischen »Innen« und »Außen« der Unternehmen bzw. zwischen internen und externen Arbeitsmärkten angesiedelt ist.

Diese Personalpolitik steht teilweise in der Kontinuität fordistisch-tayloristischer Flexibilisierungsstrategien, die ja ebenfalls Teile der Belegschaften, die so genannten Randbelegschaften, als Puffer für Auslastungsschwankungen oder Konjunkturwellen nutzten (vgl. Schienstock 1998, Sengenberger 1987). Bei aller Kontinuität zeigen sich allerdings auch grundlegende Unterschiede zwischen den Strukturen entgrenzter Belegschaften und den »klassischen« Randbelegschaften: Zum einen sind die Erwerbsformen in diesem betrieblichen Beschäftigungssegment zunehmend »atypische« oder »ungeschützte« Beschäftigungsverhältnisse.

Zum anderen – und dies ist der eigentlich entscheidende Unterschied – gehen die neuen Flexibilisierungsstrategien über primär auslastungs- oder kostenorientierte Strategien hinaus. Sie umfassen die Auslagerung tendenziell aller betrieblichen Funktionen, die entweder unregelmäßig anfallen oder nicht direkt zur Kernkompetenz des Unternehmens gehören (so gesehen sind sie Ausdruck arbeitskraftbezogener »make-or-buy«-Entscheidungen). Eine entscheidende Folge dieser Strategie ist, dass nicht nur die Belegschaft insgesamt gespalten wird, sondern auch das flexible Beschäftigungssegment »in sich« hochgradig heterogen ist: Dieses Segment besteht aus einer Vielzahl ganz verschiedener Erwerbsformen (Selbständige, freie Mitarbeiter, Angestellte von Fremdfirmen, befristet Beschäftigte, Teilzeitkräfte, Leiharbeitnehmer, geringfügig

Beschäftigte usw.) sowie aus sehr heterogenen Qualifikationen und Qualifikationsstufen (Kratzer 2003, Kratzer u.a. 2003b, Kratzer 2002).

Zeitlich und räumlich entgrenzte Arbeit: Entgrenzte Arbeit zeichnet sich durch die partielle oder weitgehende De-Institutionalisierung der Orte und Zeiten von Arbeit aus. Dies betrifft in räumlicher Hinsicht den Arbeitsplatz, der im Betrieb aus verschiedenen Arbeitsplätzen bestehen (z.b. bei Job-Rotation im Rahmen von Arbeitsgruppen) oder neben dem betrieblichen Arbeitsplatz eine Vielzahl weiterer »Arbeitsplätze« umfassen kann – den Schreibtisch zu Hause, das Flugzeug oder den Zug, den Arbeitsplatz beim Kunden etc. In zeitlicher Hinsicht ist das wesentliche Merkmal entgrenzter Arbeit zunächst die mit der Flexibilisierung von Arbeitszeiten (Gleitzeit, Arbeitszeitkonten) verbundene Erosion standardisierter Arbeitszeiten, die zur Pluralisierung der Grenzziehungen zwischen Arbeit und Leben führt. Dies bedeutet zugleich eine Individualisierung und eine »Vermarktlichung« der Arbeitszeit, da sich die individuelle flexible Arbeitszeitgestaltung, nach allen vorliegenden Befunden, zunächst an Unternehmensanforderungen und/oder Marktanforderungen orientieren muss (Kratzer 2003). Am weitesten geht die De-Institutionalisierung der Arbeitszeit dort, wo die Erfassung der Arbeitszeit nicht mehr an den Ort Betrieb und an bestimmte Zeitkorridore gebunden ist, oder dort, wo – das ist dann die derzeit vieldiskutierte »Vertrauensarbeitszeit« – durch den Betrieb überhaupt keine Zeiterfassung mehr stattfindet. Befunde zeigen allerdings, dass es eine breitere Tendenz der »Informalisierung« der Arbeitszeit gibt, die nicht auf Vertrauensarbeitszeit zu reduzieren ist: Auch wo die Arbeitszeit erfasst wird, öffnet sich insbesondere bei den Höherqualifizierten zunehmend eine Schere zwischen der vereinbarten und der tatsächlichen Arbeitszeit (Wagner 2001).

Selbstorganisation des Arbeitseinsatzes: Wesentliches Merkmal entgrenzter Arbeit – und zugleich Schnittstelle zwischen den zentralen Dimensionen der organisatorischen Entgrenzung – ist die Selbstorganisation des Arbeitseinsatzes. Dies bedeutet, dass die Arbeitskräfte selbst partiell oder weitgehend ihre nach Dauer, Lage, Ort und Verteilung flexibel gestaltbare Arbeitszeit organisieren sollen. Aus betrieblicher Sicht ist dies gleichbedeutend mit einer Verlagerung von Gestaltungskompetenz auf die Ebene der Beschäftigten, die diese neue Freiheit allerdings vor allem mit Blick auf unternehmerische Erfordernisse bzw. Kundenanforderungen wahrnehmen sollen. An diesem Merkmal wird mehr als an den beiden zuvor angeführten Merkmalen die Freisetzungsdimension entgrenzter Arbeit deutlich: Über die Selbstorganisation flexibilisierter Arbeit werden nicht nur die Steuerungskompetenzen der Individuen, sondern vor allem ihre subjektiven Potenziale und lebensweltlichen Ressourcen in erweiterter Weise betrieblich verwertbar.

Indirekte Steuerung: Indirekte Steuerung bedeutet erstens, dass externe Anforderungen unmittelbarer, d.h. ohne den Durchgang durch zentrale »Rationalisierungsstäbe«, an die dezentralen Einheiten bzw. die Beschäftigten weitergeleitet werden; zweitens, dass das Management eine seiner klassischen Funktionen, nämlich Anforderungen und die zu ihrer Bewältigung benötigten Ressourcen aufeinander abzustimmen, zumindest teilweise an die Beschäftigten delegiert. Indirekte Steuerung bedeutet jedoch nicht den Verzicht auf Steuerung durch das Management bzw. die unmittelbaren Vorgesetzten, sondern deren Formwandel, weil Steuerung nun nicht mehr durch kleinschrittige Vorgaben und Kontrollen, sondern über die Bestimmung des »Kontextes« individueller Arbeitsverausgabung, d.h. über die Festlegung der Rahmenbedingungen (Personalressourcen, Anlagen, Investitionen etc.) sowie über die Setzung (und Kontrolle) von Zielvorgaben (Kosten-, Umsatz- oder Ertragsziele, Termine, Marktanteile, Benchmarks etc.) erfolgt. Der Einfluss der Beschäftigten sowohl auf den Kontext als auch auf die »Anforderungsseite« ist gering – Folge ist (spätestens angesichts knapper Personalkapazitäten) der Zwang zur forcierten Selbstrationalisierung der eigenen (vor allem der zeitlichen) Ressourcen (Kratzer 2003).[15]

Subjektbezug der Rationalisierung: Ein weiteres Merkmal entgrenzter Arbeit ist der erweiterte Subjektbezug der Rationalisierung. Als Fol-

---

[15] Zwei weitere wichtige Aspekte verbinden sich mit dieser neuen Steuerungsform: Erstens führt die restriktive Personalpolitik (gegenwärtig häufig in Form von Personalabbau) zu einer weiteren Verknappung der Ressourcenseite – und wirkt somit selbst als Steuerungsparameter. Zweitens: »Zeit« spielt zwar für alle Unternehmen eine wachsende Rolle als Produktivitätsfaktor, aber als Steuerungsparameter von Arbeit wird sie immer weniger formell reguliert. Dieses scheinbare Paradox, dass Zeit für die Organisation immer wichtiger, für die Steuerung der Organisation aber immer unwichtiger wird, löst sich nur auf, wenn man beide Bewegungen nicht als widersprüchlich, sondern als komplementär versteht. *Weil* »Zeit« immer wichtiger wird, stoßen Formen der direkten Steuerung und Standardisierung des Arbeitseinsatzes an Grenzen, die sich nur durch neue Steuerungs- und Organisationsformen überwinden lassen.

ge der Erosion der Grenzen zwischen Person und Arbeitskraft im Arbeitsprozess bzw. zwischen Objekt und Subjekt der Rationalisierung tritt das einzelne Subjekt – neben dem Betrieb – als neuer Rationalisierungsakteur auf den Plan. Zugleich wird Subjektivität in zweifacher Hinsicht zum Bezugspunkt der Rationalisierung: als spezifisches arbeitsinhaltliches Potenzial (Kreativität, soziale Kompetenz, Gefühl, Motivation etc.) und als spezifisches – hochelastisches – Potenzial zur Organisation und Steuerung von Arbeit (Kratzer 2003, vgl. auch die Beiträge in Moldaschl/Voß 2002).

Informalität: Indirekte Steuerung und Selbstorganisation münden in ein weiteres wichtiges Merkmal entgrenzter Arbeit: die Bedeutung von Informalität als Steuerungs- und Kontrollmodus. An die Stelle institutioneller Strukturen und formalisierter Verfahren treten Steuerungs- und Organisationsweisen, die sich explizit auf Informalität gründen: Was in den generell nur schwach formalisierten Verfahren und kaum ausgeprägten institutionellen Strukturen kleinerer Start-ups der Medien- oder IT-Industrie nur besonders augenfällig ist (vgl. Boes/Baukrowitz 2002), findet sich auch in den diskursiven Steuerungsmodi und den kooperativen Arbeitsformen, die in traditionell strukturierten Unternehmen Verbreitung finden. Ob das Zielvereinbarungen sind, die diskursive Übermittlung oder Aushandlung von Rationalisierungszielen in Arbeitsgruppen, Organisationsprozesse im Rahmen von Projektteams oder die alltägliche Ausgestaltung »gruppengetragener Selbstorganisation« – Diskursivität wird zu einem zentralen Steuerungsmodus und Kommunikation zum wichtigen Steuerungsmedium (vgl. Minssen 1999, Deutschmann 1989). Entscheidend ist, dass sich Unternehmen damit in zunehmendem Maße lebensweltlicher Kooperationen und Konfliktlösungen bedienen. Dies geht bis hin zur ökonomischen Verwertung von »Solidarität«, die sich nun nicht mehr aus der Frontstellung gegenüber dem Arbeitgeber, sondern gegenüber dem Markt begründet (vgl. Schumann 2003: 75ff.).

Entlang der Differenzierung des empirischen Feldes und der verschiedenen Merkmale entgrenzter Arbeit lässt sich – so unsere weiterführende Überlegung – die in wachsendem Maße heterogene, zuweilen fast unübersichtliche Struktur von Arbeit möglicherweise präziser als Ausdruck struktureller Heterogenität erfassen, die es freilich noch näher zu bestimmen gilt. Nach den vorliegenden Befunden könnte jedoch die

Entgrenzung von Arbeit eine generelle Entwicklungstendenz sein, in deren Folge Merkmale entgrenzter Arbeit zu allgemeinen Merkmalen von Arbeit werden. Zugleich – das ist ebenso wichtig – bleiben die vielfältigen Unterschiede erhalten, sind Erscheinungsformen und Verbreitung dieser Merkmale entgrenzter Arbeit ungleich verteilt. Das unübersichtliche Gesamtbild ist daher durch die Heterogenität entgrenzter Arbeit, durch vielfältige Erscheinungsformen einer generellen Entwicklungstendenz geprägt.

Ausgehend von Veränderungsprozessen der Flexibilisierung und Subjektivierung lassen sich also Merkmale entgrenzter Arbeit identifizieren, die wesentliche Momente der Heterogenität von Arbeit beinhalten: Beide Prozesse weisen – in der Diskussion – negative wie positive Pole auf, die jeweils sehr unterschiedlichen Beschäftigtengruppen zugeordnet werden (können). So ist bei der Thematisierung von Flexibilisierungsprozessen einerseits von der Prekarität der modernen Tagelöhner und der Menschen in weitgehend ungeschützten Beschäftigungsverhältnissen die Rede, andererseits von der zeitlichen, räumlichen und beruflichen Flexibilität der »High Potentials«. Der Subjektivierungsdiskurs fokussiert von vornherein vor allem auf diese Gruppe – und macht das jeweils negative und positive Ende in der Ambivalenz subjektivierter Arbeit fest (programmatisch: Moldaschl/Voß 2002).

6. Organisation von Unbestimmtheit

Die Entgrenzungsprozesse auf der Ebene der Unternehmensorganisation und auf der Ebene der Organisation von Einsatz und Nutzung von Arbeitskraft interpretieren wir als komplementäre Prozesse eines neuen Reorganisations- und Rationalisierungsprinzips. Ausgehend von unserem Konzept der Entgrenzung und den ersten Befunden, die in diesem Rahmen erarbeitet wurden, umschreiben wir dieses Prinzip – vorläufig – als »Organisation von Unbestimmtheit«.

Ein zentraler Ausgangspunkt unseres Konzepts waren die prinzipiellen Unbestimmtheiten, mit denen sich Unternehmen stets konfrontiert sehen und die sie zu bewältigen haben: Unbestimmtheit zum einen im Hinblick auf die turbulenteren und dynamischeren Außenanforderungen; Unbestimmtheit zum anderen aber auch im Hinblick auf die Verausgabung von Arbeitskraft (Kratzer 2003, vgl. Bechtle 1980, 1994, Brose 2000, Deutschmann 2002). Dafür bot offenkundig das fordistisch-tayloristische Rationalisierungskonzept eine spezifische »Lösung«. Nun scheint jedoch, anders als im fordistisch-tayloristischen Organisationsmodell, die Lösung nicht mehr in der Transformation externer Unbestimmtheit in interne Bestimmtheit zu bestehen, sondern ganz im Gegenteil: Die Unbestimmtheit marktlicher Anforderungen wird nicht nur explizit zugelassen, sondern geradezu zum Organisationsprinzip.[16] Nun wird betrieblich nicht mehr Bestimmtheit organisiert, sondern – überspitzt formuliert – Unbestimmtheit.

Der Kern der Entgrenzung von Unternehmen und Arbeit scheint gerade darin zu bestehen, beide Momente von Unbestimmtheit nun unmittelbarer aufeinander zu beziehen: Die Konfrontation der Beschäftigten mit dem Markt infolge erodierender Grenzen des Unternehmens setzt Arbeitskraft der Unbestimmtheit der Umwelt aus und zugleich in erweiterter Weise die Unbestimmtheit und Entgrenzung ihrer Verausgabung voraus. Neu ist daran nicht, dass bei der Bewältigung von Unbestimmtheit – neben Technik und Organisation – das »elastische Potenzial« von Arbeit (respektive Arbeitskraft) grundsätzlich eine zentrale Rolle spielt (vgl. Altmann u.a. 1978). Neu ist aber, dass Unbestimmtheit nun vermehrt von den Beschäftigten selbst bewältigt werden soll. Der neue Rationalisierungsmodus setzt somit nicht mehr »nur« auf das elastische Potenzial, das dem qualifikatorischen und physischen Arbeitsvermögen prinzipiell inhärent ist, sondern zunehmend auch auf das elastische Potenzial, das der Person, dem Subjekt »hinter der Arbeitskraft« eigen ist: auf die Fähigkeit – und Bereitschaft – zur Selbststeuerung der Verausgabung des Arbeitsvermögens, zur Selbstorganisation der Verfügbarkeit und Leistungserbringung, zur Selbstrationalisierung der Arbeit. Die subjektive Gestaltung der individuellen Verfügbarkeit und die Selbst-Rationalisierung der Arbeitsverausgabung (und die Partizipation an der Selbst-Rationalisierung anderer im Rahmen von Arbeits- oder Projektgruppen) werden zur entscheidenden Voraussetzung für die Bewältigung kontingenter und variabler Anforderungen (vgl. Bechtle 1994).

---

[16] Dieser Umstand liefert auch eine spezifische Erklärung für die offenkundig wachsende Dynamik der Organisationsentwicklung, die uns Anzeichen einer »permanenten Reorganisation« zu haben scheint.

Um diese Funktion auch tatsächlich ausfüllen zu können (und zu wollen), bedarf es erweiterter Gestaltungsspielräume, neuer Partizipationsmöglichkeiten und tatsächlicher Autonomie. Die Beschäftigten müssen Unbestimmtheit bewältigen *können* – und: Sie müssen dies *wollen*. Die erweiterte Verwertung subjektiver Potenziale und lebensweltlicher Ressourcen funktioniert nur mittels der Freisetzung dieser Potenziale und Ressourcen aus institutionellen Begrenzungen und der aktiven Beteiligung der Subjekte. Und hier liegen die entscheidenden Unterschiede zum Fordismus-Taylorismus, der dem Modell nach erstens mit einem Minimum an Mitwirkung auskommt – er basiert geradezu auf einem grundlegenden Misstrauen gegenüber der Bereitschaft der Arbeitenden, sich »freiwillig« unternehmerischen Imperativen zu beugen (vgl. Böhle 2002). Zweitens – darauf hat etwa Wolf nachdrücklich hingewiesen – »sollte« auch der »Massenarbeiter« immer schon »wollen«, zugleich wurde aber gerade seine selbsttätige Beteiligung negiert oder sogar kriminalisiert (Wolf 1999). »Posttayloristische« Rationalisierung setzt dagegen, zumindest vordergründig, auf ein Maximum an Beteiligung – neudeutsch: »Commitment« –, und dies nicht länger implizit, sondern in ungleich expliziterer Weise.[17]

Die Organisation von Unbestimmtheit ist dann auch der Erklärungsansatz für die vielfach konstatierten neuartigen Ambivalenzen von Arbeit (vgl. dazu etwa Moldaschl 2001): Die Bewältigung der dynamischeren und widersprüchlichen Außenanforderungen von Unternehmen wäre im Rahmen fordistisch-tayloristischer Rationalisierungskonzepte wohl weder mit den herrschenden Flexibilitätserfordernissen und Effizienzanforderungen noch mit den wachsenden und selbstbewusst vorgetragenen Ansprüchen vieler Beschäftigtengruppen an Arbeit vereinbar. Mit dem Titel »Mehr Druck durch mehr Freiheit« haben Glißmann und Peters plakativ zum Ausdruck gebracht (Glißmann/Peters 2001), dass die Beschäftigten für die neuen Freiheiten im Hinblick auf Arbeits-

---

[17] Auch hier geht es also nicht um eine einfache Gegenüberstellung von »Altem« und »Neuem«, da auch für die fordistisch-tayloristische Rationalisierung galt und gilt, was Berger und Offe mit Blick auf die »Warenfiktion« der Arbeitskraft schreiben: »Der Arbeiter muss auch arbeiten *wollen*; das Grundproblem jeder betrieblichen Organisation der Arbeit besteht demgemäß darin, den Arbeiter als Subjekt der Arbeitskraft zu dieser Mitwirkung zu veranlassen« (Berger/Offe 1982: 352, Hervorhebung im Original).

organisation oder Arbeitszeit einen Preis zahlen (müssen). Im Gegenzug für die neue Freiheit, so zeigen auch unsere Befunde, tragen nun vermehrt die Beschäftigten die Kosten der Bewältigung von Unbestimmtheit – sei es als »Leidensdruck« einer Arbeitssituation, in der widersprüchliche Anforderungen (etwa Qualität vs. Kosten) kaum auszutarieren, sondern nur auszuhalten sind, als flexibler und eben oft extensivierender Rückgriff auf die »freie Zeit« angesichts knapper Personalressourcen, als Problem der Vereinbarkeit (oder im Gegenteil: der Trennung) von Arbeit und Leben, als Unsicherheitserfahrung angesichts immer neuer Reorganisationswellen, als »Ent–Sicherung« im Rahmen flexibler Beschäftigung oder – weitestgehend – als Raubbau an Körper oder Psyche.

»Mehr Freiheit« bedeutet andersherum – zumindest theoretisch – aber auch, dass dies nicht so sein muss. Das macht ja gerade den diskreten Charme selbstorganisierter und flexibilisierter Arbeit aus, die nicht nur Anforderung, sondern eben auch Angebot an die Arbeitskräfte ist. Auch die Unternehmen handeln sich also mit den neuen Rationalisierungsstrategien eine ambivalente Situation ein, weil es ihnen zwar offensichtlich gelingt, durch Gewährung von Autonomie bislang nur begrenzt zugängliche Ressourcen und Potenziale der Arbeitskräfte abzurufen und betrieblich zu verwerten, sie aber auch tatsächlich ein Stück weit die Kontrolle über Nutzung und Einsatz der individuellen Arbeitskraft verlieren und abhängiger von der subjektiven Leistungsbereitschaft und der individuellen Flexibilität der Beschäftigten werden. Welche Beschäftigtengruppen davon allerdings in welcher Weise profitieren (können) – und warum die Befunde eher darauf verweisen, dass selbst viele »Gewinner« unter den Beschäftigten Grund zur Klage haben – sind noch zu klärenden Fragen im Zusammenhang mit den neuen Rationalisierungsstrategien.

Internalisierung des Marktes
Zur neuen Dialektik von Kooperation und Herrschaft

Vieles von dem, was heute an Umbruchprozessen in Unternehmen, als Entgrenzungs- und Auflösungserscheinungen von konstitutiven Merkmalen kapitalistischer Industriegesellschaften thematisiert und beschrieben wird, ist nicht so neu: Vieles hat mit der schon mindestens seit 15 Jahren in industriesoziologischen Analysen immer wieder formulierten Erosion fordistischer oder tayloristischer Organisationsformen zu tun. Die in den 1990er Jahren einsetzende Welle einer radikalen Ökonomisierung hat allerdings – unterstützt von einer neoliberalen Gesamtströmung – eine neue Qualität in die Reorganisationsentwicklung der Unternehmen gebracht. Die empirisch orientierte sozialwissenschaftliche Forschung liefert gegenwärtig nicht die Ergebnisse, die für eine auch nur einigermaßen belegte Bilanz der Umstrukturierungsprozesse notwendig wäre. Auch die meisten Analysen zur Entwicklung von Arbeit in und außerhalb der Unternehmen nehmen auf die aktuellen Reorganisationstendenzen nicht Bezug. Es fehlen vor allem soziologische Untersuchungen, die den Zusammenhang von Reorganisation und gesellschaftlicher Entwicklung thematisieren.

1. Entgrenzung und Selbststeuerung

Vor diesem Hintergrund erhalten generelle Aussagen zur Entgrenzung von Unternehmensorganisation den Status von vorläufigen Einschätzungen. Wir gehen von folgenden Annahmen aus:
- Die Rede von der Auflösung des Unternehmens, die sich ja vor allem auf seine Begrenzungen bezieht, hat insoweit ihre Berechtigung, als mit der organisatorischen Dezentralisierung großer Unternehmen auf der einen und der unternehmensübergreifenden Vernetzung auf der anderen Seite die Grenzen zwischen Unternehmen und ihrem Umfeld erodieren, sich ein neues Verhältnis von Innen und Außen for-

miert und damit auch ein neues Verhältnis von Markt- und Produktionsökonomie.
- Damit werden auch die Grenzen zwischen den innen und außen bislang vorherrschenden Steuerungs- und Koordinationsmechanismen durchlässig: Einerseits finden marktliche Prinzipien Eingang in die planwirtschaftliche Binnenstruktur der Unternehmen (Internalisierung des Marktes). Andererseits werden in den sich herausbildenden Produktions- und Dienstleistungsnetzen, die bislang zwischen den Unternehmen vorherrschenden externen, marktförmigen Austauschbeziehungen von hierarchisch strukturierten Formen zur Steuerung und Kontrolle überformt. Die Muster von Markt und Hierarchie, von Kooperation und Wettbewerb werden neu gewebt.
- Mit dieser Restrukturierung von Unternehmen und Märkten verändert sich auch das Verhältnis von Kapital und Arbeit, d.h. konkret: Die Formen der Nutzung von Arbeitskraft und der Gestaltung von Arbeitsverhältnissen verändern sich. Ziel moderner arbeitskraftbezogener Rationalisierungsstrategien ist, unter den Stichworten Flexibilisierung und Selbstorganisation, ein grundsätzlich erweiterter Zugriff auf das Arbeitsvermögen. Es kommt damit zu einer inhaltlichen, zeitlichen und sozialen Entgrenzung von Arbeit, mit der auch die Scheidelinien zwischen der Nutzung von Arbeit im Arbeitsprozess sowie der individuellen und gesellschaftlichen Reproduktion von Arbeitskraft (»Arbeit und Leben«) neu gezogen werden.

Der Verzicht auf den hierarchischen Durchgriff und die dazu notwendige bürokratische Organisationsform bedeuten nicht den Verzicht auf Beherrschung. An die Stelle personaler Herrschaft tritt zunehmend die objektivierte Herrschaftsform des Sachzwangs, des Marktes, der Konkurrenz, der Kapitalrendite. Objektivierung oder Abstraktifizierung von Herrschaft verbleiben nicht auf der Ebene der Ideologie oder der Legitimation, sondern werden real. Indem die Vermittlung von Herrschaft durch hierarchische Organisation zunehmend in den Hintergrund tritt, werden – soweit möglich – Betriebe, Organisationseinheiten, Arbeitskräfte direkt dem Markt ausgesetzt bzw. über abstrakte ökonomische Kennziffern und Vorgaben in den Prozess der Kapitalverwertung eingebunden.

Diese veränderte Form der Vermittlung von Herrschaft findet in der »Auflösung« des traditionellen Unternehmens, der Entgrenzung der

Unternehmensorganisation, ihren Ausdruck. Ergebnis sind weniger das »grenzenlose Unternehmen« (Picot u.a. 1996) als vielmehr eine Verschiebung von Grenzen (u.a. auch vom Unternehmen zum Netzwerk), eine höhere Durchlässigkeit von Organisationsgrenzen (Flexibilisierung, Fluidisierung, Virtualisierung) und schließlich neue Formen der Vermittlung zwischen Organisationen. Die Objektivierung von Herrschaft ist nicht nur gebunden an marktförmige Vermittlungsmechanismen zwischen den Organisationseinheiten, sie verbindet sich auch – auf der Basis ihrer Abstraktion – leichter mit dem Markt als abstraktem Koordinationsmedium. Dies ist der eine Grund, warum zentralistische Kontrolle, die ja in den Unternehmen bzw. in fokalen Unternehmen eines Netzwerkes erhalten bleibt, mit marktvermittelter Autonomie eine sich verstärkende Verbindung eingehen kann, warum Kontrolle durch Autonomie offensichtlich möglich wird.

Der andere Grund liegt in der Veränderung des Marktes selbst: Austausch- und Koordinationsfunktionen des Marktes werden zunehmend eingebunden in die Rahmensteuerung von Organisationen (z.b. von Netzwerken), erhalten zumindest teilweise instrumentellen bzw. fiktiven Charakter. In die ursprünglich marktvermittelten Beziehungen zwischen eigenständigen Betrieben werden verstärkt organisatorische Verknüpfungen (z.B. zwischen einzelnen Funktionsbereichen) und Kooperationsformen eingezogen. Marktvermittelte Autonomie verliert dadurch zwar ihren »naturwüchsigen« Charakter, wird aber nicht vollständig aufgehoben und wird – nicht zuletzt wegen der »eingewebten« organisatorischen Verknüpfungen – einer Netzwerksteuerung oder generell einer Rahmensteuerung zugänglich.

Radikale Marktökonomie und Netzwerkbildung als zunächst widersprüchliche Elemente der Unternehmensrestrukturierung können auf diese Weise eine Verbindung eingehen, in der einerseits destruktive Tendenzen ökonomischer Dezentralisierung gebrochen bzw. eingebunden werden und andererseits die Koordinations- und Steuerungseffizienz des Marktes genutzt wird. Kapitalistische Herrschaft verschwindet darin nicht, sondern der Modus ihrer Durchsetzung verändert sich: Sie bleibt als Herrschaft durch Autonomie in abstrakter und objektivierter Form erhalten.

2. Herrschaft durch Autonomie

Sehen wir einmal ab von den Tendenzen überbetrieblicher Vernetzung und fragen zunächst, wie man sich überhaupt die Funktionsweise eines Modus der *Herrschaft durch Autonomie* (Moldaschl 1999a) vorstellen kann: institutionell, auf der Ebene von Organisationseinheiten, und individuell, auf der Ebene des arbeitenden Subjekts. Oder handelt es sich doch nur um eine Metapher, die einen gewissen Formwandel in den vorherrschenden Kontrolltechniken indiziert, letztlich aber keine wirkliche Rücknahme von Herrschaft über die Arbeitenden darstellt? Letzteres verneinen wir, wenngleich dieser Modus bislang noch wenig Verbreitung gefunden hat. Wenn Herrschaft bedeutet, fremden Willen aufzwingen zu können, so besteht der mehr oder weniger neue Herrschaftsmodus darin, Bedingungen zu schaffen, unter denen die Beherrschten mehr als bisher dieselben Ziele verfolgen wie die Herrschenden (sich also in funktional Selbstbeherrschte verwandeln), womit sich eine Aktualisierung von Herrschaft im selben Maße erübrigt.

Das ist als Perspektive historisch ebenso oft beschrieben worden wie es gescheitert ist. Doch was die Situation heute von bisherigen Ideologien der Interessenidentität, der Betriebsgemeinschaft oder des Mitunternehmertums unterscheidet, ist schlicht und einfach die Tatsache, dass diese Ideologien nun *ökonomisch geerdet* werden. Das ist ein wirklich fundamentaler Wandel, aber dies ist auch leichter behauptet als nachgewiesen. Wie bringt man das Interesse der Kapitaleigner mit dem der Arbeitskräfte auf eine Linie? Im einfachsten Fall natürlich in Personalunion der beiden, die dann den Widerspruch in sich selbst auszuhalten und auszutragen hat. Diese Sozialfigur gibt es ja tatsächlich und schon lange: den kleinen Selbständigen, den Ein-Mann- oder den Familienbetrieb. Neu ist lediglich, dass die Bedingungen, die das Handeln und die Interessenorientierung dieses Erwerbstypus prägen, heute in zunehmendem Maße verallgemeinert werden – eben durch ökonomische Dezentralisierung (Cost- und Profitcenter, Zielvereinbarungen und Ergebnisbeteiligung, Vertrauensarbeitszeit bzw. Deregulierung der Zeitökonomie, etc.). Diese Verselbständigung von Organisationseinheiten, die von »Entrepreneuren« geleitet werden, bis hin zum One-Man-Subcontractor und zum Scheinselbständigen findet sich wieder in Begriffsschöpfungen wie dem »Mitarbeiter-Unternehmer« (Deutschmann u.a. 1995:

445), dem »Lebensunternehmer« (Christian Lutz) und dem »Arbeitskraftunternehmer« (Voß/Pongratz 1998).

Damit sind zunächst freilich nur Formen und ein Fluchtpunkt dieser Entwicklung benannt – also ökonomische Dezentralisierung und Mitunternehmertum –, noch nicht aber die Wirkungsweise. Wie also soll es gelingen, die immanenten Differenzen zwischen Verwertungsinteressen und Arbeitskraftinteressen quasi synergetisch aufzuheben, die Unternehmensziele zum Maßstab des Arbeitshandelns und die Ausübung von Herrschaft damit überflüssig zu machen? Kontrolltheoretisch betrachtet gliche es ja dem Ei des Kolumbus, wenn die Arbeitskräfte ihr Arbeitsvermögen selbsttätig auf effizienteste Weise in Arbeit transformierten; und transaktionskostentheoretisch entspräche es der Quadratur des Kreises, wenn dabei im Prinzip keine Hierarchiekosten anfallen würden, während zugleich die Risiken marktförmiger Koordination ausgegrenzt bleiben könnten.

Gegenwärtig scheinen uns auf diese Grundfrage drei Antworten plausibel. Erstens werden die meisten Beschäftigten wohl auf absehbare Zeit abhängig Beschäftigte bleiben, auch wenn sich die Erosion des Normalarbeitsverhältnisses beschleunigt fortsetzen wird. Was wir als Fluchtpunkt dieser Entwicklung zur Freisetzung des Subjekts beschreiben, werden wir in der betrieblichen Realität also kaum in Reinform vorfinden. Wir haben daher vorgeschlagen, Grade der Internalisierung des Marktes zu unterscheiden, idealtypisch: »reale« und »simulierte Vermarktlichung« (Moldasch 1998: 211f.). Damit definieren wir allerdings nicht nur eine quantitative Dimension für die empirische Forschung, sondern postulieren auch den *qualitativen* Umschlag einer lediglich graduellen Rücknahme von Managementkontrolle in eine mehr oder weniger weitgehende ökonomische Autonomie des institutionellen oder individuellen Akteurs. Werden im Falle »simulierter« Märkte die quasi-marktlichen Handlungsbedingungen vom Management gestaltet (Kontextsteuerung),[1] so stehen im anderen Fall die Organisationseinheiten,

---

[1] Das geschieht in vielfältiger Weise, etwa indem die Verrechnungspreise, die eine Organisationseinheit für ihre Produkte oder Dienstleistungen verlangen darf, vom Management der Zentrale festgelegt werden; oder es wird bestimmt, dass eine Einheit die Leistungen einer anderen zum Unternehmen bzw. zur Holding gehörenden Einheit beziehen muss. Auch die Frage, inwieweit die Einheit über die Verwendung von Profiten entscheiden darf, ist hierfür maßgeblich.

z.B. Business Units, unmittelbar dem externen Markt gegenüber (Ergebnissteuerung). Außer den definitiven Renditeerwartungen gibt es im Prinzip keine Vorgaben mehr.

Zweitens bleibt die Verselbständigung der Arbeitenden zum ökonomischen Akteur (Arbeitskraftunternehmer) unvollständig. Die Interessendifferenz zwischen den Gestaltern der Handlungsbedingungen und den Handelnden bleibt also bestehen, nun allerdings auf höherem und jeweils verschiedenem Abstraktionsniveau. Die weitestgehende Abstraktifizierung von Herrschaft findet im Modus der realen Vermarktlichung statt. Man steht hier nicht mehr personalen Organisationsentscheidungen gegenüber, sondern dem Markt als einer anonymen und depersonalisierten gesellschaftlichen Institution. Anders bei der Kontextsteuerung bzw. der simulierten Vermarktlichung: Wenngleich auch sie abstraktere, unspezifischere und offenere Steuerungsvorgaben beinhaltet als die klassische hierarchische Handlungskoordination, so bleibt den dezentralen Entscheidern doch kaum verborgen, wer ihre Handlungsbedingungen zuschneidet. Gegen den Markt hingegen kann man nicht rebellieren; allenfalls gegen den Zwang, einen Teil des Profits abzuführen.

Die modernisierungstheoretisch weitreichendsten Folgerungen ergeben sich also drittens aus einer Durchsetzung realer Vermarktlichung, wie dynamisch oder begrenzt auch immer deren Verbreitung sein mag. In dem Maße also, wie sich die Anforderungen an die Beschäftigten in der Funktion des Entrepreneurs verdichten, kehrt sich die bisherige »moderne« Organisations- und Rationalisierungslogik um. Diese hier zunächst theoretisch als Logik der *Subjektivierung* postuliert, setzt tatsächlich auf Selbstorganisation und nähert sich auf ökonomischem Wege einer Aufhebung klassischer Interessendivergenzen zwischen Kapital und Arbeit. Sie durchlöchert Schritt für Schritt die Grenzwälle zwischen den für unser Gesellschaftsmodell bislang konstitutiven Institutionen von *Kooperation* und *Herrschaft, abhängiger* und s*elbständiger Arbeit, Arbeit* und *Reproduktion*. Grund genug also, um darin einen veränderten Vergesellschaftungsmodus zu sehen.

3. Die Umkehrung der bisherigen Rationalisierungslogik: Subjektivierung

Die Tragweite dieses veränderten Modus wird deutlich, wenn wir das Gemeinsame der bisherigen Ansätze zur Nutzung und organisatorischen Einbindung von Arbeitskraft im Prinzip der *Objektivierung* ausmachen. Hierfür stehen als Chiffren Taylorismus, Fordismus und Bürokratie: Strategien der Rationalitätssteigerung von Organisation durch Entsubjektivierung. Diese zielen darauf ab, personengebundenes Erfahrungswissen in allgemeingültiges Planungswissen zu transformieren, Faustregeln in Formeln zu verwandeln, sinnabhängige Arbeitsmotivation durch kalkulierte Anreizsysteme zu ersetzen und – so F.W. Taylors auch wertrationale Begründung – Personalführung mittels »Nasenprämien« auf die gerechtere Grundlage wissenschaftlicher Führungsmethoden zu stellen. Diese Bestrebungen gibt es weiterhin, aber eben nicht mehr unhinterfragt, als Leitbild nicht mehr konkurrenzlos.

Natürlich blieb Rationalisierung durch Objektivierung immer angewiesen auf die Subjektivität der Arbeitenden. Subjektivität hatte die blinden Flecken und die nichtintendierten Folgen dieses Modernisierungsparadigmas auszubügeln, und sie wurde in dieser Funktion instrumentalisiert, ohne entsprechend anerkannt zu werden. Selbstverständlich hatte die Arbeit für die Arbeitenden auch in noch so fremdbestimmten Handlungskontexten stets subjektive Bedeutung, also Sinn über das Erwerbsmotiv hinaus. Doch in einem Modernisierungsparadigma, das die Freisetzung der Individuen aus präfixierten Strukturen betreibt, kehrt sich die ganze Logik um. So oft die Idee, Subjektivität avanciere »vom Störfaktor zur Ressource«, hohler Slogan sein mag – im Kontext der radikalen Vermarktlichung darf man ihr einen realen Kern nicht absprechen. Re-Subjektivierung soll verregelte und verriegelte Handlungspotenziale freilegen, soll anstelle von Bedürfnisaufschub und instrumenteller Orientierung *Leidenschaft* und Leidensbereitschaft mobilisieren, teure Kontrollsysteme durch kostenlose und effektivere *Selbstkontrolle* substituieren, Herrschaft durch *Selbstbeherrschung* virtualisieren und Planung durch *Improvisation* flexibilisieren. Kurz, sie soll die *Person mit der Arbeitskraft vereinen* und den Bürger mit dem Arbeitnehmer versöhnen (Moldaschl 1998, 1999b). Eine sozialwissenschaftliche Altforderung scheint vor der Erfüllung zu stehen. Strategien der Objektivierung erhalten nun ihrerseits die Begleitfunktion, nichtintendierte Effekte der Subjektivierung im (gelockerten) Griff zu behalten. Organisatorische und ökonomische Dezentralisierung heißt, kontrolltheoretisch formuliert, die Bewältigung von Unsicherheit auf Arbeitskraft zu übertragen. Die damit verbundene Freisetzung der subjektiven Kräfte ist also mit einer *Umkehrung der Risikoverarbeitung* verbunden und baut auf dieser auf. So etwa in der Bewältigung zeitlicher Unsicherheit.»Wenn den Arbeitsverträgen Zielvereinbarungen statt Wochenstunden zugrunde liegen, dann wird das unternehmerische Risiko auf die Arbeitnehmer verlagert«: Zum Beispiel wird in den VDI-Nachrichten vom 23.7.1999 eine Forscherin und Betriebsrätin von DaimlerChrysler zitiert. Tauchen unerwartete Probleme technischer Art oder in Form von Änderungswünschen des Kunden (durchaus aus dem eigenen Konzern) auf, so liegt es bei den Forschern und Ingenieuren selbst, diese unter Wahrung ihrer Terminziele zu bewältigen. Im Prinzip steht dabei immer auch die Existenz der eigenen Einheit zur Disposition. Selbst ein Forschungszentrum wie in diesem Fall steht in Konkurrenz mit anderen Anbietern von Forschungsleistungen außerhalb und meist auch innerhalb des Konzerns. Die Externalisierung von Risiken »nach innen«, vom Unternehmen auf die Arbeitskraft, muss demnach als Effekt und zugleich als Triebkraft einer Internalisierung des »Außen«, des Marktes, begriffen werden.

Auf diese Weise dringen Marktmechanismen in betriebliche Kooperationsbeziehungen ein, die bislang einer anderen Logik folgten: der hierarchischen Koordination, der erzwungenen Kooperation, und der Auslastung vorhandener Ressourcen mit dem Ziel ihrer Erhaltung. Indem mit der ökonomischen Dezentralisierung ausgleichende Momente, Risikostreuung und Quersubventionen zwischen Unternehmensbereichen entfallen, wird für jeden Bereich und jedes Subjekt ein Zwang zu (betriebs-)wirtschaftlichem Verhalten induziert. Was Ressource war – wie unausgelastete Kapazitäten, eine eigene Instandhaltung, ein Leistungsanspruch gegenüber anderen Abteilungen –, erscheint plötzlich als Kostenfaktor, der wie Blei am Spielbein hängt. Der entlastende »slack«, um den man zuvor noch kämpfte, wird nun selbst zur Last. Zugleich wird es erheblich erschwert, Anforderungen aus anderen Bereichen (Kunden) abzuwehren, paradoxerweise gerade durch Aufhebung des Kooperationszwangs. Den Kollegen kann man abwimmeln, den

Kunden nicht. Routinehafte, »selbstverständliche« Kooperation wird enttraditionalisiert und stärker an instrumentelle Kalküle gebunden – sie geht über in ein Verhältnis *wechselseitiger Rationalisierung.*

4. Grenzen der Entgrenzung

Freilich hebt der neue Rationalisierungsmodus die Dialektik von Herrschaft und Autonomie auch im Innenverhältnis nicht auf. Er hebt sie vielmehr auf eine neue Stufe. Die zuletzt genannten Implikationen der ökonomischen Dezentralisierung – großzügige Risikodelegation und Ökonomisierung der Kooperation – haben nicht nur die gewünschten Effekte. Die Unternehmer gehen damit selbst größere, zumindest aber neue Risiken ein. Auch empirisch lassen sich in allen Erscheinungsformen der Vermarktlichung unerwünschte desintegrative Effekte für das Unternehmen als Ganzes feststellen, die als Nebenfolgen den Entgrenzungsprozess bremsen und unter Umständen umkehren können. Solche zentrifugalen Kräfte, wie sie mit der Stärkung der ökonomischen Partialrationalität organisatorischer »Fraktale« freigesetzt werden, sind verschiedentlich beschrieben worden (siehe auch im Hinblick auf die Literatur in Sauer/Döhl in diesem Band; Moldaschl 1998: 217ff.). Auf die zentripetalen Kräfte, die einer ungehemmten Verselbständigung entgegenwirken, gehen wir nachfolgend ein.

Für die Subjekte brechen ebenfalls neue Widersprüche auf zwischen Kooperation und Konkurrenz sowie zwischen *Selbstorganisation* (entscheiden, wie man etwas tut) und *Selbstbestimmung* (entscheiden über Ziele und Sinn). Viel vom ersten heißt nicht unbedingt viel vom zweiten. Und selbst erweiterte Selbstbestimmung kann unter den Bedingungen des »internalisierten Marktes« weit entfernt von Selbstverwirklichung sein. Aus der Sicht des Unternehmens lautet der Grundkonflikt: Wieviel Selbstorganisation kann im Interesse von Innovation und lokaler Optimierung zugelassen werden (Emergenz) und wieviel Steuerung ist nötig, um teilautonome Einheiten an die übergeordneten Zwecksetzungen zu binden (Strategie)? Aus der Sicht der Arbeitskraft lautet die Frage: Mit welchen Ressourcen muss ich die Risiken bewältigen, wieviel Verantwortung kann und will ich selbst übernehmen, ohne mich zu überfordern und meine langfristige Reproduktion zu gefährden?

Gerade eine *faktisch* erweiterte Autonomie nimmt dem Arbeitenden dieses Problem nicht ab, sondern stellt es ihm in aller Schärfe. Die Dialektik von Selbst- und Fremdorganisation löst sich nicht im »Reich der Freiheit« auf: Neu entstehende, »posttayloristische« Widersprüche bilden vielmehr das Kern- und Dauerproblem in der Durchsetzung der aktuellen Reorganisationskonzepte. Denn die Arbeitenden sind, auch wenn sie in den Stand des Rationalisierungsubjekts erhoben werden, von den Folgen ja nicht ausgenommen. Sie bleiben zugleich Objekt der von ihnen mitbetriebenen Ökonomisierung. Die Forderung nach Selbstregulation tritt ihnen – quasi auf zwei qualitativen Niveaus – als fremder Zwang entgegen: bei organisatorischer Dezentralisierung und simulierter Vermarktlichung in Form der »fremdbestimmten Selbstorganisation« (Voß/Pongratz 1998), bei realer Vermarktlichung gleichsam als »erzwungene Freiheit«.

Für die sozialwissenschaftliche Analyse besteht eine folgenreiche Konsequenz der Ambivalenz heteronomer Selbstrationalisierung darin, dass ihre Risiken nicht mehr (quasi buchhalterisch) eindeutig abgegrenzten Beschäftigtengruppen zugerechnet werden können, wie es die beliebte Unterscheidung in »Rationalisierungsgewinner« und »-verlierer« suggeriert.

Relative Sicherheiten bisheriger Funktionsteilung und Betriebseinbindung, Statuszuweisung und Anstellung, werden an die Kontingenz von Marktbedingungen geknüpft. So erweist sich etwa der Verlust einer schützenden, die individuelle Erholung und Distanzierung ermöglichende Trennung von *Arbeits- und Reproduktionssphäre* gerade für die qualifiziertesten Beschäftigtengruppen als zentrales Problem (z.B. Trautwein-Kalms 1995). Erfahrungen etwa mit »Vertrauensarbeitszeit« lassen sich auf den Nenner bringen: »Je weniger gestempelt wird, desto mehr wird gearbeitet« – so die bereits zitierte Betriebsrätin.

Die Chance der ökonomisch-organisatorischen Entgrenzung, sich auf allen Feldern selbst zu organisieren und erweitert zu reproduzieren (als Unternehmer, Manager, Techniker, Hausmann etc.), bezahlen die Befreiten mit Auslastungsrisiken, Einkommensrisiken und der Bereitschaft, die eigene Lebensführung unbeschränkt in Dienst zu nehmen. Entgrenzung durch Vermarktlichung erscheint damit zugleich als *Entsicherung*, als »Fragilisierung« von Lebenslagen auch der vermeintlichen Rationalisierungsgewinner mit ihren vergleichsweise gutbezahlten Positionen und Arbeitsmarktchancen. Für die mehr oder weniger freiwilligen Entrepreneure geht es folglich darum, eine neue Balance zwischen *Freiheit und Sicherheit* zu finden.

5. Eine neue Subjektivität?

Wenn man die Nachkriegsgesellschaft dem Motiv Wohlstand stärker als jenem der Freiheit zugetan charakterisieren kann (»Wohlstandsgesellschaft«), so stellt sich die Frage, inwieweit die beschriebenen Modernisierungskonzepte auf eine veränderte Subjektivität der Beschäftigten bauen und diese möglicherweise rekursiv verstärken können. Martin Baethge (1991) hat diese These aus der Perspektive einer veränderten Lebenswelt formuliert, in der die Unternehmen zwangsläufig auf die verstärkten Sinn- und Selbstverwirklichungsansprüche in der Erwerbsbevölkerung eingehen müssten (»normative Subjektivierung«). Auch Ulrich Becks »Kinder der Freiheit« (1997) würden die Unsicherheiten und Risiken, die ihnen die reflexiv modernisierte Rationalisierung zumutet, eher begrüßen als fürchten. Empirische Studien im Bereich der qualifizierten Angestellten wie jene von Kotthoff (1997) zeigen freilich, dass die Beschäftigten nach wie vor ein hohes Interesse an Sicherheit und sozialer Einbindung haben, weniger an einer schrankenlosen Übernahme »unternehmerischer« Verantwortung.

Keine empirische, sondern eine theoretische oder vielmehr paradigmatische Frage ist es, welche Subjektivität hier eigentlich zur Debatte steht. Die Kategorie der *Subjektivität* hat im aktuellen Diskurs einen ganz und gar emphatischen Klang. Ihre Semantik erzählt vom Eigen-Sinn der Arbeitenden, der sich einer vollständigen Unterwerfung unter »funktionale Erfordernisse« der Kapitalverwertung sperrt; vom Autonomiestreben, das sich als anarchischer Impuls gegen betriebliche Herrschaft richtet; und vom kreativen Potenzial, das sich trotz und wegen der verbreiteten Leitbilder technischer Beherrschbarkeit behauptet, weil nur so die komplexe stoffliche und soziale Wirklichkeit zu bewältigen ist. All das ist richtig und berechtigt. Nur eben nicht in dieser Ausschließlichkeit und apriorischen Fraglosigkeit. Subjektivität wird dadurch im aktuellen Verständnis schleichend enthistorisiert und droht damit gewissermaßen zur »anthropologischen Konstante« abzusinken.

Wie jedes lebendige Vermögen wird auch Subjektivität *im Gebrauch geformt und verändert.* Just in dem Moment also, in dem Subjektivität vom Störfaktor zur zentralen Ressource des Verwertungsprozesses aufrückt, tritt auch ihr Charakter des Widerständigen und Subversiven gegenüber der Instrumentalisierung der Person als Arbeitskraft in den Hintergrund. Das aufgewertete und »befreite« Subjekt erbt im Zuge der Dezentralisierung gewissermaßen die Aufgabe der Instrumentalisierung seiner selbst. Mehr als bisher richtet es berufliche Ziele und die lebensweltlichen Bedürfnisse an den »Erfordernissen« des Betriebs aus – nicht erzwungen, sondern freiwillig. Die Rücknahme der Fremdbestimmung in der Arbeit wird quasi zur Voraussetzung einer größeren Fremdbestimmung über den Sinn der Arbeit.

Diesen Zustand »freiwilliger Unterwerfung« der Arbeitenden unter den »Sachzwang Markt« kann man mit Rosa Luxemburg als *innere Landnahme* bezeichnen, mit Jürgen Habermas als *Kolonialisierung der Lebenswelt*. Es wird gewissermaßen der (noch) nicht nach ökonomisch zweckrationalen Kalkülen funktionierende »traditionelle Sektor« der Subjektivität modernisiert. Theoretisch fruchtbar wird diese Perspektive erst, wenn man darin eben nicht die qualifikatorische Enteignung des Arbeitsvermögens oder seine ideologische Zurichtung versteht, sondern gerade umgekehrt, die möglichst vollständige Entfaltung der Subjektivität – zumindest ihrer marktgängigen Seiten. Die Unterwerfung (Subjektivierung im Sinne von Foucault) der Arbeitenden unter fremdgesetzte »ökonomische Zwänge« findet so gesehen also nicht mehr im Arbeitsinhalt statt, wie es die Abstraktifizierungsthese der jüngeren Frankfurter Schule verkündet, sondern vielmehr im Verhältnis der Arbeitenden zu sich selbst. Auch das ist mit »Abstraktifizierung von Herrschaft« bzw. mit Herrschaft durch Autonomie gemeint.

Die »Radikalisierung des Marktes« könnte nun also die Produktion jenes homo oeconomicus rationalisieren (im Doppelsinn von effizienter machen und begründen), dessen Existenz die humanistisch inspirierten Teile der Sozialwissenschaft immer bestritten hatten. Gewissermaßen eine self-fulfilling rejection. Die »zweckrationale Lebensführung«, wie sie Max Weber als Voraussetzung und Begleiterscheinung der Durchsetzung kapitalistischen Wirtschaftens beschrieben hatte, würde ebenfalls radikalisiert, wenn das Subjekt alle Bestrebungen auf die Produktion marktgängiger Facetten des eigenen Arbeitsvermögens richtet bzw.

richten muss. Das schließt, wie gesagt, die volle Entfaltung subjektiver Potenziale ein, nur eben bestimmter Potenziale: der Nutzenmaximierer verdrängt den Pflichterfüller, der Geschäftspartner den Kollegen, der Kapitalanleger den Vorsorgesparer.

Zu erwarten ist, dass neue Paradoxien die Subjektivität von Arbeit und Erwerb prägen werden. In Assessment-Centers werden heute schon die Homunculi dieser Moderne gesucht: der durchsetzungsstarke Teamplayer bzw. der teamfähige Einzelkämpfer; der kundenorientierte Glattling mit Ecken und Kanten (Charakter); der begnadete Selbstvermarkter, der die Sache in den Vordergrund stellt; der einfühlsame Moderator mit dem feinen Gespür für Situationen, aus denen sich Kapital schlagen lässt; und der zweckrationale Nutzenmaximierer mit Einsicht in die Erfordernisse des Ganzen. Hier stellen sich viele Fragen: Verstärken diese Rationalisierungskonzepte tatsächlich den Utilitarismus und seine Legitimität? Oder entstehen neue, bewusst einzugehende und auszuhandelnde wechselseitige Verantwortlichkeiten, z.B. wenn die Auslastung der Organisationseinheit oder die Leistungsfähigkeit eines Teammitglieds schwankt? Kommt es zu einer Erosion »lagespezifischer« Interessen (Entsolidarisierung), und steht dieser eine Verbetrieblichung der Handlungs- und Reproduktionsperspektiven gegenüber (Betriebsgemeinschaft)? Können wir die sinkende Bereitschaft, gesellschaftliche Solidarsysteme mitzufinanzieren oder sich in Verbänden (z.B. Gewerkschaften) zu organisieren, mit diesen Tendenzen in Zusammenhang bringen? Verlieren symbolische Strategien der Sozialintegration mit erweiterter ökonomischer Transparenz und Beteiligung ihre Bedeutung oder trifft aufgrund der neuen Begrenzungen und Widersprüche gerade das Gegenteil zu? Und schließlich: Werden Kooperationsformen, Arbeitsverhältnisse und der Bürgerstatus im Betrieb damit depolitisiert oder repolitisiert?

Mit dem »oder« wird es so einfach nicht werden. Wir haben uns hier besonders *einer*, unseres Erachtens vernachlässigten Seite posttayloristischer Widersprüche zugewandt. Auch die Antithese hat ihre Berechtigung, wie sie etwa von Ulrich Beck vertreten wird. Beck, der allerdings weniger die Arbeit im Auge hat, hält »larmoyanten« Diagnosen, die einen unaufhaltsamen Trend zur »Gesellschaft der Ichlinge« ausmachen, das anarchische Potenzial befreiter Subjektivität entgegen. Wenn die in Zeiten schwindender Gewissheiten aufgewachsenen »Kinder der

Freiheit« beispielsweise von traditionellen politischen Institutionen und Kämpfen »einfach wegbleiben«, so deutet er das als »gewollt oder ungewollt hochpolitisch, da er oder sie der Politik Aufmerksamkeit, Zustimmung, Macht entzieht« (Beck 1997: 14). Einmal abgesehen davon, dass Macht leider nicht verschwindet, indem man nicht hinsieht: Auch Beck scheint keine Ein-Deutigkeit anzunehmen, wenn er zugleich von der »Was-bringt-mir-das-Generation« spricht und feststellt: »Freiheit setzt Sicherheit voraus« (ebd.: 21). Wie dieses Verhältnis individuell und sozial neu balanciert werden wird, scheint gegenwärtig völlig offen.

Schluss

Wir haben hier die soziologische Beobachtung auf Tendenzen einer radikalen Ökonomisierung gerichtet, von denen wir tiefgreifende Konsequenzen für die Entwicklung von Betrieb, Arbeit und Gesellschaft erwarten.

Wo marktliche Prinzipien solche der hierarchischen Koordination verdrängen, konstituieren sie ein eigentümliches Verhältnis von Subjektivierung und Objektivierung. Vermarktlichung verlagert Entscheidungen in die Selbststeuerung von organisatorischen Subeinheiten und von Subjekten; sie löst Herrschaft damit nicht auf, aber von klar identifizierbaren personalen und institutionellen Akteuren ab. Herrschaft über betriebliche Handlungszusammenhänge abstraktifiziert sich auf doppelte Weise (weiter), indem sie erstens genereller und kontextueller wird, und zweitens an ein anonymisiertes System der Kapitalverwertung übergeht, d.h. an Kapital- und Finanzmärkte mit vielfach schwer durchschaubaren Strukturen. Diese Prozesse wiederum spielen sich auf unteren Ebenen des Wirtschaftens oft auch dort ab, wo auf übergeordneten Ebenen eine Vermachtung bzw. Hierachisierung von Austauschbeziehungen stattfindet (etwa in den vertikalen Zuliefernetzwerken). Hier handelt es sich um komplementäre Bewegungen, in denen sich Tendenzen weiterer Zentralisierung mit solchen der ökonomischen Dezentralisierung verbinden.

Die »Internalisierung des Marktes« schafft zwar nicht die grundlegenden Dialektiken von Herrschaft und Autonomie, Kapital und Arbeit in der kapitalistischen Modernisierung ab, doch sie schafft neue Verhältnisse von Innen und Außen, Markt und Hierarchie, Abhängigkeit und Selbständigkeit sowie neue Nutzungsformen und Entwicklungsbedingungen von Subjektivität, für die teilweise erst noch geeignete Begriffe gefunden werden müssen. In der Diskussion sind etwa die Kategorien Netzwerk, Entrepreneur, Arbeitskraft- oder Selbstunternehmer. Um die neuen Verhältnisse zu untersuchen, benötigen wir aber auch neue produktive Unterscheidungen. Als solche schlagen wir vor: organisatorische und ökonomische Dezentralisierung, reale und simulierte Vermarktlichung, horizontale und vertikale Netzwerkökonomien, Selbstorganisation und Selbstbestimmung bzw. formelle und substanzielle Autonomie.

Zeit, Leistung, Beschäftigung
Anforderungen an eine erweiterte Arbeits(zeit)politik

Von der Verkürzung zur Flexibilisierung der Arbeitszeit

Vor rund 20 Jahren endete die äußerst hart geführte Auseinandersetzung über die 35-Stunden-Woche in der Metall- und Druckindustrie mit einem Kompromiss: Um den Preis einer forcierten Arbeitszeitflexibilisierung konnte die schrittweise Verkürzung der wöchentlichen Arbeitszeit auf 35 Stunden durchgesetzt werden. Diese Auseinandersetzung und ihr Ergebnis sind in ihrer gesellschaftspolitischen Bedeutung und in ihrer Signalwirkung weit über die Metallindustrie hinaus kaum zu überschätzen.[1] Der Blick zurück macht aber auch deutlich, dass die Voraussetzungen für eine flächendeckende Initiative in der »Zeit«-Frage und eine breite Auseinandersetzung mit ihr heute gänzlich andere sind.

Vor dem Hintergrund einer »Gewerkschaftskrise ohne Ende« (Behrens/Hamann 2003) und einer neoliberal orientierten Reformdiskussion steht gegenwärtig nicht Arbeitszeitverkürzung, sondern der Kampf gegen Arbeitszeitverlängerung auf der Agenda. Wie aussichtsreich dieser Kampf ist, wird sich noch zeigen. In mancher Hinsicht scheint er schon verloren, bevor er überhaupt begonnen hat: Die tatsächlichen Arbeitszeiten der Vollzeitbeschäftigten sind insbesondere in den 1990er Jahren nicht mehr zurückgegangen, sondern angestiegen (vgl. Lehndorff 2003; Kratzer u.a. 2004). Mit der »forcierten Arbeitszeitflexibilisierung« (Hermann u.a. 1999), der anderen Seite des Kompromisses zur Arbeitszeitverkürzung vor 20 Jahren, werden spätestens ab den 90er Jahren »die vertraglichen Arbeitszeiten ganz allmählich zu einer abstrakter werdenden Rechengröße anstelle eines im Alltag erfahrbaren Lebens-Standards« (Lehndorff 2003: 275). Die Entwicklung der tatsächlichen Arbeitszei-

---

[1] Wie weit es sich bei diesem Kompromiss aus gewerkschaftlicher Perspektive um einen *Erfolg* handelt, war immer schon umstritten (vgl. etwa Hinrichs/Wiesenthal 1987).

ten der Vollzeitbeschäftigten ist denn auch ein Zeichen für die partielle Entkoppelung von kollektivvertraglicher Regulierung und tatsächlicher Arbeitszeit.

In den bislang vorliegenden Bilanzierungen der Arbeitszeitflexibilisierung (z.B. in Projekten der Hans-Böckler-Stiftung, vgl. Linne 2002) stehen vor allem die ambivalenten Wirkungen flexibler Arbeitszeitgestaltung im Vordergrund. So wird gezeigt, dass die Erosion des fordistischen Zeitregimes Potenziale und Chancen einer selbstbestimmteren und vor allem geschlechterdemokratischen Balance zwischen Arbeit und Leben eröffnet. Aber nicht nur für Familien- und Gleichstellungspolitik, auch für Beschäftigungs-, Gesundheits- und Bildungspolitik lassen sich mit flexiblen Arbeitszeiten Optionen für eine an Zeitwohlstand und Zeitsouveränität orientierte, nachhaltige Zeitpolitik erkennen und formulieren. Arbeitszeitpolitik ist in diesem Sinn auch Gesellschaftspolitik, darauf wird in diesen Bilanzierungen mit Nachdruck verwiesen.

Es wird aber auch eingestanden, dass gemessen an den vielfältigen Erwartungen und Versprechen die Praxis der Arbeitszeitflexibilisierung sehr ernüchternd wirkt: Die Risiken der Flexibilisierung verlagern sich weitgehend auf die Schultern der Beschäftigten und in deren lebensweltliches Umfeld. Flexibilisierung geht oft mit Extensivierung und Entgrenzung einher; das individuelle Leben und die private Lebenswelt werden zum Puffer wachsender betrieblicher Dynamiken und Flexibilitätsanforderungen; Vereinbarkeitsprobleme multiplizieren sich, weil Erwerbstätige ihre flexiblen Zeiten mit denen ihres lebensweltlichen Umfeldes nur noch mühsam in Einklang bringen können; ökonomische und soziale Risiken werden per Flexibilisierung externalisiert, arbeitsweltliche Konflikte zu individuellen Konflikten, Planungssicherheit wird zum Fremdwort; das Verhältnis von Arbeit und Leben muss im KollegInnenkreis, in der Paarbeziehung und Familie, im sozialen Umfeld gemanagt, ausgehandelt und ausgehalten werden (vgl. etwa Kratzer 2003; Hielscher/Hildebrandt 1999; Jürgens 2003).

Auch wenn über den Gestaltungsbedarf, den flexible Arbeitszeiten aufwerfen, und ansatzweise auch über mögliche Ziele und Instrumente inzwischen viele Erkenntnisse vorliegen, herrscht bei der Frage, wie diese denn gegen die Dominanz betrieblicher und ökonomischer Interessen durchzusetzen sind, weitgehend Ratlosigkeit. Flexible Arbeitszeitgestaltung, auch darauf verweisen die empirischen Forschungsbefunde, geht durchgängig auf die Initiative der Unternehmen zurück. Auch wenn andere gesellschaftliche Faktoren wie die steigende Erwerbsquote der Frauen, Wertewandel, stärker individualisierte Lebensformen und Ähnliches als Hintergrund der Arbeitszeitflexibilisierung eine nicht unwesentliche Rolle spielen, so bleiben als maßgebliche Einflussgrößen doch die Strategien von Unternehmen, in denen Arbeitszeitflexibilisierung ein zentrales Mittel zur Bewältigung veränderter Marktanforderungen wird.

Gewerkschaftliche Arbeitszeitpolitik bleibt in der Defensive: dies zeigt sich nicht nur in der Entkoppelung von Arbeitszeitregulierung und Arbeitszeitrealität. Mit der forcierten Arbeitszeitflexibilisierung verbinden sich nicht nur verlängerte Arbeitszeiten, sondern auch eine höhere Intensität der Arbeitsverausgabung.

Die Arbeitsforschung konstatiert, dass beinahe überall Arbeitsdruck, Hektik, Stress und Mehrarbeit an der Tagesordnung sind, und diagnostiziert eine Zunahme insbesondere der psychischen Belastungen und ihrer Folgen: Burn-out, Rückenbeschwerden, Ängste, Depressionen u.a. (vgl. Röttger u.a. 2003; Moldaschl 2003; Pröll/Gude 2003; Fuchs 2003).

Über die »Zeit« in Arbeit und Leben findet gegenwärtig eine breite gesellschaftliche Diskussion statt, die aber weder Leitthema noch Zentrum hat und in der die gewerkschaftliche Arbeitszeitpolitik eine eher marginale Rolle spielt: Wer »Entschleunigung« und »Work-Life-Balance« predigt, unterstützt deswegen noch lange nicht Forderungen nach Arbeitszeitverkürzung oder einer Reduktion der Leistungsdichte; wer über lange Arbeitszeiten und wachsenden Arbeitsdruck stöhnt, bucht eher ein Zeitmanagement-Seminar, als dass er/sie vom Betriebsrat Abhilfe fordert.

Der Stellenwert von Zeit in Betrieb und Gesellschaft hat sich verändert. Dies hat mehrere Gründe, ein wesentlicher liegt in der strategischen Neuausrichtung der Unternehmen in den 1990er Jahren. Die Steuerung von Arbeit in den Unternehmen unterliegt einem radikalen Wandel: Zeit als Maß der Arbeit verliert ihre traditionelle Bedeutung.

Vom Verschwinden der Zeit als Maß der Arbeit

Auf der einen Seite wird die Zeit und »ihre Ökonomie« zu einem immer wichtigeren Wettbewerbsfaktor: In betriebswirtschaftlichen Konzepten wie »just in time« oder »time to market« wird dies sinnbildlich. Die Beschleunigung unternehmerischer Prozesse und ihre zeitökonomische Durchdringung in immer differenzierteren »cost control«-Systemen wird für die Unternehmen zum entscheidenden Mittel, um in der Konkurrenz auf enger werdenden Märkten zu überleben.

Auf der anderen Seite spielt die Zeit in der betrieblichen Organisation und Steuerung von Arbeit eine immer geringere Rolle. Zeit verliert als Maß der Arbeit und ihrer Bewertung und damit als Grundlage der Normierung menschlicher Arbeitsleistung, als »Zeitwirtschaft«, offensichtlich an Bedeutung. Auch die Kontrolle und Regulierung der Zeit im fordistischen Zeitregime als unmittelbarer Taktgeber der Arbeitsverausgabung und als Steuerungsgröße des Personaleinsatzes tritt in den Hintergrund.

Ihre Stelle nehmen Formen der Flexibilisierung des Personaleinsatzes und der Arbeitszeit ein. Diese Lösung aus den »Zwängen der Zeit« ist Folge und Voraussetzung neuer Steuerungskonzepte von Arbeit, in denen das Ergebnis und/oder der Erfolg der Arbeit ins Zentrum rückt.

Je wichtiger die Zeit für die Unternehmen wird, desto mehr stößt die zeitliche Steuerung und Kontrolle der Arbeit an Grenzen. Die Zeit als Maß der Arbeit und die Zeit als unternehmerisches Instrument des Konkurrenzkampfes auf den Märkten scheinen nicht mehr kompatibel.

Wir beobachten, dass die Erfassung und Kontrolle von Arbeitszeit teilweise gänzlich in die Hände des/der einzelnen Beschäftigten gelegt wird. Diese/r verantwortet dann selbständig, wie lange und wann sie/er arbeitet. Dies bedeutet einen radikalen Bruch mit der bisherigen Regulierung der Arbeitszeit. Zugleich verschwimmen die institutionell definierten und kollektiv ausgehandelten Grenzen zwischen Arbeits- und Freizeit und damit ein zentrales Merkmal des industriellen Zeitarrangements moderner Gesellschaften. Hinzu kommt – und das ist noch gravierender –, dass generell die Regulierungen von Arbeitszeit, seien sie betrieblicher, tarifvertraglicher oder gesetzlicher Art, zunehmend von den Beschäftigten selbst nicht mehr eingehalten werden. Auch wenn solch ein Umgang mit Arbeitszeit früher schon bei bestimmten Beschäftigtengruppen zu beobachten war, haben wir es gegenwärtig mit einem neuen Phänomen zu tun, das vor allem in den zurückliegenden zehn Jahren für immer mehr Beschäftigtengruppen an Bedeutung gewonnen hat.

Wir sehen darin ein entscheidendes Problem aktueller gewerkschaftlicher Arbeitszeitpolitik, da dieser Entwicklung allein mit Instrumenten einer Arbeitszeitpolitik nicht mehr sinnvoll begegnet werden kann. Das liegt daran, dass hinter diesen neuen Umgangsweisen mit Zeit radikale Veränderungen in der Organisation von Unternehmen und der Steuerung von Arbeit liegen. Es beginnt sich eine marktzentrierte Organisations- und Produktionsweise durchzusetzen, in der das Verhältnis der Betriebe zu den Märkten quasi umgedreht wird: Absatz- und Finanzmärkte werden zum Bezugspunkt aller unternehmensinternen Prozesse (vgl. Sauer/Döhl in diesem Band; Sauer 2003). Entscheidend ist, dass die Öffnung zum Markt und das Hereinholen des Marktes in die Unternehmen auch die Stellung von Arbeit radikal verändert. Die marktzentrierte Produktionsweise verändert die Art und Weise, wie gesteuert wird.

Dezentrale anstelle hierarchisch-bürokratischer Organisationsformen und eine so genannte *indirekte Steuerung* zielen darauf ab, die Beschäftigten möglichst unmittelbar mit den Anforderungen des Marktes zu konfrontieren und sie selbst für eine Bewältigung des permanenten Marktdrucks verantwortlich zu machen. An die Stelle hierarchischer Anweisung und zeitökonomischer Kontrolle tritt eine prozess- und ergebnisorientierte Steuerung von Arbeit über Zielvorgaben und Kennziffern (vgl. dazu Glißmann/Peters 2001; Kratzer 2003). Man spricht auch von »ergebnis-« oder »marktorientierten« Steuerungsformen, um deutlich zu machen, dass nicht mehr Inputs, also etwa die erbrachte Arbeitszeit, gesteuert und kontrolliert werden, sondern »Outputs«, eben: Umsatzsteigerung, Termineinhaltung, Kundenzufriedenheit etc. (vgl. etwa Menz u.a. 2003; Haipeter 2003).

Selbstorganisation ist die komplementäre Aufgabe der Beschäftigten: Im gegebenen Rahmen (Zielvorgaben, Personalbemessung, Budgets etc.) sollen sie ihre Arbeitsleistung und ihren Arbeitseinsatz mit Blick auf die angestrebten Ziele möglichst selbst organisieren (vgl. Moldaschl 1998; Voß/Pongratz 1998). Dazu brauchen die Beschäftigten mehr Selbständigkeit und eine höhere Autonomie.

Das sind die entscheidenden Veränderungen, die dazu führen, dass in der betrieblichen Steuerung von Arbeit der Parameter Zeit eine zunehmend geringere Rolle spielt. Wir haben es mit einer Entkoppelung von Arbeitszeitorganisation und Leistungspolitik zu tun. Dies heißt gleichzeitig, dass es im Zuge der Selbststeuerung der Beschäftigten zu einer steigenden Individualisierung und Informalisierung von Arbeitszeit kommt.

Betriebliche Entkoppelung von Zeit und Leistung: Individualisierung und Ergebnisorientierung

In der traditionellen Leistungspolitik war Zeit ein marktunabhängiger Referenzpunkt: mit der Definition der Normalleistung im Leistungslohn ebenso wie als Basis des Zeitlohns. Mit markt- und wettbewerbsorientierten Steuerungsformen wird Zeit zunehmend zur abhängigen Variablen einer Leistungsdefinition, die sich an Kosten und betriebswirtschaftlichen Steuerungsgrößen ausrichtet. Leistung wird dadurch vom Ende her definiert: vom wirtschaftlichen Erfolg des Unternehmens. Das Risiko des Scheiterns am Markt wird zumindest zum Teil auf die Beschäftigten übertragen: Sicherheit des Arbeitsplatzes und Verdienstchancen hängen zunehmend vom Abschneiden im Wettbewerb ab. Wir erleben gleichzeitig eine Renaissance des materiellen Entgeltanreizes und der Leistungsentlohnung, und zwar auch dort, wo bislang leistungsvariable Entgeltelemente unbekannt waren. Allerdings geht es um eine Leistungsentlohnung, die die Marktorientierung und das Kostendenken in den Köpfen der Beschäftigten verankern soll. Das zeigt sich in den Faktoren der Leistungsbewertung, in die immer mehr marktorientierte Kennziffern eingehen, oder auch in den Formen der Leistungsbeurteilung. Zielvereinbarungen gelten gegenwärtig als das Instrument, das Leistungsverhalten der Beschäftigten auf geschäftspolitische Ziele auszurichten. Der Entkoppelung von Leistungssteuerung und Arbeitszeitorganisation steht also eine neue Form der Verkoppelung von individueller Arbeitszeit und ökonomischen Erfordernissen und Marktgegebenheiten gegenüber. Gleichzeitig bedeutet dies eine Verschiebung der Regulierungsebene: War die jüngere Vergangenheit durch die wachsende Bedeutung der betrieblichen Ebene gekennzeichnet, so kommt es jetzt innerhalb des Betriebes zu einer Verschiebung in Richtung individueller Aushandlungsprozesse. Der Interessenkonflikt wird zum individuellen Konflikt zwischen Beschäftigten und ihren Vorgesetzten, Kollegen oder auch Kunden. Darüber hinaus kommt es zur Verlagerung dieser Konflikte ins lebensweltliche Umfeld.

Eine Leistungspolitik, die auf den Markt orientiert ist, hat im Prinzip kein Maß mehr, sie ist in der Tendenz schrankenlos. Damit tendiert auch die Leistungsverausgabung dazu, ihre Begrenzungen zu überschreiten: Dies gilt für die Intensität der Leistungsverausgabung wie für die Dauer. Beschäftigte haben manchmal nur noch die Wahl, intensiver oder länger zu arbeiten. Ist die Leistungsdichte bereits hoch, bleibt nur noch die Möglichkeit, Arbeitszeit zu Lasten der Lebenszeit auszudehnen. Das ist der Grund, warum Regulierungen der Arbeitszeit überschritten werden und warum Betriebs- und Personalräte oft keine Chance haben, ihre Einhaltung durchzusetzen.

Die Auseinandersetzung um die Arbeitszeit ist deswegen immer auch eine Auseinandersetzung mit der Leistungspolitik. Die zunehmende betriebliche Entkoppelung von Zeit und Leistung hat für den einzelnen Beschäftigten eher die umgekehrte Wirkung: Je mehr die Zeit aus dem offiziellen und formellen betrieblichen Leistungsgeschehen verschwindet, desto mehr wird der richtige Umgang mit Zeit zur individuellen Aufgabe der Beschäftigten. Dies gilt ja auch generell: In dem Maße, in dem sich das Zeitkorsett, d.h. die Form, in der unsere Zeitverwendung gesellschaftlich und vor allem betrieblich reguliert und genormt ist, auflöst, müssen wir uns selbst um die Organisation und Gestaltung unserer Zeitverwendung kümmern. Die Anforderungen an das »Management der individuellen Zeit« wachsen. In der Konfrontation mit betrieblichen Steuerungsformen, die zunehmend auf »*Arbeiten ohne (Zeit-)Maß*« setzen, sind die Beschäftigten an ihr individuelles Zeitmaß gebunden. Der steigenden »Maßlosigkeit« der betrieblichen Arbeitsanforderungen haben sie nur zeitlich begrenzte individuelle Ressourcen gegenüberzustellen. Der Umgang mit »knapper Zeit« wird zur zentralen Bewältigungsform im Betrieb und im gesamten Leben (vgl. Kratzer 2003).

Für die Beschäftigten ist die Zeit nicht nur das zentrale Maß für die Wahrnehmung und Bewertung von Leistungsanforderungen, sie ist zugleich auch das Scharnier zwischen der betrieblichen Arbeits- und der privaten Lebenswelt. Auch die Verantwortung für die Gestaltung der

Grenzen zwischen Arbeiten und Leben bzw. für die Art und Weise, wie diese beiden Sphären miteinander in Beziehung stehen, liegt mehr und mehr bei den Beschäftigten.

Individuelle Steuerung von Zeit und Leistung: Verschränkung von Arbeit und Leben

Wir vermuten, dass »Zeit« im Gefolge der *Entgrenzung von Arbeit* (vgl. Kratzer u.a. 1998; Kratzer 2003; Kratzer/Sauer in diesem Band, S. 106) eine wachsende Bedeutung erhält. Entgrenzung bedeutet, dass die institutionellen Grenzziehungen, die für den Fordismus-Taylorismus und darüber hinaus für die institutionellen Arrangements des deutschen Produktions- und Sozialmodells konstitutiv und strukturprägend waren (und in weiten Teilen noch sind), einem Erosionsprozess unterliegen: Das betrifft Grenzziehungen zwischen Unternehmen und Arbeitskraft, zwischen Arbeitskraft und Person sowie nicht zuletzt das Verhältnis von (Erwerbs-)Arbeit und Leben.

Neue Steuerungsformen von Arbeit wie indirekte Steuerung und Selbstorganisation verlagern einen Teil der Rationalisierungskompetenz und -verantwortung auf die ausführende Ebene, in letzter Konsequenz auf die einzelne Arbeitskraft. Ergebnis- und Marktorientierung, indirekte Steuerung und Selbstorganisation münden in die Selbstrationalisierung der Beschäftigten, d.h. in das Angebot, aber auch die Anforderung, das Verhältnis von betrieblichen oder marktlichen Anforderungen und den zu ihrer Bewältigung notwendigen Ressourcen selbst herzustellen, auszutarieren. Dazu können, dürfen, müssen die Beschäftigten auf ihre eigenen Ressourcen zurückgreifen – und die Ressource, die am unmittelbarsten zugänglich ist, ist eben ihre »Zeit«. Damit wird betriebliche Zeitwirtschaft individualisiert bzw. – vom Akteur aus betrachtet – »subjektiviert«. Die Beschäftigten mutieren »vom Objekt zum Subjekt der Rationalisierung« (Moldaschl/Schultz-Wild 1994), sind zum unternehmerischen Umgang mit ihrer eigenen Arbeitskraft angehalten (Voß/Pongratz 1998).

Die beobachtbaren Umgangsformen sind vielfältig, lassen sich aber idealtypisch in zwei entgegengesetzte Strategien bündeln (vgl. Kratzer 2003: 126ff.):

Bei der *Selbst-Intensivierung* steht der Versuch im Vordergrund, wachsende Anforderungen im Rahmen einer konstant gehaltenen Arbeitszeit zu bewältigen. Hier dominiert das Bedürfnis, die Arbeitszeit in Grenzen, im Rahmen zu halten und die »freie« Zeit zumindest hinsichtlich ihrer Dauer zu »verteidigen«. Diese Strategie ist, so die empirischen Beobachtungen, insofern ambivalent, als sich dadurch oft die Intensität der Arbeit erhöht und eigentlich positive Anteile der beruflichen Tätigkeit zugunsten der Pflichterfüllung zurückgefahren werden müssen, so etwa das Gespräch mit KollegInnen, die ausführlichere Beratung von KundInnen oder KlientInnen, vernünftige Tests, die Einarbeitung in neue Themen usw. Die Sicherung der Lebensqualität bedeutet u.U. einen Rückgang der Arbeitsqualität (genauer: der Qualität der Arbeit, aber auch der Lebensqualität in der Arbeitswelt). Selbstrationalisierung wird hier nicht nur propagiert, sondern auch tatsächlich im Eigeninteresse betrieben. Salopp formuliert gilt: Wer etwas von seiner »freien« Zeit haben will, der muss seine Arbeit effizienter gestalten. Der Boom der Trainings und Seminare zum Thema »Zeitmanagement« dürfte hier seine Wurzeln haben.

Demgegenüber steht die Strategie der *Selbst-Extensivierung*. Diese ist unseren Erfahrungen nach (vgl. auch Faust u.a. 2000; Baethge u.a. 1995) nicht bloß eine Reaktion auf gestiegene Anforderungen, sondern oft auch der Versuch, Arbeits- und Lebensqualität in der Arbeit zu erhalten oder zu erhöhen. Dieses »Ausweichen in die Zeit« ist auch eine Methode, um die steigenden Anforderungen und Belastungen zu bewältigen. Auch diese Strategie, die hauptsächlich bei Höherqualifizierten und Führungskräften mit jeweils relativ hohen formalen Gestaltungsspielräumen beobachtet werden kann, ist ambivalent, weil sie beinahe zwangsläufig mit Abstrichen am außerbetrieblichen Leben einhergeht. Beide Strategien sind zunächst Idealtypen, die in der Realität häufig gemeinsam auftreten. Das ist dann der Fall, wenn die Arbeitssituation durch beides, Leistungsverdichtung und eine Ausweitung der (z.B. wöchentlichen) Arbeitszeit, gekennzeichnet ist.

Das Zusammentreffen begrenzter Ressourcen und entgrenzter Anforderungen wird am deutlichsten – und genießt entsprechend die größte Aufmerksamkeit – dort, wo unmittelbar das Verhältnis von (Erwerbs-)Arbeit und Leben bzw. Arbeitswelt und außerbetrieblicher Lebenswelt berührt ist. Unter dem nicht immer treffenden Stichwort der Flexibilisierung wird seit Jahren untersucht, wie Veränderungen der Arbeitszeitorganisation auf die Arbeitssituation und insbesondere auf das Verhältnis von Arbeit und Leben wirken (vgl. als Überblick Hildebrandt/Linne 2000; Linne 2002). Dabei geht es um qualitative Aspekte (Lage und Verteilung der Arbeitszeit, Fragen der Vereinbarkeit von Arbeit und Leben, Fragen der Zeitsouveränität oder des Zeitwohlstands etc.) ebenso wie um quantitative Aspekte, insbesondere inwiefern es bei flexibler Arbeitszeitorganisation auch zu einer Verlängerung der täglichen, wöchentlichen oder jährlichen Arbeitszeit kommt.

Deutlich wird in allen Studien, dass die Entwicklung der Arbeitszeit ambivalente Folgen zeitigt:[2] Einerseits erhöht sich unbestreitbar das individuelle Gestaltungspotenzial, die prinzipielle Möglichkeit, auch eigensinnig und selbstbestimmt auf die Arbeitszeit Einfluss zu nehmen. Andererseits weisen viele Studien nach, dass es in der Regel betriebliche Anforderungen und nicht individuelle Bedürfnisse sind, die der Arbeitszeit ihre konkrete Gestalt verleihen.

Mit der Entgrenzung von Arbeit beginnt Arbeit sich von ihren institutionellen Zeiten und Orten zu lösen (vgl. auch Jurczyk/Voß 2000). Die Verantwortung für die Gestaltung der Grenzen zwischen Arbeiten und Leben bzw. für die Art und Weise, wie beide Sphären miteinander in Beziehung stehen, liegt mehr und mehr bei den Beschäftigten. Auch dort, wo der eigene Entscheidungsfreiraum ein bloß theoretischer ist, müssen die Individuen sich mit dieser Möglichkeit auseinander setzen und die jeweilige »Entscheidung« vor sich selbst, gegenüber den »anderen« im Betrieb und vor allem auch gegenüber den »lebensweltlich anderen« legitimieren und rechtfertigen. Arbeit, Arbeitszeit und die Grenze zwischen Arbeit und Leben werden individualisiert – mit einigen Konsequenzen:

Die Arbeit dringt stärker in das Leben ein und das Leben in die Arbeit. Die Grenzen zwischen betrieblich organisierter Erwerbsarbeit und privatem, heim- und familienbasiertem Leben werden unscharf. Gleichzeitig verstärken langfristige soziokulturelle Prozesse (Individualisierung, Pluralisierung, Wertewandel) die Bedürfnisse nach individuellen

---

[2] Generell gilt jedoch: Der »bisherige Forschungsstand zur tatsächlichen Nutzung von individuellen Flexibilisierungsoptionen durch Beschäftigte (ist) äußerst dürftig, wenn es um hochflexible Arbeitszeitsysteme geht« (Promberger u.a. 2002: 112).

und flexibel gestaltbaren Formen einer Verbindung von Arbeit und Leben. Die »alte« Frage nach der Vereinbarkeit von Arbeit und Leben, Familie und Beruf stellt sich in neuem Gewand (vgl. Hochschild 2002; Jürgens 2003; Eberling u.a. 2004). Aber nicht nur für Frauen gilt, dass die Unschärfen der Zeitgestaltung von den Individuen neuartige subjektive Gestaltungsleistungen verlangen: Was früher normativ festgelegt war, muss jetzt individuell bewertet, ausgehandelt und entschieden werden – in der Arbeit wie im privaten Leben. Damit verlagern sich Konflikte aus dem Betrieb in Familien und Partnerschaften und umgekehrt. Es geht dabei nicht nur um das »Austarieren« von Erwerbsarbeit und der dazu erforderlichen Reproduktion, sondern um ein individuelles Abwägen zwischen Ansprüchen an die eigene Arbeit und den Bedürfnissen einer befriedigenden Lebensgestaltung. Bei weiterhin begrenzten Gestaltungsmöglichkeiten gilt es, aktuelle und biografische Prioritäten zu setzen: Zugewinnen an arbeitsweltlicher Qualität stehen meist lebensweltliche Verluste gegenüber – und umgekehrt. Das Ganze ist zwar kein Nullsummenspiel, aber deutlich widersprüchlicher und konfliktreicher, als es der Begriff einer Work-Life-Balance suggeriert (Kratzer/Sauer in diesem Band; Jürgens 2003).

Ein Zwischenfazit: Zeit verliert auch angesichts flexibler Arbeitszeitorganisation mitnichten an Bedeutung, sondern wird im Gegenteil immer wichtiger. Die Individuen bleiben untrennbar an »Zeit« gebunden, (Erwerbs-)Arbeit und erwerbsarbeitsfreie Zeit sind die zentralen Elemente der »subjektiven Zeitordnung«, der zeitlichen Struktur der individuellen Lebensführung (Jurczyk/Voß 2000: 154). Die Veränderungen des betrieblichen Umgangs mit Zeit (Ergebnisorientierung und indirekte Steuerung) und der betrieblichen Zeitordnung (Flexibilisierung) müssen von den Beschäftigten zunehmend selbst mit ihrer je eigenen Zeitordnung und den Erwartungen und Bedürfnissen anderer in Einklang gebracht werden. Zeit erhält eine wachsende Bedeutung als Scharnier zwischen Arbeit und Leben, Produktion und Reproduktion und bleibt als Maß der Bewertung von Arbeit und Leistung unverzichtbar.

Beschäftigungssituation: Rahmen für die betriebliche Steuerung von Zeit und Leistung

Steigende ökonomische Unsicherheit wird vor allem dort, wo die Beschäftigungsverhältnisse prekär sind, und dort, wo Personalabbau droht – und es gibt kaum noch Bereiche, in denen dies nicht der Fall ist –, selbst zum Hebel höherer Leistungsverausgabung. Der Zusammenhang von Beschäftigung und Leistung ist ein so bedeutsamer, dass es verwundert, wie wenig er in der wissenschaftlichen Diskussion explizit thematisiert wird (in der betrieblichen Diskussion stellt sich dies ganz anders dar):

Einerseits wird der Zusammenhang zwischen Beschäftigungs- und Leistungspolitik eher enger – zumindest wenn man Beschäftigungskompromisse eben auch als »Leistungskompromisse« (besser: -zugeständnisse) interpretiert und wenn man die Verkoppelung von Beschäftigungs- mit Rationalisierungsstrategien im Blick hat. Am deutlichsten wird dies sicherlich dann, wenn im Zuge von Reorganisations- oder Fusionsprozessen Personalabbau betrieben oder im Rahmen von Beschäftigungspakten Beschäftigungssicherheit etwa gegen verkürzte oder verlängerte Arbeitszeiten »getauscht« wird. Andererseits führt jedoch gerade diese Formel auch dazu, dass die Leistungspolitik von Gewerkschaftsvertretern, Betriebsräten und möglicherweise auch von den Beschäftigten selbst als zweitrangig eingestuft wird und an Bedeutung verliert bzw. im Rahmen anderer Politikfelder, damit aber auch als etwas anderes diskutiert wird.

Ganz prinzipiell bestimmt die Personalbemessung und der daran orientierte Personaleinsatz wesentlich die Quantität der von den einzelnen Beschäftigten zu bewältigenden Anforderungen, ist mithin ein wesentliches Moment der an sie gerichteten Leistungsanforderungen. Veränderungen in den Personalkapazitäten beeinflussen nachhaltig die Arbeits- und Leistungssituation: Das kann bei Personaleinstellungen Entlastung bedeuten (aber auch Einarbeitung als Zusatzaufwand) oder bei Personalreduktion zu Leistungsverdichtung und/oder Mehrarbeit führen.

Die individuelle Leistungssituation wird auch durch die Beschäftigungspolitik beeinflusst: Struktur der Belegschaft, Bedeutung von Qualifizierung, Anteile von »flexibel« Beschäftigten und »Festangestellten«

usw. Hierzu gibt es relativ wenige Forschungsergebnisse, am ehesten noch in Studien zu betrieblichen »Beschäftigungspakten« oder »-kompromissen« (so etwa Hermann u.a. 1999; D'Alessio u.a. 2000; Hielscher/Hildebrandt 1999). Als Gegenleistung für die Sicherung der vorhandenen Arbeitsplätze bzw. des Standortes werden unmittelbar leistungsrelevante Zugeständnisse gemacht – seien es Lohnkürzungen, Arbeitszeitzugeständnisse oder auch die erklärte Bereitschaft zu Co-Management und Co-Rationalisierung, die in der Regel noch durch die gleichzeitige Einführung neuer, dezentraler und »partizipativer« Steuerungs- und Kontrollformen forciert wird.

Und schließlich generiert die Beschäftigungssituation eines Unternehmens wesentliche Parameter der Leistungsbereitschaft: Personalabbau wirkt (im negativen Sinne) »motivierend« und/oder verunsichernd (dies gilt auch für die so genannten »Survivor« von »Downsizing«-Prozessen, vgl. Weiss/Udris 2001). In einer weiteren Perspektive gilt dies natürlich auch für die (regionale oder sektorale) Arbeitsmarktsituation (vgl. Kratzer 2003). Allerdings gibt es keinen eindeutigen und schon gar keinen deterministischen Zusammenhang zwischen Beschäftigungs- oder Arbeitsmarktsituation und der individuellen Leistungsbereitschaft. Der Verweis auf die vielen Hochqualifizierten, die trotz bester Chancen am Arbeitsmarkt überlang und engagiert arbeiten, mag hier genügen um zu verdeutlichen, dass die Beschäftigungssituation oder auch -politik lediglich ein Rahmen ist, den die betrieblichen Akteure je nach Situation und Interesse sehr unterschiedlich ausfüllen können. Der Zusammenhang wird etwas eindeutiger, wenn man die individuelle Ebene verlässt und auf die Ebene des Unternehmens bzw. der kollektiven Interessenauseinandersetzung geht. Hier spielt die Arbeitsmarktentwicklung bzw. die betriebliche Beschäftigungssituation eine entscheidende Rolle, weil sie den »Kompromiss« grundsätzlich in bestimmte Bahnen lenkt.

Erweiterte Arbeits(zeit)politik

Arbeitszeitpolitik, Leistungspolitik und Beschäftigungspolitik sind traditionelle Felder betrieblicher Gestaltungspolitik. Sie beschreiben jeweils Ausschnitte der betrieblichen Wirklichkeit und haben ihre je eigenen Spezialisten und Spezialisierungen hervorgebracht. Das gilt für die arbeitspolitischen Akteure ebenso wie für die Wissenschaft. Im Rahmen des gegenwärtigen Umbruchs in der Entwicklung von Arbeit werden jedoch die Felder neu gemischt, entstehen Strukturen und Verfahren, die quer zu bislang geltenden Differenzierungen liegen. Beobachtbar ist, so vermuten wir, eine *Verschränkung* der Politikfelder auf betrieblicher Ebene, die die Arbeitsforschung und die Arbeitspolitik in ihren Methoden und Ansätzen bislang noch nicht ausreichend nachvollzogen haben.

Auf der betrieblichen Ebene wird einer isolierten Arbeitszeitpolitik zunehmend der Boden entzogen: Arbeitszeitfragen sind Beschäftigungs- und Leistungsfragen. Nicht alles, was als eine Frage der »Zeit« thematisiert wird, beruht ursächlich auf Veränderungen der Zeitorganisation, vieles geht auf neue leistungspolitische Konzepte zurück. Und: Leistungsfragen werden vielfach als Beschäftigungsfragen diskutiert: als Fragen der Personalkapazitäten, der Beschäftigungssicherung etc.

Bislang getrennte Politiken werden verschränkt und eingebunden in eine neue Form der Steuerung von Arbeit. Diese wird in unmittelbarerer Weise als früher an ökonomische, marktliche Orientierungsgrößen geknüpft. Die internen betrieblichen organisatorisch-technischen Strukturen, früher Parameter betrieblicher Steuerung und Bezugspunkte arbeitspolitischer Gestaltung, verlieren tendenziell ihren Stellenwert als Filter oder Puffer zwischen Marktanforderungen und Arbeit. Arbeitsgestaltung im klassischen Sinn, als Einflussnahme auf die Gestaltung von Organisationsformen und Technikeinsatz, den Aktionsfeldern der betrieblichen Gestaltungspolitik in den 1970er und 80er Jahren, verliert an Bedeutung. Die traditionellen arbeitspolitischen Instrumente, auf die der Betriebsrat Einfluss hat, sind vielfach kapazitätsorientiert und auf die technischen Bedingungen von Arbeitssystemen bezogen. Sie greifen zunehmend ins Leere, da neue Parameter in Form markt- und konkurrenzbezogener Kennziffern und Benchmarks die neuen Steuerungsformen prägen. Diese Parameter liegen bislang weitgehend außerhalb des Gestaltungsbereichs betrieblicher Interessenvertretung, aber auch der Beschäftigten selbst.

Der Druck von außen erhält den Charakter von Naturgesetzen: Kundenanforderungen, Marktentwicklung, Kurswert des Unternehmens, Kosten-Ertrags-Relation, Benchmark-Ergebnisse u.Ä. erscheinen als objektive Daten, auf die niemand Einfluss hat (vgl. Kratzer 2003: 261ff.). Sie sind gleichzeitig die Parameter indirekter Steuerung, andere Stellschrauben verlieren an Bedeutung. Meist ist jedoch nicht transparent, wie die jeweiligen Kennziffern zustande kommen und was sie im Einzelnen bedeuten. Da ihre Interpretation entscheidende Bedeutung gewinnt, stellt sich die Frage, wer konkret die Interpretationsmacht besitzt. Es lohnt sich auf alle Fälle zu prüfen, wie mit objektiven Kennziffern im Betrieb Politik gemacht wird, um zu prüfen, ob und wie damit eventuell auch Gegenpolitik gemacht werden kann. Dazu müsssen die tatsächlichen Spielräume und alternativen Handlungsmöglichkeiten geklärt werden, die hinter der *Scheinobjektivität des Marktdrucks* vorhanden sind. Die Widersprüche im betrieblichen Management sind ja nicht weniger, sondern eher mehr geworden. Hier die Einfluss- und Mitbestimmungsmöglichkeiten auszuweiten bleibt sicher schwierig, aber dies wäre notwendig, um die arbeitspolitische Ohnmacht bei Arbeit unter indirekter Steuerung zu durchbrechen.

Schließlich erhält bei indirekter Steuerung das Prinzip der Selbstorganisation einen neuen Stellenwert. Es soll die Beschäftigten zu unternehmerischem Handeln auffordern.

Damit werden in erweiterter Weise subjektive Ressourcen gefordert, d.h. kreative und problemlösende Fähigkeiten sowie Motivation und Engagement. Gleichzeitig bedeutet dies eine Verschiebung der Regulierungsebene in Richtung individueller Aushandlungsprozesse. Der Interessenkonflikt wird zum individuellen Konflikt zwischen Beschäftigten und ihren Vorgesetzten, KollegInnen oder auch KundInnen. Der/die Beschäftigte erhält nicht nur die Verantwortung für die individuelle Steuerung seiner/ihrer Leistungsverausgabung, sondern wird auch zum Subjekt der Aushandlung leistungspolitischer Ziele. Damit verändert sich auch die Rolle der kollektiven Interessenvertretung, der Betriebsräte wie der Gewerkschaften: Sie handeln nicht mehr stellvertretend für die Beschäftigten. Sie setzen zwar weiterhin durch die Aushandlung kollektiver Regelungen Rahmenbedingungen für das *individuelle Interessenhandeln*, aber bei deren Umsetzung sind sie an das aktive Handeln der individuellen Beschäftigten gebunden. Umgekehrt bleibt die Durchsetzungsmacht individuellen Interessenhandelns an die Formulierung und Organisierung gemeinsamer Interessen gebunden. Beide Seiten sind damit aufeinander verwiesen: Die früher von vornherein gesetzte Identität individueller und kollektiver Interessen ist nicht mehr selbstverständlich, sie muss jeweils aktiv hergestellt werden.

Gewerkschaftliche Arbeitszeit- und Leistungspolitik steht angesichts dieser Entwicklung vor radikalen Herausforderungen: Leistungsbegrenzung und Arbeitszeitgestaltung müssen unmittelbarer als bisher an den individuellen Interessen ansetzen. Höhere Eigenverantwortlichkeit, höhere Qualifikations- und Kompetenzanforderungen enthalten auch Chancen individueller Entfaltung, die von den Beschäftigten als positiv wahrgenommen und erlebt werden. Sie kommen den gewandelten Arbeits- und Erwerbsorientierungen vor allem jüngerer Beschäftigter entgegen. Wenn diese Versprechen der Selbstorganisation nicht eingelöst werden, wenn der Verantwortungsdruck und die realen Entscheidungsmöglichkeiten nicht übereinstimmen, wenn mengenmäßige Überforderung befriedigendes Arbeiten nicht mehr zulässt, die Vereinbarkeit von Arbeit und Leben nicht mehr als Privileg, sondern zunehmend als Dilemma erfahren wird, dann entstehen *subjektiv erfahrbare Widersprüche*. Diese werden dann noch drastischer, wenn sie auf Gesundheit, Psyche und soziale Beziehungen durchschlagen, wenn Vereinsamung droht und die Regeneration nicht mehr gelingt. Meist steht die negative Seite im Vordergrund, die Risiken und Gefahren. Die Widersprüche haben jedoch auch eine positive Seite, tatsächliche Potenziale individueller Entfaltung und Selbstverwirklichung in der Arbeit. Dies zu erreichen und Widerstände, die dem entgegenstehen, zu überwinden, d.h. die positiven Ziele neuer Autonomie und Selbständigkeit ernst zu nehmen – solche Überlegungen müssten in Zukunft noch stärker in die Arbeitspolitik Eingang finden. Auf alle Fälle sind die angestoßenen Reflexions- und Verständigungsprozesse auf der individuellen Ebene eine zentrale Handlungsperspektive. Sie sind die Basis für weiter reichende politische Initiativen.

Wenn die individuellen Interessenlagen der Beschäftigten nicht nur wichtiger werden, sondern sich die Interessen stärker als früher mit *lebensweltlichen Maßstäben* »aufladen«, dann gerät die private Lebensgestaltung in den Fokus von Arbeitspolitik. Bereits heute erwächst Kritik und Widerstand gegen die Verhältnisse in der Arbeit stärker als früher aus einer lebensweltlichen Perspektive (vgl. die diversen Zeitdebatten, Initiativen wie »Arbeiten ohne Ende« u.a.). Orientierungen an einem gewünschten »normalen Leben« werden zu Maßstäben für die Bewertung von Arbeit. Aber es geht auch in die andere Richtung: Die Ansprüche an »gute Arbeit« verbinden sich stärker als früher mit lebensweltlichen Eigenschaften (Kommunikation, Emotionalität), die »*Sinnperspektiven*« *in der Arbeit* gewinnen damit ein neues Profil.

Arbeitspolitik, die die Lebensinteressen, d.h. die Interessen der Individuen an einem guten Leben in die Bewertung und Gestaltung von Arbeit einzubringen versucht, steht gegenwärtig vor einem mühsamen Neuanfang. Wenn es dabei jedoch gelänge, neue Qualitätsdimensionen von Arbeit gegenüber marktzentrierten Ansprüchen und Steuerungsformen in Stellung zu bringen, könnten die Chancen wachsen, die gegenwärtige Ohnmacht zu durchbrechen und Arbeitspolitik wieder stärker in die Offensive zu bringen.

Arbeit im Übergang
Umbrüche, Widersprüche und neue Politikansätze

Arbeitsforschung und gesellschaftliche Zeitdiagnose

»Verlust der Diagnosefähigkeit« – so könnte man das Ergebnis der in den letzten Jahrzehnten geführten Diskussion über die vermeintliche oder wirkliche Krise der Arbeitsforschung im weiteren Sinne und der Industriesoziologie im engeren Sinne zusammenfassen. Noch vor über 30 Jahren war es durchaus üblich, Prognosen zu einzelnen Entwicklungslinien von Arbeit zu formulieren. Die Entwicklung von Arbeit und Technik schien sich in einigermaßen stabilen Korridoren zu bewegen: In den 1970er Jahren, noch unter dem Vorzeichen fordistischer Produktionsmethoden, waren die prognostizierten Aussichten für Industriearbeit – die damals im Zentrum stand – eher negativ. In den 1980er Jahren, zu Zeiten der technologischen Gestaltungseuphorie und der arbeitsorganisatorischen Umgestaltung, schlug das Pendel eher in eine positive Richtung, bis hin zu Prognosen vom »Ende der Arbeitsteilung«. Spätestens in den 1990er Jahren war es dann, zumindest was die seriöse Arbeitsforschung betraf, vorbei mit einigermaßen klaren Aussagen zur zukünftigen Entwicklung von Arbeit. Auf Heterogenität und Ambivalenzen in der Entwicklung von Arbeit reagierte die Arbeitsforschung mit der These einer »neuen Unübersichtlichkeit«, die sie mit einer entsprechenden Pluralisierung, Differenzierung und damit Erweiterung der Forschungsansätze zu bewältigen suchte. Die notwendige Ausweitung der Analyseperspektiven hat jedoch zur Diffusität der Arbeitsforschung selbst beigetragen, mit entsprechenden Konsequenzen für die öffentliche gesellschaftliche Debatte.

Dem entspricht die Rede von einer De-Thematisierung von Arbeit. Die Gründe dafür sind vielfältig, wesentliche liegen auch in der Entwicklung von Arbeit selbst: Die radikalen Umbrüche in der gesellschaftlichen Organisation von Arbeit und damit der strukturelle Wandel von Arbeit in den letzten zehn bis fünfzehn Jahren haben die Arbeitsforschung, wie die Arbeitspolitik, vor schwer zu bewältigende Herausforderungen gestellt. Traditionelle, am Fordismus und Taylorismus orientierte Forschungskonzepte und Methoden, wie auch die traditionellen Instrumente der Regulierung von Arbeit, verloren ihre Erklärungskraft bzw. ihre Wirksamkeit.

Doch nicht nur die Wissenschaft, auch die politischen Akteure sind verunsichert und mehr oder weniger ratlos. Für die Gewerkschaften ist etwas Entscheidendes passiert: Sie sind spätestens seit Beginn der 1990er Jahre – wahrscheinlich schon etwas früher – vollends in die politische Defensive geraten. In fast allen arbeitspolitischen Fragen hat die Gegenseite, haben die Unternehmer und Berater mit ihren Gestaltungskonzepten die Initiative übernommen. Heute steht Arbeitspolitik und insbesondere gewerkschaftliche Arbeitspolitik in einem zermürbenden, immer aussichtsloser erscheinenden Abwehrkampf. In der täglich zunehmenden Zahl von betrieblichen Erpressungsversuchen werden Stück für Stück Elemente »guter Arbeit«, wie z.B. die Verkürzung von Arbeitszeiten, die Regelung von Pausen und Überstunden und vieles andere mehr, gegen eine befristete Beschäftigungssicherung eingetauscht. Man könnte auch sagen, in diesen betrieblichen Pakten – aber auch in Tarifverträgen – findet gerade ein Ausverkauf mühsam erkämpfter Arbeitnehmerrechte statt. Die Qualität der Arbeit steht zwar durchaus im Brennpunkt der alltäglichen Auseinandersetzung, aber nicht im positiven Sinn. Wer sich heute »gute Arbeit« auf die Fahne schreibt, meint eigentlich, dass es gilt, sich gegen »schlechte Arbeit« zu wehren.

Parallel zu diesen Entwicklungen beobachten wir – in den letzten Jahren verstärkt – zunehmend restriktivere Forschungsmöglichkeiten und den teilweise massiven Abbau der Arbeitsforschung. Institute müssen schließen, Lehrstühle werden abgebaut, zunehmend verschwindet die Widmung Arbeit aus den Lehrstuhlbezeichnungen und den Institutstiteln. Es öffnet sich die Schere zwischen immer restriktiveren Forschungsmöglichkeiten und empirischem und theoretischem Analysebedarf.

Die Arbeitsforschung kann dieser Entwicklung nur dann entrinnen, wenn es ihr gelingt, die alte Frage nach der gesellschaftlichen Zentralität von Arbeit in neuer Weise wieder aufzugreifen. Sie wird nur dann einen Beitrag zur Re-Thematisierung von Arbeit leisten, wenn sie selbst in stärkerem Maße zeitdiagnostische Perspektiven verfolgt, die den gesellschaftlichen Formwandel von Arbeit in den Blick nehmen. So wichtig es ist, die Ausdifferenzierung von Arbeit jenseits der Erwerbsarbeit, von Hausarbeit, ehrenamtlicher Arbeit und vielen anderen gesellschaftlichen Bereichen zu analysieren, so wird doch die gesellschaftliche Organisation von Arbeit im Kapitalismus weiterhin von der Form der Erwerbsarbeit dominiert, deren zentrale Bedeutung für die große Mehrheit der Bevölkerung nicht ab-, sondern eher zugenommen hat. Dies gilt nicht nur quantitativ: Trotz abnehmendem Erwerbsarbeitsvolumen steigt die Zahl der Menschen, deren Existenz von der Erwerbsarbeit abhängig ist. Gleichzeitig wächst auch kognitiv im Bewusstsein der Menschen die Bedeutung von Erwerbsarbeit gerade dann, wenn das Erwerbsarbeitsvolumen knapper wird (»Hauptsache Arbeit«). Noch entscheidender ist, dass der Formwandel von Erwerbsarbeit verstärkt auch auf andere Felder nicht erwerbsförmig organisierter Arbeit ausstrahlt: Die sich verändernden Organisationsprinzipien in der Erwerbsarbeit prägen zunehmend auch andere gesellschaftliche Bereiche (Ökonomisierung der Gesellschaft).

Der Umbruch in der Arbeit – von manchen lange Zeit geleugnet – ist heute eine weitgehend allgemein akzeptierte Tatsache. Dass dieser Umbruch ein tiefgreifender gesellschaftlicher Umbruch ist, dass sich mit ihm die Transformation eines europäischen und spezifisch deutschen Produktions- und Sozialmodells vollzieht, ist gerade in den letzten Jahren deutlich geworden. Auf diesen qualitativen Wandel der Erwerbsarbeit richtet sich im Folgenden mein Augenmerk.

Zeitdiagnose 1: Periodisierung des Umbruchs

Nach einer ersten Phase der Entdeckung der Krise in den 1970er Jahren und einer Inkubationszeit in den 80ern, die von Suchprozessen und der partiellen Umsetzung neuer Strategien gekennzeichnet ist, können die 90er Jahre als »Umschlagphase« bezeichnet werden. Hier wird die Krise in vollem Umfang manifest und gleichzeitig setzen sich neue Strategien der Anpassung an die Krise, insbesondere neue Rationalisierungsleitbilder und -konzepte, flächendeckend durch. Beispiele dafür sind systemische bzw. prozess- und netzwerkorientierte Rationalisierungsansätze (Altmann u.a. 1986), oder die neuen Produktionskonzepte mit dem Leitbild der Aufwertung von Produktionsarbeit (Stichwort »Ende der Arbeitsteilung?«, Kern/Schumann 1984), die alle schon in den 80er Jahren entdeckt und partiell implementiert wurden. Aber erst Anfang der 90er, nach einem tiefen Kriseneinschnitt, setzten sich sowohl Konzepte einer neuen Arbeitsteilung – Stichworte: flache Hierarchien, partizipatives Management – als auch Vernetzungskonzepte (meist auf der Basis weiterentwickelter Informationstechnologien) in breitem Umfang durch (Sauer u.a. 2005). Ähnliches gilt für die Tendenz einer Flexibilisierung von Arbeit: Sowohl die Erosion des Normalarbeitsverhältnisses wie die Flexibilisierung der Arbeitszeiten wurden Mitte der 80er Jahre entdeckt und breit debattiert (Mückenberger 1986), aber erst in den 90er Jahren forciert vorangetrieben. Ähnliches gilt auch für die so genannten Megatrends wie Globalisierung, Informatisierung und Tertiarisierung, die zwar säkularen Charakter haben, aber sich in den 90er Jahren mit dem institutionellen Umbruch eines Produktions- und Sozialmodells verbanden und auf diese Weise einen qualitativen Schub erfuhren. Schließlich lässt sich auf der Ebene der gesellschaftlichen Legitimationsmuster ein Umschlag feststellen: Mit der Durchsetzung eines »kulturellen Neoliberalismus« erhalten Maßnahmen einer politischen Deregulierung ebenso wie die Restrukturierung von Unternehmen und Arbeitsformen ein legitimatorisches Fundament. Dem entspricht die These der Alternativlosigkeit des in den 90er Jahren eingeschlagenen Weges, die die Rückkehr zum Alten diskreditiert (»Betonköpfe« und »Blockierer«) und mit Reform- und Innovationsmetaphern die weitergehende Anpassung an die Krise als unausweichlich darstellt.

Zeitdiagnose 2: radikale Vermarktlichung

Auch wenn es zur Charakterisierung des gegenwärtigen Umbruchprozesses als Übergangsphase und auch zu den einzelnen Merkmalen unterschiedliche Bewertungen gibt, so ist die Übereinstimmung relativ groß, wenn es um ein übergreifendes Entwicklungsmerkmal geht: Eine weitergehende Vermarktlichung scheint generell die Entwicklung moderner kapitalistischer Gesellschaften zu bestimmen.

Ökonomische Restrukturierungsansätze, betriebliche Rationalisierungsleitbilder und kulturelle Legitimationsmuster verdichten sich in den 1990er Jahren zu einem ineinander greifenden Muster der Anpassung an die Krise des Fordismus, dessen innerer Kern eine »forcierte Vermarktlichung« der gesellschaftlichen Organisation von Arbeit ist (vgl. dazu Bechtle/Sauer in diesem Band und die Beiträge in Dörre/Röttger 2003). Markt als generelles Steuerungs-, Organisations- und Allokationsprinzip gehört natürlich schon immer zu den zentralen Konstituanten kapitalistischer Gesellschaften. Was neu ist und die gegenwärtige Entwicklung charakterisiert, ist eine neue Stufe der Vermarktlichung, ihre Radikalisierung. Markt wird dabei oft nur als Metapher verwendet, die etwas anderes meint, nämlich eine weitergehende Durchsetzung der kapitalistischen Verwertungslogik und des Konkurrenzprinzips oder ganz generell eine weitergehende Ökonomisierung aller gesellschaftlichen Bereiche. Etwas präziser lässt sich die Vermarktlichung in ihrem Kern fassen, im Verhältnis von Markt und Betrieb und Markt und Organisation: Hier kehrt sich das fordistische Verhältnis um, an die Stelle einer Abschottung der Produktions- gegenüber der Marktökonomie wird nun der Markt zum Bezugspunkt aller unternehmensinternen Prozesse. Auf den Absatzmärkten sind dies die Kunden, die Spezifika des Produkts und der Preis. Auf den Kapital- und Finanzmärkten sind das die Erwartungen der Investoren, ihre Renditemargen und der Kurswert auf den Aktienmärkten.

Die Herstellungsprozesse in den Unternehmen werden zur abhängigen Variablen. Das produktive Kapital wird zum Anlageobjekt des zinstragenden oder spekulativen Kapitals. Auch die Ressource Arbeitskraft wird in Herstellungsprozessen als Kostenbestandteil zur abhängigen Variable. Das Einkommen wird, je marktabhängiger der Lohn wird, zu einer Restgröße, der Gewinn als Renditemarge zum Ausgangspunkt. Konkret zeigt sich Vermarktlichung in

- marktorientierten Kennziffern zur Steuerung und Bewertung von Unternehmen (Accounting- und Controlling-Systeme),
- der Ausrichtung der Prozesse am Kunden,
- einer flexiblen Beschäftigungsorganisation mit wachsenden und schrumpfenden Belegschaften (bedarfsgerechte Personalanpassung), auch mit virtuellen Belegschaften,
- einer flexiblen Arbeitszeitorganisation, in der die individuellen Arbeitszeiten in Lage, Dauer und Verteilung variieren, Stichwort »atmende Fabrik«,

- einer ergebnis- und erfolgsorientierten Leistungspolitik, in der Leistung und Lohn zunehmend vom menschlichen Aufwand abgelöst und mit dem am Markt erzielten Ergebnis verkoppelt werden – Instrumente dazu sind Zielvereinbarungen, Entgeltvariabilisierungen, Leistungsdifferenzierungen,
- einer Arbeitsorganisation, die in gegebenem Rahmen von Zielvorgaben, Personalbemessung, Budgets etc. die Selbstorganisation der Beschäftigten zum Prinzip macht (unternehmerisches Handeln in dezentralen Organisationsformen; Projektorganisation).

Der übergreifende Prozess einer Vermarktlichung erfasst nicht nur Unternehmen und Arbeit, sondern auch öffentliche Bereiche, insbesondere wohlfahrtsstaatliche Einrichtungen und die private Lebenswelt bis hin zur Familie.

Zeitdiagnose 3: neues Verhältnis von Vermarktlichung und Individualisierung

Die Übergangsphase ist generell von einem neuen Verhältnis von Vermarktlichung und Individualisierung bestimmt. In den neuen Steuerungsformen von Arbeit wird die individuelle Arbeitskraft unmittelbar mit Markt- und Kundenanforderungen konfrontiert. Selbstorganisation, Ergebnisorientierung und flexible Arbeitszeiten u.a. bauen die bisherigen institutionellen Puffer zwischen Individuum und Markt ab. Entscheidend wird der individuelle Umgang mit der wachsenden Dynamik von Markt- und Kundenanforderungen. Damit wird auch die Wahrnehmung von Chancen und der Umgang mit Risiken, die sich daraus ergeben, in stärkerem Maße von den jeweils vorhandenen individuellen Ressourcen abhängig.

In den neuen Steuerungsformen von Arbeit wird die individuelle Arbeitskraft unmittelbar mit Markt- und Kundenanforderungen konfrontiert. Individualisierung, als Zeitdiagnose früher vor allem auf die private Lebenswelt und die private Lebensführung bezogen, kehrt offensichtlich in die Ökonomie zurück. In den Kernbereichen von Ökonomie und Arbeit kommt es zu einer forcierten Individualisierung von Arbeits- und Beschäftigungsbedingungen und damit auch der Chancen und Risiken. Damit kehrt auch das Subjekt in die Ökonomie zurück: Die These der

Subjektivierung von Arbeit bedeutet zum einen, dass subjektive Potenziale und Ressourcen in erweiterter Weise vom Betrieb gefordert und vereinnahmt werden. Andererseits bedeutet es aber auch, den Anspruch der Individuen nach mehr Entwicklungschancen, mehr Partizipationsmöglichkeiten, mehr Erlebnisqualität auch und gerade in der Arbeitswelt. Vermarktlichung und Individualisierung finden heute offensichtlich nicht mehr in getrennten Sphären statt, sondern beide in der Arbeits- und Lebenswelt.

Instabile Dynamik und heterogene Struktur der Übergangsphase

Die gegenwärtige Entwicklung von Ökonomie und Arbeit kann als eine Übergangsphase betrachtet werden. Wir gehen nicht davon aus, dass sich gegenwärtig die Herausbildung einer neuen Formation beobachten lässt, die ähnlich stabil wäre wie das Produktions- und Sozialmodell der Fordismus. Wir sprechen aber von einer Übergangshase, weil die gegenwärtige Entwicklung bei aller Gerichtetheit durch Instabilität, Heterogenität, Widersprüchlichkeit und Konflikthaftigkeit gekennzeichnet ist. Der Begriff des »Übergangs« bringt zum Ausdruck, dass wir es mit einem Prozess gesellschaftlicher Entwicklung zu tun haben, der durch Instabilität und neuartige Spannungsverhältnisse gekennzeichnet ist, deren Folge die reflexive, auf Dauer gestellte Restrukturierung ist.

Es wird deutlich, dass die sich in den 1990er Jahren durchsetzenden Formen einer institutionellen Entgrenzung von Ökonomie und Arbeit Momente ihrer Begrenzung in sich aufgenommen haben, d.h. sich in Formen durchsetzen, die der Beharrlichkeit der Strukturen und auch der Widerstände der Akteure Rechnung trägt. Die 90er Jahre zeichnen sich ja auch dadurch aus, dass es zu einem immer rascheren Wechsel von Managementkonzepten, so genannten »Moden der Reorganisation«, kommt, dass wir arbeitspolitische Fortschritte und Rücknahmen erleben und dass zwischen Boom und Krise kaum noch zu unterscheiden ist. Klaus Dörre hat das Bild der »Pendelschläge« in die Restrukturierung eingebracht, mit denen er die Instabilität und Widersprüchlichkeit des neuen Rationalisierungsparadigmas zum Ausdruck bringen wollte. Auch der Begriff des »Rollbacks« gehört gerade heute wieder zum häufig verwendeten Vokabular, wenn die aktuelle Entwicklung charakterisiert werden soll. Entscheidend ist jedoch, dass all diese Bewegungen um einen Trend oszillieren, der trotz partieller Rücknahmen und Rückschlägen anhält. Das Pendel schwingt zwar hin und her, es kehrt aber nicht zum Ausgangspunkt zurück. Es findet keine Rückkehr zum Alten statt.

Wir haben es gegenwärtig nicht nur mit einer instabilen Situation zu tun, sondern auch mit wachsenden Unterschieden: Zum einen mit einer Pluralisierung und Differenzierung der Erwerbsarbeit, zum anderen aber auch mit einer Polarisierung, d. h. mit einer eindeutigen Zuspitzung von Ungleichheiten (vgl. dazu Kratzer 2004).

Das liegt zunächst einmal daran, dass Tendenzen einer Vermarktlichung sich in einzelnen Branchen sehr unterschiedlich durchsetzen und für einzelne Beschäftigtengruppen sehr unterschiedliche Konsequenzen haben. Dezentrale kundenorientierte Dienstleistungsbereiche werden sehr viel schneller und stärker erfasst, als komplexe immer noch hochkonzentrierte Produktionsbereiche. Wir haben es deswegen mit Ungleichzeitigkeiten zu tun, so z.B. mit dem Fortbestand tayloristischer Arbeitsstrukturen, wie auch mit Rücknahmen, wie die Debatte um retaylorisierte oder re-konventionalisierte Arbeitsstrukturen zeigt.

Flexible Erwerbsformen reichen von den modernen Tagelöhnern bis zu erfolgreichen Gründern neuer Unternehmen. Flexibilisierung der Arbeitszeit führt nicht nur zu einer Vielzahl der Arbeitszeitmuster, sondern auch zu einer eindeutigen Polarisierung: Eine wachsende Gruppe arbeitet immer länger, eine ebenso wachsende immer kürzer. Eine andere Gruppe, die zwischen 30 und 40 Stunden arbeitet, schrumpft. Damit haben wir es mit einer eindeutigen Polarisierung und zwar entlang vor allem von Geschlecht und Qualifikationsniveau zu tun. Der Gruppe der Beschäftigten in selbstorganisierten Arbeitsformen mit wachsender Verantwortung und größeren Entwicklungsperspektiven stehen Beschäftigte gegenüber, die weiterhin oder auch zunehmend in restriktive Arbeitsvollzüge eingebunden sind.

Charakteristisch für die Übergangsphase scheint das Nebeneinander von Menschen ohne Arbeit zu sein, die an den gesellschaftlichen Rand gedrängt sind, und Menschen, die »ohne Ende arbeiten« und deren Gesundheit dabei Schaden nimmt. Ebenso charakterisierend ist das zunehmende Nebeneinander von prekären Beschäftigungsverhältnissen und weitgehend selbstverantwortlichem Arbeiten mit hohen individuellen

Freiheiten. Die Spaltungslinien in den Belegschaften sind zum Teil die alten, aber sie werden tiefer und instabiler. Auch die traditionellen Sicherheiten der Mittelschichten (vom Produktionsfacharbeiter und qualifizierten Angestellten bis zu Hochschulabgängern) lösen sich auf.

Widersprüche und Grenzen einer radikalisierten Marktökonomie

Nimmt man die zeitdiagnostische Deutung einer gesellschaftlichen Umbruch- und Übergangsphase ernst, dann heißt das, nicht nur das dominante Merkmal einer Vermarktlichung ernst zu nehmen, sondern auch die Merkmale ihrer Instabilität und Konflikthaftigkeit.

Ein kapitalismustheoretischer Versuch, die Übergangsphase begrifflich zu fassen, müsste an der abstrakten Widerspruchstruktur kapitalistischer Gesellschaft ansetzen, am Verhältnis schrankenloser Kapitalverwertung und ihren produktiven stofflichen Grundlagen als ihrer Grenze, die es beständig zu überwinden gilt (»Schrankenlosigkeit in Grenzen«). Übergang ist dann als historische Phase zu bestimmen, in der historisch geronnene gesellschaftliche Lösungsformen dieses Widerspruchs, wie sie auch der Fordismus darstellt, in Bewegung geraten, die Widersprüche manifest werden und sich »entwickeln«.

Betrachten wir vor diesem Hintergrund ein Kernstück der hier skizzierten gesellschaftlichen Zeitdiagnose, das Verhältnis von Vermarktlichung und Individualisierung, so lässt sich darin diese widersprüchliche Struktur identifizieren:

Vermarktlichung als Radikalisierung der Marktökonomie sprengt das fordistische Verhältnis von Betrieb und Markt und von Organisation und Markt auf. Es überwindet die in der fordistischen Produktionsökonomie gesetzten Grenzen der Verwertung von Kapital, revolutioniert die technischen und organisatorischen Grundlagen (z.B durch Informatisierung) und löst die Nutzung von Arbeitskraft aus ihren institutionellen und motivationalen Grenzen (Subjektivierung). Die in den technischen und organisatorischen Grundlagen der fordistischen Produktionsökonomie gesetzten Grenzen – und damit auch die Grenzen der Nutzung von Arbeitskraft – werden als Schranken definiert, die es zu überwinden gilt. Die damit gesetzte tendenzielle Ablösung der Verwertung von den produktiven technisch-organisatorischen Grundlagen verspricht keine stabile Entwicklung.

Mit der Dominanz der Wettbewerbsfähigkeit im Kalkül für Unternehmensstrategien tritt die produktionsorientierte Rationalität in den Hintergrund. Konkurrenzbedingungen auf den Absatzmärkten und Renditeerwartungen der Investoren stellen die von technischen und organisatorischen Faktoren bestimmte Effizienz ständig in Frage. Die finanzgetriebenen kurzfristigen Renditeerwartungen gefährden die langfristigen Grundlagen von Unternehmen. Das hat nicht zuletzt das Beispiel der New Economy-Krise gezeigt. Dies wird gegenwärtig auch in den Auseinandersetzungen im Management und dessen Fraktionierung deutlich.

Auf der Seite von Arbeitskraft bedeutet dies nicht nur die Tendenz einer schrankenlosen Nutzung, wie dies in den diversen Analysen zur Entgrenzung von Arbeit oder zu ihrer Re-Kommodifizierung empirisch belegt wird, sondern auch die Rückkehr des Subjekts in die Ökonomie. Die im Fordismus auf der Basis ökonomischer (Einkommen) und wohlfahrtsstaatlicher Absicherung hervortretende Tendenz einer Individualisierung im lebensweltlichen Bereich, wird jetzt zur Voraussetzung für die Bewältigung von Anforderungen, die sich aus der Unmittelbarkeit des Marktes für die Arbeit ergeben. Die Tendenz der Schrankenlosigkeit und Maßlosigkeit negiert die stofflichen Grundlagen von Arbeitskraft in der Arbeit, wie auch die Bedingungen ihrer Reproduktion. Existenzielle Unsicherheit und Prekärität von Arbeit auf der einen Seite und zunehmende Überforderung durch maßlose Ausdehnung der Arbeitszeit und zunehmende Intensivierung in der Arbeit auf der anderen Seite sind die sichtbaren Konsequenzen. Die Tendenz der Schrankenlosigkeit oder Maßlosigkeit bedeutet jedoch nicht, dass damit die Grenzen verschwinden: Und zwar sowohl die Grenzen in den stofflich-technischen Grundlagen der Produktion, wie die Grenzen in der Nutzung lebendiger Arbeit.

Schrankenlosigkeit zielt jedoch auch auf eine Verschiebung der Grenze, zielt auf ein neues Niveau in der Nutzung der gesellschaftlichen Produktivkräfte. In der aktuellen Debatte sind es vor allem zwei produktive Potenziale, die die Zukunft der gegenwärtigen Übergangsphase bestimmen werden: Die Informatisierung und die Subjektivierung von Arbeit. Von ihrer Entfaltung wird es abhängen, inwieweit das progressive Moment, das in den Vermarktlichungs- und Individualisierungstendenzen in der gegenwärtigen Übergangsphase liegt, sich entfalten kann. Und hier kommt die Politik ins Spiel, denn das Verhältnis von Schrankenlosigkeit und Grenzen ist immer auch von den politischen Kräfteverhältnissen bestimmt. Denn neben den immanenten ökonomischen Grenzen sind es vor allem die politisch wirksam werdenden sozialen und moralischen Grenzen, die die Entwicklung der Widersprüche in der Übergangsphase beeinflussen. Politik heißt deswegen, gesellschaftliche und individuelle Umgangsweisen mit der der Vermarktlichung und Individualisierung inhärenten Maßlosigkeit zu finden. Und das in doppelter Weise: in der Begründung notwendigen Widerstands wie in der Bestimmung von progressiven Ansatzpunkten einer Arbeitspolitik in der Übergangsphase. Grenzen setzen und Potenziale entwickeln sind dabei die entscheidenden Anforderungen an Politik, die nicht gegeneinander ausgespielt werden können.

»Innovative Arbeitspolitik« und Vermarktlichung

Welche Konsequenzen hat die skizzierte Zeitdiagnose für die Arbeitspolitik? Das Konzept einer »innovativen Arbeitspolitik«, das vom SOFI Göttingen in der zweiten Hälfte der 1990er Jahre in Untersuchungen über Gruppenarbeit als zentraler Baustein für eine humane Gestaltung der Arbeitsorganisation entwickelt wurde, hat in Kernbereichen der Industrie mit immer noch oder wieder taylorisierten Arbeitsstrukturen eine Leitbildfunktion. Stellenwert und Reichweite dieses Konzepts wurden und werden jedoch kontrovers diskutiert.

Festzuhalten bleibt, dass mit dieser Ausrichtung von Arbeitspolitik in all den Feldern, in denen tayloristische Arbeitsformen fortbestehen bzw. wieder oder auch neu auftreten, durchaus noch Politik gemacht werden kann. Die Reichweite hängt dann von der gegenwärtigen und zukünftigen Bedeutung dieser Felder ab. »Anti-tayloristischen Fabrikmodellen«, wie sie Schumann u.a. am Beispiel AUTO 5000 bei VW vorgestellt haben, könnte als Leitbild einer »innovativen Arbeitspolitik« dann eine allgemeinere Geltungskraft zukommen, wenn tayloristische Arbeits- und Fabrikstrukturen weiterhin eine dominante Prägekraft besäßen. So weit gehen die Autoren jedoch nicht, sie betonen vielmehr die Beschränkung auf einen »schmalen Wirklichkeitsausschnitt«: partikulare Bereiche industrieller Produktion und bestimmte Segmente von restriktiver, traditioneller Industriearbeit (Schumann u.a.: 8f.). »Innovative Arbeitspolitik« in diesem Verständnis, als traditionelle anti-tayloristische Arbeitspolitik, kann in diesen Feldern – und ohne den Anspruch eines generellen Leitbilds – durchaus ein weiterhin sinnvoller politischer Ansatzpunkt sein. Dies gilt auch dann, wenn – wie das Beispiel AUTO 5000 bei VW aus meiner Sicht deutlich macht – diese Bereiche industrieller Arbeitsformen zunehmend in marktorientierte Steuerungsformen eingebunden werden. »Innovative« Formen der Arbeitsorganisation mit Aufgabenintegration, Gruppenarbeit und erweiterten Handlungsspielräumen verbinden sich heute mit einer ergebnisorientierten Steuerung von Arbeit. Anti-tayloristische Fabrikmodelle sind offensichtlich die Voraussetzung für einen erweiterten Zugriff auf die Potenziale menschlicher Arbeitskraft, auch im Feld industrieller Produktionsarbeit. Das spricht zunächst nicht gegen diese Reorganisationsmodelle, denn auch wenn die damit erreichten Verbesserungen der Arbeitssituation irgendwann in ihr Gegenteil – insbesondere in eine deutliche Arbeitsintensivierung – umschlagen können, sind sie als arbeitspolitischer Fortschritt zu werten.[1] Vieles spricht jedoch gegen eine isolierte anti-tayloristische Arbeitspolitik, die eben diesen Zusammenhang weitgehend ausblendet, die Einbindung in ergebnis- und marktorientierte Steuerungsformen von Arbeit nicht wahrhaben will und damit auch die ambivalenten Folgen, die neuen Risiken für die Arbeits- und Leistungssituation der Beschäftigten nicht in den Blick nimmt. Diesem Vorwurf setzen sich Schumann u.a aus, wenn sie am Ende ihres Beitrags in den WSI-Mitteilungen formulieren: »Unsere Positiv-Einschätzung dieser Politik gilt ohne Wenn und Aber« (ebd.: 9).

---

[1] Die klassischen arbeitspolitischen Forderungen nach mehr Selbständigkeit in der Arbeit, wie sie auch im alten Programm einer Humanisierung der Arbeit formuliert wurden, waren und bleiben richtig. Was heute jedoch angesichts marktorientierter Steuerungsformen in Frage steht, ist die naive Vermutung, dass mehr Selbständigkeit *automatisch* zu besseren Arbeitsbedingungen für abhängig Beschäftigte und zu einer Stärkung ihrer politischen Position führe. Dass hier in der Tat »mehr Druck durch mehr Freiheit« entsteht, spricht nicht gegen die Freiheit, sondern öffnet die Augen für das wahre Problem, die Frage nämlich, wie das Mehr an Freiheit dazu genutzt werden kann, die eigene Position zu stärken und eben nicht schwächen zu lassen (vgl. dazu Peters/Sauer 2005).

Der Knackpunkt des Typs »innovativer Arbeitspolitik« besteht darin, dass die Realisierung solcher Konzepte nur im Kompromiss und im Konsens mit den Unternehmen möglich ist. Das heißt, »sie müssen mit den Effizienz-Erfordernissen der Unternehmen kompatibel gemacht werden. ... Innovative Arbeitspolitik zielt auf tragfähige Kompromisse, die beiden Seiten Vorteile bringen« (Kuhlmann u.a.: 26f.). Auch in dem weiterentwickelten Konzept »innovativer Arbeitspolitik« bei AUTO 5000 geht es darum, »verbesserte wirtschaftliche Leistungsfähigkeit mit humanorientierten und sozialen Zielen zu verknüpfen. ... Dabei wird nicht verkannt, dass bei AUTO 5000 primär betriebswirtschaftliche Rationalität über Gestaltungsformen entscheidet«. »Innovative Arbeitspolitik« besteht deswegen auch immer in einem »Aktionsbündnis mit den Akteuren in Management, die die Produktivitätspotenziale dieser Ansätze erkannt haben und ihren Part bei einer konsensualen Rationalisierungspolitik spielen«. Sie ist in diesem Sinne einbindbar in aktuelle betriebliche Bündnisse: »Die Mannschaft wird zum aktiven engagierten Mitspieler bei der Bemühung um die Verbesserung der Wettbewerbsfähigkeit« (Schumann 2004).

Das Konzept »innovativer Arbeitspolitik« – und dies hat es mit der gesamten traditionellen, in der Krise des Fordismus entwickelten Arbeitspolitik gemeinsam – beruht auf dem klassischen und für die Bundesrepublik der Nachkriegszeit typischen Modell »kooperativer Konfliktverarbeitung«. Der wiederum liegt die These der Vereinbarkeit von einzelwirtschaftlicher ökonomischer Rationalität und einer humanen und sozialen Gestaltung der Arbeitsverhältnisse zu Grunde.

Das ist die Basis, auf der »innovative Arbeitspolitik« verhandelt werden kann. Entscheidend ist nun, dass vor dem Hintergrund der von mir eingangs skizzierten gesellschaftlichen Umbruchsituation und der Durchsetzung einer radikalisierten Vermarktlichung in den Unternehmen der eine »Partner« am Verhandlungstisch, nämlich die einzelwirtschaftliche Rationalität, sich zunehmend verabschiedet. Semantisch wird dies sichtbar, wenn an die Stelle der Begriffe Rationalität und Wirtschaftlichkeit der Begriff der Wettbewerbsfähigkeit tritt. Mit der Dominanz der Wettbewerbsfähigkeit im Kalkül von Unternehmensstrategien gerät die produktionsorientierte Rationalität, wie sie dem produktiven Kapital in den Unternehmen zu eigen ist, in den Hintergrund. Unter den Gesichtspunkten einer effektiven Produktionsorganisation, die von einer möglichst hohen Produktivität der eingesetzten Faktoren ausgeht, und dabei unterstellt, dass diese in einem rationalen, und das heißt: in einem »vernünftigen Verhältnis« zueinander stehen, waren ökonomische und soziale Zielsetzungen – zumindest manchmal – vereinbar. Das war der Kern der so genannten Win-win-Situation, in der beide Parteien mit positiven Ergebnissen aus den Verhandlungen gehen konnten.

Meine These ist nun, dass die radikale Marktorientierung den Winwin-Situationen und damit dem Kern der »innovativen Arbeitspolitik« den Boden entzieht. Wettbewerbsfähigkeit meint die Dominanz der Konkurrenzbedingungen auf den Absatzmärkten und der Rendite-Erwartungen der Investoren. Sie stellt die von technischen und organisatorischen Größen bestimmte Effizienz in den Herstellungsprozessen ständig in Frage. Dazu sind inzwischen differenzierte Instrumente entwickelt worden, die die Durchsetzung dieser externen marktorientierten Zielsetzungen in die internen Produktionsstrukturen gewährleisten (z.b. Kostenrechnungssysteme wie das Target-Costing oder bestimmte Formen des Accounting und Controlling).

Festzuhalten bleibt: Mit zunehmender Durchsetzung marktzentrierter Organisations- und Steuerungsformen in den Unternehmen verringern sich die Möglichkeiten einer kompromiss- und konsensorientierten Arbeitspolitik, so genannte Win-win-Situationen verkommen zum ungleichen Tausch. Wettbewerbsfähigkeit verlangt immer größere Opfer auf Seiten der Beschäftigten, die mit dem Drohpotenzial der Standortverlagerung und damit der Entlassung durchgesetzt werden können.

»Innovative Arbeitspolitik« hatte früher einen einigermaßen stabilen Bezugsrahmen in der technisch-organisatorischen Gestaltung von Arbeitsprozessen. Darin hatte auch die Leistungsfähigkeit menschlicher Arbeitskraft, als gleichsam technische Größe, ihren Platz. Unter den Bedingungen einer markt- und ergebnisorientierten Steuerung von Arbeit tritt dieser Bezugsrahmen in den Hintergrund. Dies wird z.B. sichtbar in einer betrieblichen Leistungspolitik, die auf den Markt orientiert ist und sich von den im Leistungsbegriff und in den Zeitstrukturen liegenden Begrenzungen weitgehend gelöst hat. Wenn menschliche Leistung nur das ist, was der Markt anerkennt, gibt es keine Maßstäbe mehr, die Bezugspunkte von Verhandlungen sein könnten. Verhandlungen und Kompromisse enden dann immer in einer Anpassung an den Markt. Und da der Markt seinem Begriff nach maßlos ist, enden sie immer in einer

Anpassungsspirale. Diese ist gegenwärtig überall dort zu beobachten, wo die Wettbewerbsfähigkeit des einzelnen Unternehmens zum zentralen Kriterium von betrieblichen oder tariflichen Verhandlungen geworden ist. Fazit: Mit dem Markt kann man nicht verhandeln. Eine Arbeitspolitik, die auf eine Anpassung an Marktzwänge setzt, hat von vornherein verloren.

Arbeitspolitik im Übergang – Zwischen Abwehrkampf und strategischer Neuausrichtung

Ein erstes Resumee aus meiner Analyse der veränderten Bedingungen und der Krise traditioneller Arbeitspolitik fällt ziemlich deprimierend aus: Eine Arbeitspolitik, die sich noch Einflusschancen auf eine qualitative Verbesserung der Arbeitsverhältnisse ausrechnet, hat schlechte Karten. Auf der anderen Seite enthält unsere Analyse auch eine Reihe von Optionen und Vorschläge, auf diese Situation zu reagieren. Diese Vorschläge differieren im Hinblick auf die Problemlage und auf die zu unterscheidenden Beschäftigtengruppen (vgl. ausführlicher Kratzer 2005 und Sauer 2005). Gleichzeitig gibt es jedoch auch eine Reihe von Gemeinsamkeiten. Es geht um Stoßrichtungen einer Arbeitspolitik, die nicht als alternativ zu verstehen sind, sondern in eine Gesamtstrategie zu integrieren wären. Für diese Gesamtstrategie habe ich das Label einer *eigensinnigen Arbeitspolitik* gewählt.

Eigensinn steht gegen Strategien der Anpassung an die Imperative einer radikalen Vermarktlichung. Das mag zunächst voluntaristisch anmuten, ist es aber nicht. Es ist die logische Konsequenz und Antwort auf das Prinzip der Maß- und Schrankenlosigkeit, das die Tendenz einer radikalen Vermarktlichung in ihrem Kern charakterisiert. Anpassung birgt deswegen immer die Gefahr, in eine Anpassungsspirale zu geraten, in der Belegschaften, Betriebsräte und Gewerkschaften nur verlieren können. Anpassung von Arbeitsbedingungen und Arbeitsverhältnissen an das Kalkül der Wettbewerbsfähigkeit setzt die Beschäftigten zunehmend den Marktrisiken aus, sie setzt auf die Warenförmigkeit von Arbeitskraft und negiert die in der Natur und in der Soziabilität von Arbeit liegenden Grenzen, vergisst, dass der Träger dieser Ware eine natürliche Person, ein Mensch ist.

Eigensinnige Arbeitspolitik geht genau davon aus: Ihr Bezugspunkt sind die Erfordernisse und Bedürfnisse der Reproduktion von Arbeitskraft und die autonomen Ansprüchen der Arbeitssubjekte an die Gestaltung ihrer Arbeit und ihres Lebens.

Fangen wir mit einer strategischen Perspektive an, die versucht, eine realistische Schlussfolgerung aus der dramatischen Verschlechterung zu ziehen und die dabei im Gegensatz zur bisherigen Arbeitspolitik an dem der Arbeit »eigenen Sinn« anknüpft und daraus ihre Forderungen begründet.

»Schlechter Arbeit« Grenzen setzen – Widerstandslinien aufbauen

In einer historischen Phase, in der die sozialen Errungenschaften des so genannten deutschen Produktions- und Sozialmodells – wie die Arbeitszeitverkürzung, existenzsichernde Einkommen, aber auch das Institut des Tarifvertrages – brüchig werden und sich in ihr Gegenteil verkehren, steht qualitative Arbeitspolitik natürlich im Zeichen eines Abwehrkampfes. Da es aussichtslos erscheint, alles Erreichte zu sichern, gilt es jetzt Widerstands- oder Rückfalllinien aufzubauen. Das betrifft insbesondere die traditionellen Felder Arbeitszeit, Leistung, Gesundheit und Einkommen. Auch wenn z.B. die Forderung nach einem gesetzlichen Mindestlohn ein Zeichen der Schwäche der Gewerkschaften ist und vielleicht der Tarifautonomie auch nicht gerade förderlich, bleibt sie dennoch gegenwärtig eine sinnvolle Forderung.

Widerstand kann sich auf ein zumindest potenzielles Konfliktpotenzial auf der Seite der Arbeit beziehen, wie es gegenwärtig in einer Reihe relativ unverbundener und teilweise gegeneinander stehender Konfliktlinien erkennbar wird:

■ Widerstand und Proteste gegen eine zunehmende existenzielle Unsicherheit seitens der Arbeitslosen, der von Arbeitslosigkeit Bedrohten, der prekär Beschäftigten und der wachsenden Gruppe derer, die mit ihrem Einkommen ihren Lebensunterhalt nicht mehr bestreiten können.

■ Widerstand gegen eine zunehmende Überforderung in der Arbeit, die sich aus einer maßlosen Ausdehnung der Arbeitszeit und einer zunehmenden Intensivierung der Arbeit ergibt.

Der Widerstand formiert sich vielfach als Abwehrstrategie und ist auf den Erhalt von erreichten Rechten und Regelungen bezogen. Man will den Sozialstaat der 1970er Jahre zurück, was wohl keine besonders realistische Perspektive ist. Der Weg zurück zu den alten fordistischen Verhältnissen scheint verbaut und von relevanten Beschäftigtengruppen auch nicht gewollt. Die Auflösung fordistischer Strukturen – im Betrieb und in der Gesellschaft – wurde ja auch als Befreiung aus überkommenen Herrschaftsstrukturen verstanden, die niemand zurück haben will. Aussichtsreicher scheint eine neue Begründung arbeitspolitischer Forderungen aus den autonomen Interessen von Arbeitskraft, die sich auf die Sicherung ihrer Reproduktion und ihrer individuellen Existenz richten und gegen die Forderungen des Marktes. Sie wendet sich somit gegen eine Begründung, die arbeitspolitische Forderungen funktionalistisch aus dem Beitrag ableitet, den die Arbeit für die Ökonomie (Wachstum, Binnennachfrage) und für das Unternehmen (Wettbewerbsfähigkeit) leistet. Dies gilt nicht nur für die Formulierung von Mindeststandards und Widerstandslinien, sondern tendenziell für die gesamte Arbeitspolitik. Die einer Vermarktlichung immanente Maßlosigkeit erzwingt diese grundsätzliche Umorientierung von Arbeitspolitik.

Dies gilt auch für einen zweiten Ansatzpunkt.

Entprekarisierung – »verwundbare Arbeitverhältnisse« absichern

»Beschäftigungsunsicherheit und Löhne unterhalb des Existenzminimums sind aus der Arbeitskraftperspektive zentrale Merkmale für Prekarität. Sinnverluste, soziale Isolation, Statusunsicherheit sowie Anerkennungs- und Planungsdefizite stehen für Prekarisierungstendenzen, die sich vornehmlich über die Subjektperspektive erschließen« (Dörre 2005). Klaus Dörre weist zurecht darauf hin, dass die Entwicklung prekärer Arbeitverhältnisse von der Arbeitspolitik weitgehend unbeachtet bleibt. Entscheidend ist, dass es sich dabei nicht nur um die Ausdehnung unterschiedlicher prekärer Beschäftigungssegmente handelt, sondern dass diese weiterwirken: Objektive Unsicherheit und subjektive Verunsicherung erreichen als Bedrohung fast alle Gruppen von Lohnabhängigen.

Als arbeitspolitische Perspektive zielt Entprekarisierung auf eine breite interessenspolitische Mobilisierung, die auch den Kampf um den Erhalt sozialstaatlicher Errungenschaften einschließt. Sie basiert auf der Einsicht, dass eine produktive ökonomische und individuelle Flexibilisierung grundsätzlich Formen existenzieller Sicherheit voraussetzt – und nicht umgekehrt, wie dies marktradikale Ideologen behaupten. Existenzielle Verunsicherung und Angst verhindern gegenwärtig fast alle arbeitspolitischen Initiativen. Sie schüren die Konkurrenz und erzwingen die Anpassung an die Imperative der Märkte. Der Kampf um existenzielle (Mindest-) Sicherung ist deswegen eine gemeinsame Widerstandslinie, der Beschäftigte, unsicher Beschäftigte und Nicht-Beschäftigte vereint.

Den Marktdruck hinterfragen – Mitbestimmung und Einflussmöglichkeiten ausbauen

Eigensinn ist auch dort im Spiel, wo es um die Ausweitung von Mitbestimmung und Einflussmöglichkeiten geht. Notwendig wird dies vor allem dort, wo traditionelle Einflusschancen schwinden, z.B. in der Zeit- und Leistungspolitik. Die traditionellen arbeitspolitischen Instrumente, auf die der Betriebsrat Einfluss hat, sind vielfach kapazitätsorientiert und auf die technischen Bedingungen von Arbeitssystemen bezogen. Sie greifen zunehmend ins Leere. Die tatsächlichen Parameter wie Arbeitsvolumen, Personaleinsatz und Personalbemessung und die dahinter stehenden ökonomischen Kennziffern und Benchmarks können jedoch bislang nur selten beeinflusst werden. Der Druck von außen erhält den Charakter von Naturgesetzen: Kundenanforderungen, Marktentwicklung, Kurswert des Unternehmens, Kosten-Ertrags-Relation, Benchmark-Ergebnisse u.Ä. erscheinen als objektive Daten, auf die niemand Einfluss hat. Sie sind gleichzeitig die Parameter einer indirekten Steuerung, andere Stellschrauben verlieren an Bedeutung. Meist ist jedoch nicht transparent, wie die jeweiligen Kennziffern zustande kommen und was sie im Einzelnen bedeuten. Da ihre Interpretation entscheidende Bedeutung gewinnt, stellt sich die Frage, wer konkret die Interpretationsmacht besitzt. Es lohnt sich auf alle Fälle zu prüfen, wie mit diesen Kennziffern – auch mit arbeitsbezogenen Kennziffern – im Betrieb Politik gemacht wird, um zu prüfen, ob und wie damit eventuell auch Gegenpolitik gemacht werden kann. Dazu müssen die tatsächlichen Spielräume und alternativen Handlungsmöglichkeiten geklärt werden, die hinter dem zunehmenden Marktdruck vorhanden sind.

Chancen für eine solche Perspektive eröffnen sich überall dort, wo Belegschaften und Betriebsräte noch in der Lage sind, alternative arbeitsorientierte Konzepte in unternehmerische Entscheidungs- und Gestaltungsprozesse einzubringen. D.h. dort, wo es noch starke Betriebsräte und qualifizierte Belegschaften gibt, deren Anforderungsprofil vor allem durch die Aneignung des Unternehmerischen geprägt ist und die Sinnperspektiven in der Qualität ihrer Arbeit einbringen.

Die Sprengkraft, die in der unternehmerischen Nutzung erweiterter Produktivkraftpotenziale von Arbeitskraft liegt, wird weitgehend unterschätzt. Hier geht es vor allem um die Qualitäts- und Innovationsperspektive, die Arbeitskräfte nicht nur einbringen *müssen*, sondern auch einbringen *wollen*. Hierin liegt auch eine eigensinnige und selbstverantwortliche auf Arbeit bezogene Interessenperspektive der Beschäftigten, die sich mit der ihnen zugemuteten unternehmerischen Nutzungsperspektive bricht. Dieser Widerspruch bekommt heute eine neue Qualität und wie wir meinen, eine radikale neue Qualität, weil er sich im einzelnen Beschäftigten entfaltet: Er muss selbst die unternehmerische Verwertungsperspektive mit der stofflichen qualitativen Arbeitsperspektive in sich austragen.

Daran setzt die in der IG Metall gegenwärtig diskutierte Strategie »besser statt billiger« an, die eine eigene Innovationsperspektive, getragen von Gewerkschaften, Betriebsräten und Belegschaften in den Betrieben, anzetteln will und sie gegen die kurzfristigen wettbewerbs- und kostenorientierten Strategien der Unternehmen stellen will. Darin liegen einige Fallstricke, aber daraus könnte durchaus eine Konkretisierung »eigensinniger Arbeitspolitik« werden. Sie nimmt zumindest die in den Tendenzen einer Subjektivierung von Arbeit liegenden Perspektiven der Aneignung des Unternehmerischen ernst.

Neben die Widerstandsperspektive tritt aus meiner Sicht ebenso bedeutsam die Aneignungsperspektive. Beide stehen notwendigerweise in einem widersprüchlichen Verhältnis zueinander. Notwendigerweise deswegen, weil sie die politische Antwort auf die zentralen Veränderungen in der gegenwärtigen Entwicklung von Arbeit sein müsste: Vermarktlichung und indirekte Steuerung setzen auf die Nutzung der subjektiven Potenziale lebendiger Arbeit, die neue Selbständigkeit und Autonomie des individuellen Beschäftigten. Sie sind *angewiesen* auf deren Entfaltung und gleichzeitig *vereinnahmen* sie diese Potenziale immer mit dem Risiko, sie wieder zu zerstören. Diese Widersprüche sind konkret erfahrbar, sie sind zentrale Ansatzpunkte für Arbeitspolitik.

Widersprüche zuspitzen – Räume für Reflexionen schaffen

Arbeitspolitik steht gegenwärtig vor der Herausforderung, z.B. bei Fragen der Leistungsbegrenzung und Arbeitszeitgestaltung unmittelbarer als bisher an den individuellen Interessen der Beschäftigten anzusetzen. Höhere Eigenverantwortlichkeit, höhere Qualifikations- und Kompetenzanforderungen enthalten auch Chancen individueller Entfaltung, die von den Beschäftigten als positiv wahrgenommen und erlebt werden. Sie kommen den gewandelten Arbeits- und Erwerbsorientierungen vor allem jüngerer Beschäftigter entgegen.

Wenn diese Versprechen der Selbstorganisation nicht eingelöst werden, wenn der Verantwortungsdruck und die realen Entscheidungsmöglichkeiten nicht übereinstimmen, wenn mengenmäßige Überforderung befriedigendes Arbeiten nicht mehr zulässt, die Vereinbarkeit von Arbeit und Leben nicht mehr als Privileg, sondern zunehmend als Dilemma erfahren wird, dann entstehen subjektiv erfahrbare Widersprüche. Diese werden dann noch drastischer, wenn sie auf Gesundheit, Psyche und soziale Beziehungen durchschlagen, wenn Vereinsamung droht und die Regeneration nicht mehr gelingt.

Meist steht die negative Seite im Vordergrund, die Risiken und Gefahren. Die Widersprüche haben jedoch auch eine positive Seite, tatsächliche Potenziale individueller Entfaltung und Selbstverwirklichung in der Arbeit. Diese wirksam werden zu lassen und Widerstände, die dem entgegenstehen, zu überwinden, d.h. die positiven Ziele neuer Autonomie und Selbständigkeit ernst zu nehmen – solche Überlegungen müssten in Zukunft noch stärker in die Arbeitspolitik Eingang finden. Auf alle Fälle sind die angestoßenen Reflexions- und Verständigungsprozesse auf der individuellen Ebene – in und außerhalb der Betriebe – eine zentrale Handlungsperspektive. Sie sind selbst bereits eine politische Intervention und die Basis für weiterreichende politische Mobilisierung und Initiativen auf unterschiedlichen arbeitspolitischen Handlungsfeldern.

Wenn die individuellen Interessenlagen der Beschäftigten nicht nur wichtiger werden, sondern sich die Interessen stärker als früher mit lebensweltlichen Maßstäben »aufladen«, dann gerät die private Lebensgestaltung in den Fokus von Arbeitspolitik. Bereits heute erwächst Kritik und Widerstand gegen die Verhältnisse in der Arbeit stärker als früher aus einer lebensweltlichen Perspektive (vgl. die diversen Zeitdebatten, Initiativen wie »Arbeiten ohne Ende« u.ä.). Orientierungen an Perspektiven der eigenen Lebensgestaltung werden zu Maßstäben für die Bewertung von Arbeit. Aber es geht auch in die andere Richtung: Die Ansprüche an »gute Arbeit« verbinden sich stärker als früher mit lebensweltlichen Eigenschaften, die »Sinnperspektiven« in der Arbeit gewinnen damit ein neues Profil.

Widerstand und Aneignung – Perspektiven einer »eigensinnigen« Arbeitspolitik

Nicht zuletzt aus diesen Beobachtungen schöpft das Plädoyer für eine »eigensinnige« Arbeitspolitik.

Während sich die Unternehmen längst von einer traditionellen, auf Kooperation beruhenden und an Kompromissen orientierten Arbeitspolitik verabschiedet haben, halten Gewerkschaften und auch andere Akteure der Arbeitspolitik und der Arbeitsforschung weiterhin daran fest. Dies ist verständlich, weil es ja tatsächlich darum geht, erkämpfte soziale Errungenschaften zu halten. Aber in der alten Ausrichtung der Arbeitspolitik wird dies nicht gelingen. Die Durchsetzung einer radikalen Marktorientierung hat die Grundlagen früherer Arbeitspolitik weitgehend zerstört. Daran festzuhalten bedeutet, in eine Spirale der Anpassung zu geraten, in der Belegschaften und auch Gewerkschaften nur verlieren können. Da hilft es auch nicht, die Ergebnisse der unternehmerischen Erpressungsversuche in den Bündnissen zur Standort- und Beschäftigungssicherung immer wieder als Erfolge zu verkaufen. Vor allem dann nicht, wenn klar ist, dass der nächste Erpressungsversuch bevorsteht.

Gegen den radikalisierten Markt hilft nur eine Radikalisierung in der Arbeitspolitik: Und radikal heißt in diesem Zusammenhang, eine andere Begründungsperspektive von Arbeitspolitik zu entwickeln. Sie geht von den Erfordernissen und Bedürfnissen der Arbeitskraft und den autonomen Ansprüchen der Arbeitssubjekte an die Gestaltung ihres Lebens und ihrer Arbeit aus. Nur wenn es gelingt, die Qualität der Arbeit in ihrer Eigensinnigkeit gegenüber marktzentrierten Ansprüchen und Steuerungsformen in Stellung zu bringen – und damit auch als eigensinnige Perspektive der »Arbeitssubjekte« – nur dann können die Chancen wachsen, die gegenwärtige Ohnmacht zu durchbrechen und Arbeitspolitik wieder stärker in die Offensive zu bringen.

In der aktuellen, sich zuspitzenden Lage gibt die Losung »Widerstand statt Anpassung« die Richtung eines notwendigen Abwehrkampfes an. Dabei darf Arbeitspolitik aber nicht stehen bleiben, sondern sie bedarf auch einer *strategischen Neuausrichtung*, die die progressiven Potenziale in der gegenwärtigen Übergangsphase ins Visier nimmt und ihnen zur Entfaltung verhilft. Sie muss sowohl die sich entwickelnden Formen der Verweigerung und des Widerstandes der Beschäftigten aufgreifen als auch die neuen Formen von Selbständigkeit und Autonomie. Diese sind die Grundlage ihrer Einmischung in die neuen marktorientierten Steuerungssysteme und die sich dabei entwickelnden Formen der Aneignung des Unternehmerischen. Und – das ist entscheidend – sie darf die beiden widersprüchlich erscheinenden Seiten nicht gegeneinander isolieren und ausspielen. Es müssen Räume und Formen gefunden werden, in denen diese Widersprüche von den Individuen selbst reflektiert, auf ihre Interessen bezogen und gemeinsame Handlungsperspektiven entwickelt werden.

Arbeitspolitik darf dem widersprüchlichen Verhältnis von Widerstand und Aneignung nicht dadurch aus dem Weg zu gehen versuchen, dass sie die beiden Seiten auf zwei Parteien – »Traditionalisten« hier und »Modernisierer« da – verteilt. Sie hätten beide verloren – der »Traditionalist« den Blick für die emanzipatorische Tendenz der Entwicklung und der »Modernisierer« den Blick für die Unterordnung des Emanzipatorischen unter die Irrationalität einer radikalisierten Marktökonomie.

Literatur

Altmann, Norbert/Bechtle, Günter (1971): Betriebliche Herrschaftsstruktur und industrielle Gesellschaft. München.
Altmann, Norbert/Bechtle, Günter/Lutz, Burkart (1978): Betrieb – Technik – Arbeit. Elemente einer soziologischen Analytik technisch-organisatorischer Veränderungen. Frankfurt a.M./New York.
Altmann, Norbert/Deiß, Manfred/Döhl, Volker/Sauer, Dieter (1986): Ein »Neuer Rationalisierungstyp« – Neue Anforderungen an die Industriesoziologie. Soziale Welt, 37 (2/3), S. 191-206.
Altvater, Elmar/Mahnkopf, Birgit (1997): Grenzen der Globalisierung – Ökonomie, Ökologie und Politik in der Weltgesellschaft. Münster.
Arbeitskreis »Finanzierung« der Schmalenbach-Gesellschaft/Deutsche Gesellschaft für Betriebswirtschaft e.V.: Wertorientierte Unternehmenssteuerung mit differenzierten Kapitalkosten«. In: zfbf (Schmalenbachs Zeitschrift für betriebswirtschaftliche Forschung), Heft 6, 48. Jg., 1996, S. 543-578.
Arbeitskreis »Organisation« der Schmalenbach-Gesellschaft/Deutsche Gesellschaft für Betriebswirtschaft e.V.: Organisation im Umbruch. In: zfbf, Heft 6, 48. Jg., 1996, S. 621-665.
Baecker, Dirk (1988): Information und Risiko in der Marktwirtschaft. Frankfurt a.M.
Baethge, Martin/Bartelheimer, Peter (2002). Berichterstattung zur sozio-ökonomischen Leistungsfähigkeit in Deutschland. In: SOFI-Mitteilungen, 30, S. 27-46.
Baethge, Martin/Denkinger, Joachim/Kadritzke, Ulf (1995): Das Führungskräfte-Dilemma – Manager und industrielle Experten zwischen Unternehmen und Lebenswelt. Frankfurt/New York.
Baethge, Martin/Oberbeck, Herbert (1986). Zukunft der Angestellten. Frankfurt a.M./New York.
Bahr, Hans-Dieter (1973): Die Klassenstruktur der Maschinerie – Anmerkungen zur Wertform. In: Richard Vahrenkamp (Hrsg.): Technologie und Kapitel. Frankfurt a.M.
Baratta, Giorgio (1990): »Die Hegemonie geht aus der Fabrik heraus« – Gramsci zu Amerikanismus und Sozialismus. In: Uwe Hirschfeld/Werner Rügemer (Hrsg.): Utopie und Zivilgesellschaft – Rekonstruktionen, Thesen und Informationen zu Antonio Gramsci. Berlin.
Bechtle, Günter (1980): Betrieb als Strategie – Theoretische Vorarbeiten zu einem industriesoziologischen Konzept. Frankfurt a.M./New York.
Bechtle, Günter (1994): Systemische Rationalisierung als neues Paradigma industriesoziologischer Forschung. In: Niels Beckenbach/Werner von Treeck (Hrsg.), Umbrüche gesellschaftlicher Arbeit (Soziale Welt, Sonderband 9, S. 45-64). Göttingen.

Bechtle, Günter/Lutz, Burkart (1989): Die Unbestimmtheit post-tayloristischer Rationalisierungsstrategie und die ungewisse Zukunft industrieller Arbeit – Überlegungen zur Begründung eines Forschungsprogramms. In: Klaus Düll/ Burkart Lutz (Hrsg.): Technikentwicklung und Arbeitsteilung im internationalen Vergleich, Frankfurt a.M./New York, S. 9-91.

Bechtle, Günter/Sauer, Dieter (2002): Kapitalismus als Übergang – Heterogenität und Ambivalenz. In: FiAB Jahrbuch Arbeit, Bildung, Kultur. Bochum.

Bechtle, Günter/Sauer, Dieter (2003): Postfordismus als Inkubationszeit einer neuen Herrschaftsform. In: Klaus Dörre/Bernd Röttger (Hrsg.), Das neue Marktregime – Konturen eines nachfordistischen Produktionsmodells. Hamburg, S. 35-54.

Beck, Ulrich (1986): Risikogesellschaft – Auf dem Weg in eine andere Moderne. Frankfurt a.M.

Beck, Ulrich (1997): Kinder der Freiheit. Wider das Lamento über den Werteverfall. In: Ulrich Beck (Hrsg.): Kinder der Freiheit. Frankfurt a.M. 1997, (3. Aufl.), S. 9-33.

Beck, Ulrich/Bonß, Wolfgang/Lau, Christoph (2001): Theorie reflexiver Modernisierung – Fragestellungen, Hypothesen, Forschungsprogramme. In: Ulrich Beck/Wolfgang Bonß (Hrsg.): Die Modernisierung der Moderne. Frankfurt a.M., S. 11-59.

Beck, Ulrich/Lau, Christoph (Hrsg.) (2003): Entgrenzung und Entscheidung. Frankfurt a.M.

Behrens, Martin/Hamann, Kerstin (2003): Gewerkschaftskrise ohne Ende? Ansätze und Dimensionen der Revitalisierung. In: WSI-Mitteilungen, Jg. 56, Heft 9, S. 518-521.

Bendix, Reinhart (1960): Herrschaft und Industriearbeit. Frankfurt a.M.

Berger, Johannes/Offe, Claus (1982): Die Zukunft des Arbeitsmarktes. Zur Ergänzungsbedürftigkeit eines versagenden Allokationsprinzips. In: Gert Schmidt/Hans-Joachim Braczyk/Jost von dem Knesebeck (Hrsg.): Materialien zur Industriesoziologie (Kölner Zeitschrift für Soziologie und Sozialpsychologie, Sonderheft 24, Köln, S. 348-371.

Berle, Adolf/Means, Gardiner (1934): The Modern Corporation and Private Property. New York.

Betzl, Konrad (1996): Entwicklungsansätze in der Arbeitsorganisation und aktuelle Unternehmenskonzepte – Visionen und Leitbilder. In: Hans-Jörg Bullinger/Hans-Jürgen Warnecke (Hrsg.): Neue Organisationsformen im Unternehmen, Berlin/Heidelberg etc., S. 29-64.

Bieber, Daniel/Sauer, Dieter (1991): »Kontrolle ist gut! Ist Vertrauen besser?« – »Autonomie« und »Beherrschung« in Abnehmer-Zulieferbeziehungen. In: Hans Gerhard Mendius/Ulrike Wendeling-Schröder (Hrsg.): Zulieferer im Netz – Zwischen Abhängigkeit und Partnerschaft. Köln, S. 228-254.

Bieber, Daniel/Möll, Gerd (1993): Technikentwicklung und Unternehmensorganisation – Zur Rationalisierung von Innovationsprozessen in der Elektroindustrie. Frankfurt a.M./New York.

Bischoff, Joachim (1996): Am Ende des Fordismus – Soziale Konflikte und die Schwäche der Linken. In: Pietro Ingrao/Rossana Rossanda (Hrsg.): Verabredungen zur Jahrhundertwende. Hamburg.

Boes, Andreas (1996): Formierung und Emanzipation. Zur Dialektik der Arbeit in der »Informationsgesellschaft«. In: Rudi Schmiede (Hrsg.): Virtuelle Arbeitswelten. Arbeit, Produktion und Subjekt in der »Informationsgesellschaft«. Berlin, S. 159-178.

Boes, Andreas/Baukrowitz, Andrea (2002): Arbeitsbeziehungen in der IT-Industrie – Erosion oder Innovation der Mitbestimmung? Berlin.

Böhle, Fritz (1994): Negation und Nutzung subjektivierenden Arbeitshandelns bei neuen Formen qualifizierter Produktionsarbeit. In: Niels Beckenbach/ Werner von Treeck (Hrsg.), Umbrüche gesellschaftlicher Arbeit (Soziale Welt, Sonderband 9, Göttingen, S. 183-206).

Böhle, Fritz (2003): Subjektivierung von Arbeit – vom Objekt zum gespaltenen Subjekt. In: Manfred Moldaschl/Gerd Günter Voß (Hrsg.): Die Subjektivierung von Arbeit. München/Mering.

Bonß, Wolfgang/Mutz, Gerd/Ludwig-Mayerhofer, Wolfgang/Koenen, Elmar/ Eder, Klaus (1995): Diskontinuierliche Erwerbsverläufe. Analysen zur postindustriellen Arbeitslosigkeit. Opladen.

Boyer, Robert (1992): Neue Richtungen von Managementpraktiken und Arbeitsorganisation. In: Alex Demirovic u.a. (Hrsg.): Hegemonie und Staat. Münster, S. 55-103.

Bronder, Christoph (1993): Kooperationsmanagement: Unternehmensdynamik durch strategische Allianzen. Frankfurt a.M.

Brose, Hanns-Georg (1998): Proletarisierung, Polarisierung oder Upgrading der Erwerbsarbeit? Über die Spätfolgen erfolgreicher Fehldiagnosen in der Industriesoziologie. In: Jürgen Friedrichs/Rainer Lepsius/Karl Ulrich Mayer (Hrsg.): Die Diagnosefähigkeit der Soziologie (Sonderheft der Kölner Zeitschrift für Soziologie und Sozialpsychologie. Köln, S. 130-163).

Brose, Hanns-Georg (2000): Einleitung: Die Reorganisation der Arbeitsgesellschaft. In: Hanns-Georg Brose (Hrsg.), Die Reorganisation der Arbeitsgesellschaft (S. 9-30). Frankfurt a.M./New York.

Castells, Manuel/Aoyama, Kuko (1994): Paths towards the Informational Society. In: International Labour Review Nr. 1, S. 5-23.

Castells, Manuel (2001): Der Aufstieg der Netzwerkgesellschaft. Opladen.

Champy, James (1995): Reengineering im Management – Eine Radikalkur für die Unternehmensführung. Frankfurt a.M./New York.

Chesbrough, Henry/Teece, David (1996): Innovation richtig organisieren – aber ist virtuell auch virtuos? In: Harvard Businessmanager, Heft 3, S. 63-70.

Cooper, Robin (1995): When Lean Enterprises Collide. Boston.

D'Alessio, Nestor/Oberbeck, Herbert/Seitz, Dieter (2000): »Rationalisierung in Eigenregie« – Ansatzpunkte für den Bruch mit dem Taylorismus bei VW. Hamburg.

Davis, Gerald/Stout, Suzanne (1992): Organization Theory and the Market for

Corporate Control: A Dynamic Analysis of the Characteristics of Large Takeover Targets, 1980-1990. In: Administrative Science Quarterly, no. 4, vol. 37, S. 605-633.
Deckstein, Dagmar/Felixberger, Peter (2000): »Arbeit neu denken«. Wie wir die Chancen der New Economy nutzen können. Frankfurt a.M./New York.
Deiß, Manfred/Döhl, Volker (Hrsg.) (1992): Vernetzte Produktion – Automobilzulieferer zwischen Kontrolle und Autonomie. Frankfurt a.M./New York.
Deutschmann, Christoph (1989): Reflexive Verwissenschaftlichung und kultureller »Imperialismus« des Managements. Soziale Welt, 40 (3), S. 374-396.
Deutschmann, Christoph (2002): Postindustrielle Industriesoziologie. Theoretische Grundlagen, Arbeitsverhältnisse und soziale Identitäten. Weinheim, München.
Deutschmann, Christoph (2003): Industriesoziologie als Wirklichkeitswissenschaft. In: Berliner Journal für Soziologie, Heft 4/2003, S. 477-495.
Deutschmann, Christoph/Faust, Michael/Jauch, Peter/Notz, Petra (1995): Veränderungen der Rolle des Managements im Prozess der reflexiven Modernisierung. In: Zeitschrift für Soziologie, Jg. 24, Heft 6, S. 436-450.
Döhl, Volker/Kratzer, Nick/Sauer, Dieter (2000): Krise der NormalArbeit(s-) Politik – Entgrenzung von Arbeit – Neue Anforderungen an Arbeitspolitik, in WSI-Mitteilungen Heft 1, S. 5-17.
Dörre, Klaus (2001a): Das deutsche Produktionsmodell unter dem Druck des Shareholder Value. Kölner Zeitschrift für Soziologie und Sozialpsychologie, Jg. 53, H. 4, S. 675-704.
Dörre, Klaus (2001b): Gibt es ein nachfordistisches Produktionsmodell? In: Mario Candeias/Frank Deppe (Hrsg.): Ein neuer Kapitalismus? Hamburg, S. 83-107.
Dörre, Klaus/Röttger, Bernd (Hrsg.) (2003): Das neue Marktregime. Konturen eines nachfordistischen Produktionsmodells. Hamburg.
Eberling, Matthias/Hielscher, Volker/Hildebrandt, Eckart/Jürgens, Kerstin (2004): Prekäre Balancen – Flexible Arbeitszeiten zwischen betrieblicher Regulierung und individuellen Ansprüchen. Berlin.
Endres, Egon/Wehner, Theo (1996): Zwischenbetriebliche Kooperation – Die Gestaltung von Lieferbeziehungen. Weinheim.
Faust, Michael/Jauch, Peter/Brünnecke, Karin/Deutschmann, Christoph (1994): Dezentralisierung von Unternehmen – Bürokratie- und Hierarchieabbau und die Rolle betrieblicher Arbeitspolitik. München/Mering.
Faust, Michael/Jauch, Peter/Notz, Petra (2000): Befreit und entwurzelt – Führungskräfte auf dem Weg zum »internen Unternehmer«. München/Mering.
Frese, Erich (1995): Profit-Center – Motivation durch internen Marktdruck. In: Ralf Reichwald/Horst Wildemann (Hrsg.): Kreative Unternehmen – Spitzenleistungen durch Produkt- und Prozessinnovation. Hochschulgruppe Arbeits- und Betriebsorganisation HAB e.V., Forschungsberichte, Bd. 7, Stuttgart, S. 77-93.
Fuchs, Tatjana (2003): Gute Arbeit in prekären Arbeitsverhältnissen? In: Jürgen

Peters/Horst Schmitthenner (Hrsg.):»Gute Arbeit« – Menschengerechte Arbeitsgestaltung als gewerkschaftliche Zukunftsaufgabe. Hamburg.

Galbraith, John (1970): Die moderne Industriegesellschaft. München.

Gates, Bill (1995): Der Weg nach vorn: die Zukunft der Informationsgesellschaft. Hamburg.

Gerst, Detlef (2003): Reorganisation der Arbeit, der Arbeitszeit und der alltäglichen Lebensführung – Aktuelle Debatten der Arbeitssoziologie. Soziologische Revue, Jg. 26, H. 1, S. 64-80.

Gerst, Detlef/Hardwig, Thomas/Kuhlmann, Martin/Schumann, Michael (1995): Gruppenarbeit in den 90ern. Zwischen strukturkonservativer und strukturinnovativer Gestaltungsvariante. In: SOFI-Mitteilungen 22, S. 39-65.

Glißmann, Wilfried/Peters, Klaus (2001): Mehr Druck durch mehr Freiheit – Die neue Autonomie in der Arbeit und ihre paradoxen Folgen. Hamburg.

Gottschall, Karin (1999): Freie Mitarbeit im Journalismus. Zur Entwicklung von Erwerbsformen zwischen selbständiger und abhängiger Beschäftigung. Kölner Zeitschrift für Soziologie und Sozialpsychologie, Jg. 51, H. 4, S. 635-654.

Gramsci, Antonio (1978): Americanismo e fordismo, Quaderno 22, Torino.

Haipeter, Thomas (2003): Erosion der Arbeitsregulierung? Neue Steuerungsformen der Produktion und ihre Auswirkungen auf die Regulierung von Arbeitszeit und Leistung. In: Kölner Zeitschrift für Soziologie und Sozialpsychologie, Jg. 55, H. 3, S. 521-542.

Hammer, Michael/Champy, James (1993): Reengineering the Corporation. New York (deutsche Übersetzung: Business Reengineering – Radikalkur für das Unternehmen. Frankfurt a.M./New York 1994).

Hardt, Michael/Negri, Antonio (2002): Empire. Die neue Weltordnung. Frankfurt a.M./New York.

Helper, Susan/Sako, Mari (1995): Supplier Relations and Performance in the Auto Industry: European-Japanese-US Comparisons of the Voice/Exit Choice. In: GERPISA (ed.): Troisième Rencontre Internationale: Vers une nouvelle organisation dans l'industrie automobile? Tagungsreader. Paris.

Hermann, Christa/Promberger, Markus/Singer, Susanne/Trinczek, Rainer (1999): Forcierte Arbeitszeitflexibilisierung – Die 35-Stunden-Woche in der betrieblichen und gewerkschaftlichen Praxis. Berlin.

Hielscher, Volker/Hildebrandt, Eckart (1999): Zeit für Lebensqualität – Auswirkungen verkürzter und flexibilisierter Arbeitszeiten auf die Lebensführung. Berlin.

Hildebrandt, Eckart in Zusammenarbeit mit Gudrun Linne (Hrsg.) (2000): Reflexive Lebensführung – Zu den sozialökologischen Folgen flexibler Arbeit. Berlin.

Hinrichs, Karl/Wiesenthal, Helmut (1987): Bestandsrationalität versus Kollektivinteresse – Gewerkschaftliche Handlungsprobleme im Arbeitszeitkonflikt 1984. In: Heidrun Abromeit/Bernhard Blanke (Hrsg.): Arbeitsmarkt, Arbeitsbeziehungen und Politik in den 80er Jahren, Leviathan, Sonderheft 8, Opladen, S. 118-132.

Hirsch, Joachim (2000): Postfordismus – Dimensionen einer neuen kapitalistischen Formation, Manuskript.

Hirsch, Joachim (2001): Weshalb Periodisierung?, in: Mario Candeias/Frank Deppe (Hrsg.): Ein neuer Kapitalismus? Hamburg, S. 41-47.

Hirsch-Kreinsen, Hartmut (1995): Dezentralisierung: Unternehmen zwischen Stabilität und Desintegration. In: Zeitschrift für Soziologie, Jg. 24, H. 6, S. 422-435.

Hobsbawm, Eric (1995): Das Zeitalter der Extreme. Weltgeschichte des 20. Jahrhunderts. München.

Hochschild, Arlie Russell (2002): Keine Zeit – Wenn die Firma zum Zuhause wird und zu Hause nur Arbeit wartet. Leverkusen.

Honegger, Claudia/Hradil, Stefan/ Traxler, Franz (Hrsg.) (1999): Grenzenlose Gesellschaft? Verhandlungen des 29. Kongresses der Deutschen Gesellschaft für Soziologie, des 16. Kongresses der Österreichischen Gesellschaft für Soziologie und des 11. Kongresses der Schweizerischen Gesellschaft für Soziologie in Freiburg im Breisgau 1998. Opladen.

Hübner, Kurt (1990): Theorie der Regulation. Berlin.

Imhof, Kurt/Romano, Gaetano (1996): Die Diskontinuität der Moderne – Zur Theorie des sozialen Wandels. Frankfurt a.M./New York.

Jurczyk, Karin/Voß, Gerd Günter (2000): Entgrenzte Arbeitszeit – Reflexive Alltagszeit. Die Zeiten des Arbeitskraftunternehmers. In: Eckart Hildebrandt (Hrsg.): Reflexive Lebensführung: zu den sozialökologischen Folgen flexibler Arbeit. Berlin, S. 151-206.

Jürgens, Kerstin (2003): Die Schimäre der Vereinbarkeit – Familienleben und flexibilisierte Arbeitszeiten. In: Zeitschrift für Soziologie der Erziehung und Sozialisation, Jg. 23, H. 3, S. 251-267.

Kadritzke, Ulf (1993): Ein neuer Expertentyp? – Technische Dienstleistungsarbeit zwischen Marktorientierung und Professionsbezug. In: Prokla 91, Nr. 2, 23. Jg., S. 297-326.

Kaufmann, Lutz (1995): Strategisches Sourcing. In: zfbf, Jg. 47, H. 3, S. 275-296.

Kern, Horst/Schumann, Michael (1984): Das Ende der Arbeitsteilung? Rationalisierung in der industriellen Produktion. München.

Kleemann, Frank/Matuschek, Ingo/Voß, Gerd Günter (1999): Zur Subjektivierung von Arbeit. WZB-discussion paper P 99-512.

Kleemann, Frank/Matuschek, Ingo/Voß, Gerd Günter (2003): Subjektivierung von Arbeit – Ein Überblick zum Stand der soziologischen Diskussion. In: Manfred Moldaschl/Voß, Gerd Günter: Subjektivierung von Arbeit. München, Mering.

Kocyba, Hermann/Schumm, Wilhelm (2002): Begrenzte Rationalität – entgrenzte Ökonomie. Arbeit zwischen Betrieb und Markt. In: Axel Honneth (Hrsg.): Befreiung aus der Mündigkeit. Paradoxien des gegenwärtigen Kapitalismus. Frankfurt a.M./New York, S. 35-64.

Kofler, Leo (1966): Zur Geschichte der bürgerlichen Gesellschaft. Berlin.
Kotthoff, Hermann (1999): Führungskräfte im Wandel der Firmenkultur. Quasi-Unternehmer oder Arbeitnehmer? Hans-Böckler-Stiftung (Hrsg.), Bd. 2. Berlin.
Kratzer, Nick (2001): Entgrenzung von Arbeit – Neue Leitbilder der Erwerbsarbeit? Ansätze zur arbeitspolitischen Bewertung und Gestaltung, hektogr. Endbericht. München.
Kratzer, Nick (2002): Rationalisierung mit (un)bestimmten Folgen – Empirie und Interpretation der Entgrenzung von (Normal)Arbeit. Berlin.
Kratzer, Nick (2003): Arbeitskraft in Entgrenzung – Grenzenlose Anforderungen, erweiterte Spielräume, begrenzte Ressourcen. Berlin.
Kratzer, Nick (2004): Vermarktlichung und Individualisierung. Zur Produktion Sozialer Ungleichheit in der Zweiten Moderne. Plenarvortrag beim 32. DGS-Kongress (Plenum 7) am 6.10.04 in München.
Kratzer, Nick/Döhl, Volker/Sauer, Dieter (1998a): Entgrenzung von Arbeit und demographischer Wandel. In: INIFES u.a. (Hrsg.): Erwerbsarbeit und Erwerbsbevölkerung im Wandel. Frankfurt a.M./New York, S. 177-210.
Kratzer, Nick/Döhl, Volker/Sauer, Dieter (1998b): Die üblichen Verlierer – Die Zukunft der Arbeit (V): die Rationalisierungsstrategien. Süddeutsche Zeitung, Nr. 161, 16.7., S. 11.
Kratzer, Nick/Boes, Andreas/ Döhl, Volker/Marrs, Kira/ Sauer, Dieter (2003a): Entgrenzung von Unternehmen und Arbeit – Grenzen der Entgrenzung. In: Ulrich Beck/Christoph Lau: Entgrenzung und Entscheidung. Frankfurt a.M.
Kratzer, Nick/Sauer, Dieter/Hacket, Anne/Trinks, Katrin (unter Mitarbeit von Alexandra Wagner) (2003b): Flexibilisierung und Subjektivierung von Arbeit. Zwischenbericht der Berichterstattung zur sozio-ökonomischen Entwicklung der Bundesrepublik Deutschland: Arbeit und Lebensweisen. Hektographierter Bericht, München.
Kratzer, Nick/Sauer, Dieter/Fuchs, Tatjana (2004): Zeitmuster – Zeitverwendung im Kontext von Erwerbsarbeit und Haushalt. In: SOFI u.a. (Hrsg.): Berichterstattung zur sozio-ökonomischen Entwicklung in Deutschland: Arbeit und Lebensweisen – Erster Bericht, hektografiert, Göttingen.
Kuhlmann, Martin; Sperling, Hans Joachim; Balzert, Sonja (2004): Konzepte innovativer Arbeitspolitik. Berlin.
Lehndorff, Steffen (1996): Zeitnot und Zeitsouveränität – Arbeit in Automobilzulieferbetrieben unter dem Just-in-time-Regime. In: Peter Brödner u.a. (Hrsg.): Arbeitsteilung ohne Ende. München/Mering.
Lehndorff, Steffen (2003): The long good-bye? Tarifvertragliche Arbeitszeitregulierung und gesellschaftlicher Arbeitszeitstandard. In: Industrielle Beziehungen, Jg. 10, H. 2, S. 273-295.
Linne, Gudrun (Hrsg.) (2002): Flexibel arbeiten – flexibel leben? Die Auswirkungen flexibler Arbeitszeiten auf Erwerbschancen, Arbeits- und Lebensbedingungen, Hans-Böckler-Stiftung. Düsseldorf.
Lohmann, Georg (1991): Indifferenz und Gesellschaft. Frankfurt a.M.

Luhmann, Niklas (1971): Sinn als Grundbegriff der Soziologie. In: Jürgen Habermas/Niklas Luhmann (Hrsg.): Theorie der Gesellschaft oder Sozialtechnologie. Frankfurt a.M.

Luhmann, Niklas (1986): Soziologische Aufklärung, Band 3. Köln/Opladen.

Luhmann, Niklas (2000): Organisation und Entscheidung. Köln/Opladen.

Lutz, Burkart (1984): Der kurze Traum immerwährender Prosperität – Eine Neuinterpretation der industriell-kapitalistischen Entwicklung in Europa des 20. Jahrhunderts. Frankfurt a.M./New York.

Lutz, Burkart (1987): Arbeitsmarktstruktur und betriebliche Arbeitskräftestrategie – Eine theoretisch-historische Skizze zur Entstehung betriebszentrierter Arbeitsmarktsegmentation. Frankfurt a.M./New York.

Lutz, Burkart/Hartmann, Matthias/Hirsch-Kreinsen, Hartmut (Hrsg.) (1996): Produzieren im 21. Jahrhundert – Herausforderungen für die deutsche Industrie – Ergebnisse des Expertenkreises »Zukunftsstrategien« Band I. Frankfurt a.M./New York.

Marrs, Kira/Boes, Andreas (2002): Schatten im Scheinwerferlicht – Arbeits- und Leistungsbedingungen in der audio-visuellen Medienbranche. WSI-Mitteilungen, Jg. 55, H. 9, S. 517-523.

Marx, Karl (1953): Grundrisse der Kritik der politischen Ökonomie. Berlin.

Marx, Karl (1968): Das Kapital, Bd. I. Berlin.

Matthes, Joachim (1982): Krise der Arbeitsgesellschaft. Verhandlungen des 21. Deutschen Soziologentages in Bamberg,.Frankfurt a.M./New York.

Mayer-Ahuja, Nicole/Wolf, Harald (2002): »Grenzen der Entgrenzung von Arbeit« – Perspektiven der Arbeitsforschung. In: SOFI-Mitteilungen, 30, S. 197-206.

Menz, Wolfgang/Siegel, Tilla/Vogel, Matthias (2003): Leistungs- und Interessenpolitik aus der Perspektive der Beschäftigten, hektografierter Bericht.

Mertens, Peter/Faisst, Wolfgang (1996): Virtuelle Unternehmen – Eine Organisationsstruktur für die Zukunft? In: WiSt, Heft 6, S. 280-285.

Minssen, Heiner (1999): Von der Hierarchie zum Diskurs? Die Zumutungen der Selbstregulation. München/Mering.

Minssen, Heiner (Hrsg.) (2000): Begrenzte Entgrenzungen. Berlin.

Moldaschl, Manfred (1996): Kooperative Netzwerke und Demokratisierung – Lösungsperspektiven für Probleme der Gruppenarbeit. In: Paul Schönsleben/ Eberhard Ulich (Hrsg.): Werkstattmanagement. Zürich.

Moldaschl, Manfred (1998): Internalisierung des Marktes. Neue Unternehmensstrategien und qualifizierte Angestellte. In: SOFI, IfS, ISF, INIFES (Hrsg.): Jahrbuch Sozialwissenschaftliche Technikberichterstattung 1997, Schwerpunkt: Moderne Dienstleistungswelten. Berlin, S. 197-250.

Moldaschl, Manfred (1999a): Das befreite Subjekt als homo oeconomicus. Thesen zur Ökonomisierung der Kooperationsbeziehungen im Betrieb. In: Manfred Moldaschl u.a.: Subjektivität, ökonomische Verwertung und Arbeitskultur. Bremen, Artec-Papers Nr. 66, S. 1-13.

Moldaschl, Manfred (1999b): Die Produktion der Organisation. Verhandlungs-

felder von Gruppenarbeit in der Chemischen Industrie. Berlin.
Moldaschl, Manfred (2001): Herrschaft durch Autonomie – Dezentralisierung und widersprüchliche Arbeitsanforderungen. In: Burkart Lutz (Hrsg.): Entwicklungsperspektiven von Arbeit. Berlin, S. 132-164.
Moldaschl, Manfred (2003): Zehn Gebote einer zukunftsfähigen Arbeitsforschung. In: WSI-Mitteilungen, Jg. 56, H. 9, S. 571-577.
Moldaschl, Manfred/Schultz-Wild, Rainer (1994): Einführung: Arbeitsorientierte Rationalisierung. In: Manfred Moldaschl/Rainer Schultz-Wild (Hrsg.): Arbeitsorientierte Rationalisierung. Frankfurt a.M./New York, S. 9-31.
Moldaschl, Manfred/Voß, Gerd Günter (2002/2. Aufl. 2003): Subjektivierung von Arbeit. München/Mering.
Möller, Claudia (2000): Immaterielle Arbeit – Die neue Dominante der Wertschöpfungskette, in: Das Argument, Heft 235.
Mückenberger, Ulrich (1986): Zur Rolle des Normalarbeitsverhältnisses bei der sozialen Umverteilung von Risiken. In: Prokla Jg. 64, H. 3, S. 31-45.
Müller-Stewens, Günter/Glocke, Andreas (1995): Kooperation und Konzentration in der Automobilindustrie. Chur/Schweiz.
Negt, Oskar/Kluge, Alexander (1981): Geschichte und Eigensinn. Frankfurt a.M.
Nerdinger, Friedemann/Rosenstiel, Lutz von (1996): Führung und Personalwirtschaft bei dezentralisierten Kompetenzen. In: Burkart Lutz u.a. (Hrsg.): Produzieren im 21. Jahrhundert. Frankfurt a.M./New York, S. 295-323.
Offe, Claus (1984): Arbeit als soziologische Schlüsselkategorie. In: Claus Offe (Hrsg.): Arbeitsgesellschaft. Frankfurt a.M./New York, S. 13-43.
Ortmann, Günther/Sydow, Jörg (1997): Es geht um die Box! – Theoretisch-konzeptionelle Überlegungen zur Organisation technischer Innovation in der Medienindustrie. Referat im Rahmen des 21. Workshops der Kommission Organisation im Verband der Hochschullehrer für Betriebswirtschaftslehre, Freie Universität Berlin, 27.2.-1.3.1997, Manuskript. Berlin.
Osterland, Martin (1990): »Normalbiographie« und »Normalarbeitsverhältnis«. In: Peter Berger/Stefan Hradil (Hrsg.): Lebenslagen – Lebensläufe – Lebensstile (Soziale Welt, Sonderband 7, Göttingen, S. 351-362).
Osterloh, Margit/Frost, Jetta (1996): Prozessmanagement als Kernkompetenz – Wie Sie Business Reengineering strategisch nutzen können. Wiesbaden.
Peters, Klaus/Sauer, Dieter (2005): Indirekte Steuerung – eine neue Herrschaftsform. Zur revolutionären Qualität des gegenwärtigen Umbruchprozesses. In: Hilde Wagner (Hrsg.): Rentier ich mich noch? Neue Steuerungskonzepte im Betrieb. Hamburg, S. 23-58.
Picot, Arnold/Reichwald, Ralf (1994): Auflösung der Unternehmung? – Vom Einfluss der IuK-Technik auf Organisationsstrukturen und Kooperationsformen. In: ZfB (Zeitschrift für Betriebswirtschaft), Jg. 64, H. 5, S. 547-570.
Picot, Arndold/Reichwald, Ralf/Wigand, Rolf (1996): Die grenzenlose Unternehmung. Wiesbaden.
Pohlmann, Markus/Apelt, Maja/Buroh, Karsten/Martens, Henning (1995): Industrielle Netzwerke. München/Mering.

Pongratz, Hans/Voß, Gerd Günter (2003): Arbeitskraftunternehmer. Erwerbsorientierungen in entgrenzten Arbeitsformen. Berlin.

Prangenberg, Arno (1996): Der Shareholder-Value-Ansatz. Düsseldorf.

Pries, Ludger (1998): Betrieblicher Wandel in der Risikogesellschaft (1.Auflage 1991). München/Mering.

Projektgruppe »Alltägliche Lebensführung« (Hrsg.) (1995): Alltägliche Lebensführung. Arrangements zwischen Traditionalität und Modernisierung. Opladen.

Pröll, Ulrich/Gude, Dietmar (2003): Gesundheitliche Auswirkungen flexibler Arbeitsformen. Schriftenreihe der Bundesanstalt für Arbeitsschutz und Arbeitsmedizin, Forschung, Fb 986. Dortmund/Berlin/Dresden.

Promberger, Markus/Böhm, Sabine/Heyder, Thilo/Pamer, Susanne/Strauß, Katharina (2002): Hochflexible Arbeitszeiten in der Industrie – Chancen, Risiken und Grenzen für Beschäftigte. Berlin.

Reichwald, Ralf/Höfer, Claudia/Weichselbaumer, Jürgen (1996): Erfolg von Reorganisationsprozessen – Leitfaden zur strategieorientierten Bewertung. Stuttgart.

Reichwald, Ralf/Koller, Hans (1996): Die Dezentralisierung als Maßnahme zur Förderung der Lernfähigkeit von Organisationen – Spannungsfelder auf dem Weg zu neuen Innovationsstrategien. In: Hans-Jörg Bullinger (Hrsg.): Lernende Organisationen. Stuttgart, S. 105-153.

Reiß, Michael (1996): Personelle und organisatorische Grenzen der virtuellen Unternehmung. In: ZWF (Zeitschrift für wirtschaftliche Fertigung und Automatisierung), Jg. 91, H. 6, S. 268-269.

Revelli, Marco (1996): Le due destre. Torino.

Röttger, Christoff/Friedel, Heiko/Bödeker, Wolfgang (2003): Arbeitsbelastungen und gesellschaftliche Kosten – Fokus und Perspektiven der Prävention. In: WSI-Mitteilungen, Jg. 56, H. 9, S. 591-596.

Sassen, Saskia (1991): The Global City: New York, London, Tokyo. Princeton.

Sauer, Dieter (1993): Entwicklungstrends betrieblicher Rationalisierung. In: ISF München (Hrsg.): Jahrbuch Sozialwissenschaftliche Technikberichterstattung 1993 – Schwerpunkt: Produktionsarbeit. Berlin, S. 13-26.

Sauer, Dieter (2001): Unternehmensreorganisation und Entgrenzung von Arbeit – Thesen zum Umbruch, in: Helmut Martens u.a. (Hrsg.): Zwischen Selbstbestimmung und Selbstausbeutung. Frankfurt a.M./New York, S. 27-38.

Sauer, Dieter (2003): Die neue Unmittelbarkeit des Marktes. In: Gewerkschaftliche Monatshefte, Jg. 54, H. 5, S. 257-267.

Sauer, Dieter/Döhl, Volker (1994a): Arbeit an der Kette – Systemische Rationalisierung unternehmensübergreifender Produktion. In: Soziale Welt, Jg. 45, H. 2, S. 197-215.

Sauer, Dieter/Döhl, Volker (1994b): Kontrolle durch Autonomie – Zum Formwandel von Herrschaft bei unternehmensübergreifender Rationalisierung. In: Jörg Sydow; Arnold Windeler (Hrsg.): Management interorganisationaler Beziehungen. Opladen, S. 258-274.

Sauer, Dieter/Wittke, Volker (1994): Vom Wandel der Industriearbeit zum Umbruch industrieller Produktion. Bericht aus dem Schwerpunkt Technik und Arbeit. In: Renate Mayntz/Bernd Meisheit (Hrsg.): Verbund Sozialwissenschaftlicher Technikforschung, Mitteilungen, Heft 12, S. 42-59.

Sauer, Dieter/Boes, Andreas/Kratzer, Nick (2005): Reorganisation des Unternehmens. In: SOFI u.a. (Hrsg.): Berichterstattung zur sozio-ökonomischen Entwicklung in Deutschland – Arbeit und Lebensweisen. Erster Bericht. Wiesbaden.

Schienstock, Gerd (1998): Flexibilisierung in der Informationsgesellschaft. In: Hans Georg Zilian/Jörg Flecker (Hrsg.): Flexibilisierung – Problem oder Lösung? Berlin, S. 163-174.

Schiltknecht, H. (1994): Organisationen im Wandel am Beispiel der Asea Brown Boveri Schweiz. In: Jürgen Fuchs (Hrsg.): Das biokybernetische Modell. Wiesbaden, S. 93-111.

Schmidt, Gert (1999): Kein Ende der Arbeitsgesellschaft – Überlegungen zum Wandel des Paradigmas der Arbeit in »frühindustrialisierten Gesellschaften« am Ende des 20. Jahrhunderts. Berlin.

Schmiede, Rudi (1996): Informatisierung, Formalisierung und kapitalistische Produktionsweise. In: Rudi Schmiede (Hrsg.): Virtuelle Arbeitswelten. Arbeit, Produktion und Subjekt in der »Informationsgesellschaft«. Berlin, S. 15-48.

Schmierl, Klaus (1995): Umbrüche in der Lohn- und Tarifpolitik – Neue Entgeltsysteme bei arbeitskraftzentrierter Rationalisierung in der Metallindustrie. Frankfurt a.M./New York.

Schrader, Stephan (1996): Organisation der zwischenbetrieblichen Kooperation. In: Dieter Sauer/Hartmut Hirsch-Kreinsen (Hrsg.): Zwischenbetriebliche Arbeitsteilung und Kooperation. Frankfurt a.M./New York, S. 49-79.

Schumann, Michael (unter Mitarbeit von Martin Kuhlmann) (2003): Was bleibt von der Arbeitersolidarität? Zum Arbeits- und Betriebsverständnis bei innovativer Arbeitspolitik. In: Michael Schumann: Metamorphosen von Industriearbeit und Arbeiterbewusstsein. Hamburg, S. 75-98.

Schumann, Michael (2004): Erweiterte Perspektiven kritischer Industriesoziologie. Manuskript.

Schumann, Michael/Baethge-Kinsky, Volker/Kuhlmann, Martin/Kurz, Constanze/Neumann, Uwe (1994): Trendreport Rationalisierung – Automobilindustrie, Werkzeugmaschinenbau, Chemische Industrie. Berlin.

Schumann, Michael/Baethge-Kinsky, Volker/Kuhlmann, Martin/Kurz, Constanze/Neumann, Uwe (1994a). Zwischen Neuen Produktionskonzepten und lean production. SOFI-Mitteilungen 21, S. 26-35.

Schumann, Michael/Kuhlmann, Martin/Sanders Frauke/Sperling, Hans-Joachim (2005): Anti-tayloristisches Fabrikmodell – AUTO 5000 bei Volkswagen. In: WSI Mitteilungen, H. 1, S. 3-11.

Seifert, Hartmut (2001): Zeitkonten – Von der Normalarbeitszeit zur kontrollierten Flexibilität. In: WSI-Mitteilungen, Jg. 54, H. 2, S. 92-101.

Sengenberger, Werner (1987): Struktur und Funktionsweise von Arbeitsmärkten – Die Bundesrepublik Deutschland im internationalen Vergleich. Frankfurt a.M./New York.

Siegert, Theo (1995): Shareholder-Value als Lenkungsinstrument. In: zfbf, Jg. 47, H. 6, S. 580-607.

Theuvsen, Ludwig (1996): Business Reengineering – Möglichkeiten und Grenzen einer prozessorientierten Organisationsgestaltung. In: zfbf, Jg. 48, H. 1, S. 65-83.

Trautwein-Kalms, Gudrun (1995): Ein Kollektiv von Individualisten? Interessenvertretung neuer Beschäftigtengruppen. Berlin.

Tropitzsch, Heiner (1995): Redebeitrag auf dem Panel 2 »Wandel des deutschen Produktionsmodells: Beschleunigen oder Umsteuern?« In: Soziologisches Forschungsinstitut Göttingen (Hrsg.): Im Zeichen des Umbruchs. Opladen, S. 125-129.

Türk, Klaus (1989): Neuere Entwicklungen in der Organisationsforschung. Stuttgart.

Türk, Klaus (1995): »Die Organisation der Welt« – Herrschaft durch Organisation in der modernen Gesellschaft. Opladen.

Voß, Gerd Günter (1998): Die Entgrenzung von Arbeit und Arbeitskraft – Eine subjektorientierte Interpretation des Wandels der Arbeit. Mitteilungen aus der Arbeitsmarkt- und Berufsforschung, Jg. 31, H. 3, S. 473-487.

Voß, Gerd Günter/Pongratz, Hans (1998): Der Arbeitskraftunternehmer. Eine neue Grundform der »Ware Arbeitskraft«? In: Kölner Zeitschrift für Soziologie und Sozialpsychologie, Jg. 50, H. 1, S. 131-158.

Voswinkel, Stephan (2000): Transformation des Marktes in marktorientierte Organisationen – Erfolgsorientiertes Entgelt in Wirtschaftsorganisationen. In: Hanns-Georg Brose (Hrsg.): Die Reorganisation der Arbeitsgesellschaft. Frankfurt a.M./New York, S. 239-274.

Wagner, Alexandra (2001): Entgrenzung der Arbeit und der Arbeitszeit? In: Arbeit, Jg. 10, H. 3, S. 365-378.

Weiss, Vera/Udris, Ivars (2001): Downsizing und Survivors – Stand der Forschung zum Leben und Überleben in schlanken und fusionierten Organisationen. In: Arbeit, Jg. 10, Heft 2, S. 103-121.

Windolf, Paul (1995): Eigentum und Herrschaft in Unternehmensnetzwerken. In: Joachim Fischer/Sabine Gensior (Hrsg.): Netzspannungen – Trends in der sozialen und technischen Vernetzung von Arbeit. Berlin, S. 67-91.

Wittke, Volker (1995): Wandel des deutschen Produktionsmodells: Beschleunigen oder Umsteuern? In: SOFI (Hrsg.): Im Zeichen des Umbruchs. Opladen, S. 109-124.

Wittke, Volker (1996): Wie entstand industrielle Massenproduktion? Berlin.

Wolf, Harald (1994): Rationalisierung und Partizipation. Leviathan, Jg. 22, H. 2, S. 243-259.

Wolf, Harald (1999). Arbeit und Autonomie – Ein Versuch über die Widersprüche und Metamorphosen kapitalistischer Produktion. Münster.

Wolf, Harald/Mayer-Ahuja, Nicole (2002): »Grenzen der Entgrenzung von Arbeit« – Perspektiven der Arbeitsforschung. SOFI-Mitteilungen 30, S. 197-206.

Womack, James (1995): Neues von Hammer und Champy. In: Harvard Businessmanager, H. 1, S. 15-17.

Womack, James/Jones, Daniel (1994): From Lean Production to the Lean Enterprise. In: Harvard Business Review, March/April, S. 93-103.

Womack, James/Jones, Daniel/Roos, Daniel (1990): The Machine that Changed the World. New York/Toronto.

Zilian, Hans Georg (1998): Einleitung: Flexibilisierung – eine Lösung, die zum Problem wird? In: Hans Georg Zilian/Jörg Flecker (Hrsg.): Flexibilisierung – Problem oder Lösung? Berlin, S. 9-28.

Zilian, Hans Georg/Flecker, Jörg (Hrsg.): (1998): Flexibilisierung – Problem oder Lösung? Berlin.

Textnachweise

Für die Veröffentlichung in diesem Band sind die nachfolgenden Beiträge überarbeitet, erweitert und gekürzt worden; z.T. wurde die Argumentation aus mehreren Aufsätzen in einem Beitrag zusammengefasst. Wir bedanken uns bei den Verlagen und Redaktionen ganz herzlich für die Überlassung der Originalbeiträge.

Kapitalismus im Übergang. Postfordismus als Inkubationszeit einer neuen Herrschaftsform (zusammen mit Günther Bechtle), Zusammenfassung zweier Beiträge aus: FIAB – Jahrbuch Arbeit Bildung Kultur 19/20-2002, S. 49-61, und Klaus Dörre/Bernd Röttger (Hrsg.): Das neue Marktregime, Hamburg 2003, S. 35-54.

Neue Zumutungen an Arbeitskraft im Prozess kapitalistischer Restrukturierung. Kontroversen über Autonomie und Herrschaft in der neuen Unternehmensorganisation. Beitrag zur COGITO-Tagung: Unselbständige Selbständige oder Arbeitskraftunternehmer? Kontroversen über Autonomie und Herrschaft in der neuen Unternehmensorganisation, 23./24.5.2002 in Köln.

Die Auflösung des Unternehmens? Entwicklungstendenzen der Unternehmensorganisation in den 1990er Jahren (zusammen mit Volker Döhl), in: ISF München u.a. (Hrsg.): Jahrbuch Sozialwissenschaftliche Technikberichterstattung 1996 – Schwerpunkt Reorganisation, Berlin 1997, S. 19-76.

Entgrenzung von Arbeit. Konzept, Thesen, Befunde (zusammen mit Nick Kratzer), in: Karin Gottschall/G. Günter Voß (Hrsg.): Entgrenzung von Arbeit und Leben, München/Mering 2003, S. 87-123.

Internalisierung des Marktes. Zur neuen Dialektik von Kooperation und Herrschaft (zusammen mit Manfred Moldaschl), in: Heiner Minssen (Hrsg.): Begrenzte Entgrenzungen, Berlin, S. 205-224.

Zeit, Leistung, Beschäftigung – Anforderungen an eine erweiterte Arbeits-(zeit)politik (zusammen mit Nick Kratzer), in: Hartmut Seifert (Hrsg.): Flexible Arbeitszeiten in der Arbeitswelt, Frankfurt a.M./New York 2004, S. 155-178.

Arbeit im Übergang. Umbrüche, Widersprüche und neue Politikansätze, Zusammenfassung zweier Beiträge aus: WSI-Mitteilungen 4/2005, S. 179-185, sowie aus dem Referat auf der Kopra-Tagung: Von der Allgegenwart der verschwindenden Arbeit – Neue Herausforderungen der Arbeitsforschung am 2./3.12.2004 in München.

ISF MÜNCHEN

Jakob-Klar-Str. 9
80796 München

Fon 089 272921-0
Fax 089 272921-60
Mail zentrale@isf-muenchen.de
Home www.isf-muenchen.de

Seit 1965 ist das ISF München als unabhängige, gemeinnützige Einrichtung auf dem Gebiet der Arbeits- und Industriesoziologie tätig. Die ca. 30 Mitglieder bearbeiten ihre Projekte in weitgehend autonomen, untereinander vernetzten Teams.

Was uns auszeichnet: Das ISF München ...

... verbindet empirische Forschung mit theoretischer Reflexion und großem Engagement für Praxisbezug und Wissenstransfer.

... behauptet sich seit fast vierzig Jahren ohne öffentliche Grundförderung als unabhängiges Institut am Markt.

... kooperiert regelmäßig auf nationaler und internationaler Ebene mit Forschenden und Institutionen verschiedener Disziplinen.

... arbeitet mit Unternehmen vom multinationalen Konzern bis zum Kleinstbetrieb, mit zahlreichen öffentlichen Institutionen, Stiftungen, Gewerkschaften und Wirtschaftsverbänden zusammen.

... lebt in seinem Organisationsmodell die Prinzipien der Selbstorganisation, großer Autonomiespielräume, intensiver Vernetzung und interdisziplinärer Kooperation.

Wichtige Forschungsgebiete der letzten Jahre:
- Entgrenzung der Arbeit (Flexibilisierung, Subjektivierung, Verschränkung von Arbeit und Leben)
- Erfahrungswissen, subjektivierendes Arbeitshandeln, interaktive und kooperative Arbeit in Produktion, Dienstleistung und Berufsbildung
- Qualifizierung, Arbeitsmarkt, Arbeitsgestaltung in Handwerk und KMU
- Verteilte Arbeit, Projektmanagement und neue Organisationsstrukturen im globalen Kontext
- Internationalisierung von Unternehmen: interkulturelle Arbeit, Wandel von Arbeitsorganisation und Wissensmanagement,»Grenzgänger«
- Informatisierung der Arbeit: Arbeitsvermögen, Technik, Interessen
- Industrielle Beziehungen und Mitbestimmung: Herausforderungen für die Akteure und neue Strategien
- Folgen der demografischen Entwicklung für Arbeitsmarkt und Betrieb
- Neue Formen der Dienstleistungsarbeit und virtuelle Unternehmen (Medien, IT, personenbezogene Dienstleistungen)
- Soziale Nachhaltigkeit und regionales Wirtschaften

VSA: Zukunft der Arbeit

176 Seiten; € 14.80
ISBN 3-89965-008-5
Michael Schumann begründet, warum wir uns an einem gesellschaftlichen Wendepunkt befinden, der auch zu einer Renaissance kritischer Industriesoziologie führen wird.

Peter Renneberg
Die Arbeitskämpfe von morgen?
Arbeitsbedingungen und Konflikte im Dienstleistungsbereich
304 Seiten; € 18.00
ISBN 3-89965-127-8

Prospekte anfordern!

VSA-Verlag
St. Georgs Kirchhof 6
20099 Hamburg
Tel. 040/28 05 05 67
Fax 040/28 05 05 68
mail: info@vsa-verlag.de

224 Seiten; € 15.50
ISBN 3-89965-123-5
Anhand eines Vergleichs der Volkswagen-Fertigungsstandorte Bratislava/Slowakei und Wolfsburg/Deutschland untersucht der Autor Ausmaß und Qualität der neuen Produktionsstrategien.

Paul Oehlke
Arbeitspolitik zwischen Tradition und Innovation
Studien in humanisierungspolitischer Perspektive
232 Seiten; € 15.50
ISBN 3-89965-077-8

Berthold Vogel (Hrsg.)
Leiharbeit
Neue sozialwissenschaftliche Befunde
184 Seiten; € 14.80
ISBN 3-89965-076-X

www.vsa-verlag.de

VSA: Zeitdiagnosen

336 Seiten; € 16.80
ISBN 3-89965-046-8
Wissenschaftliche Analysen und konkrete Fallstudien über die Umwälzung der Realität in den Betrieben.

Joachim Hirsch
Materialistische Staatstheorie
Transformationsprozesse des kapitalistischen Staatensystems
240 Seiten; € 16.80
ISBN 3-89965-144-8

Prospekte anfordern!

VSA-Verlag
St. Georgs Kirchhof 6
20099 Hamburg
Tel. 040/28 05 05 67
Fax 040/28 05 05 68
mail: info@vsa-verlag.de

Vom Roten Wien zum freien Markt –
Popper und Hayek im Diskurs
432 Seiten; € 34.80
ISBN 3-89965-145-6
Ein Forschungsbeitrag über die Entstehung, Entwicklung und Durchsetzung des Neoliberalismus sowie seine Funktion als politisches Projekt.

Richard Detje/Klaus Pickshaus/
Hans-Jürgen Urban (Hrsg.)
Arbeitspolitik kontrovers
Zwischen Abwehrkämpfen
und Offensivstrategien
176 Seiten; € 14.80
ISBN 3-89965-148-0

www.vsa-verlag.de